Doris C. C. K. Kowaltowski

ARQUITETURA ESCOLAR o projeto do ambiente de ensino

Copyright © 2011 Oficina de Textos

1ª reimpressão 2013 | 2ª reimpressão 2014 | 3ª reimpressão 2017
4ª reimpressão 2020

Grafia atualizada conforme o Acordo Ortográfico da Língua
Portuguesa de 1990, em vigor no Brasil desde 2009.

Conselho editorial Arthur Pinto Chaves; Cylon Gonçalves da Silva;
Doris C. C. K. Kowaltowski; José Galizia Tundisi;
Luis Enrique Sánchez; Paulo Helene; Rozely Ferreira dos Santos;
Teresa Gallotti Florenzano

Capa Malu Vallim

Ilustração da capa Francisco Borges Filho

Projeto gráfico, preparação de figuras e diagramação Douglas da Rocha Yoshida

Preparação de textos Rena Signer

Revisão de textos Gerson Silva

Impressão e acabamento BMF gráfica e editora

Dados Internacionais de Catalogação na Publicação (CIP)
(Câmara Brasileira do Livro, SP, Brasil)

Kowaltowski, Doris C. C. K.
Arquitetura escolar: o projeto do ambiente de ensino /
Doris C. C. K. Kowaltowski. -- São Paulo :
Oficina de Textos, 2011.

Bibliografia
ISBN 978-85-7975-011-3

1. Ambiente escolar 2. Arquitetura - Projetos e
plantas 3. Arquitetura escolar 4. Educação -
História I. Título.

11-00477   CDD-727

Índices para catálogo sistemático:

1. Ambiente escolar : Arquitetura 727

2. Arquitetura escolar 727

Todos os direitos reservados à **Editora Oficina de Textos**
Rua Cubatão, 798
CEP 04013-003 São Paulo SP
tel. (11) 3085 7933
www.ofitexto.com.br   atend@ofitexto.com.br

    Dedico este livro, na figura da professora Marlei G. do Nascimento, a todos os professores que se empenham na árdua tarefa de alfabetização na escola pública, valendo-se de garra e criatividade para superar os obstáculos presentes nos ambientes educacionais tocados pela arquitetura escolar. Essa arquitetura nem sempre proporciona um suporte adequado para a educação almejada e necessita ser discutida, repensada e aperfeiçoada. Por meio dos textos e das ilustrações deste livro, pretende-se contribuir com o trabalho contínuo e essencial dos professores do ensino fundamental e médio do país. Que eles encontrem no conteúdo apresentado material para ampliarem seus esforços, propostas e sonhos.

Apresentação

O tema da educação carrega tal importância que excede o seu alcance pedagógico e formador de cidadãos, constituindo objeto de estudo e intervenções para todas as áreas do conhecimento. Como fundamento e alicerce da sociedade, é um mote também para os arquitetos, que tratam de materializar os ambientes para o seu desenvolvimento.

Passadas décadas de publicações de estudos, pesquisas e propostas de arquitetura escolar brasileira e internacional, que apresentam avanços expressivos no conhecimento e na aplicação de parâmetros qualitativos e técnicos, adequados para a implantação de ambientes escolares melhores e em consonância com os objetivos educacionais, ainda se ouvem críticas e questionamentos sobre os espaços propostos.

O problema, sem dúvida, é complexo, e sua origem pode estar no âmbito institucional, das políticas publicas, mas também nas esferas técnicas e profissionais de cada agente, de cada área da ciência aí envolvida.

Neste livro, a professora e pesquisadora Doris Kowaltowski reúne insumos atualizados e informações preciosas para o projeto da arquitetura escolar, sintetizando anos de busca incessante por valores essenciais que fundamentam e valorizam os ambientes escolares, demonstrando sobretudo o seu apreço pela educação.

Pesquisadora virtuosa sobre metodologias e processos de projeto e de avaliação de ambientes arquitetônicos, tomando o tema das escolas, encontrou questionamentos da comunidade escolar sobre os edifícios institucionais, ao mesmo tempo que os meios de comunicação divulgavam padrões insatisfatórios de desempenho escolar brasileiro, nas últimas décadas, em particular no ensino fundamental.

Também pode ser observado que a avaliação sobre essa arquitetura ainda tem recebido atribuição de valores, com conceitos diferentes, entre os arquitetos e os educadores, os alunos e a comunidade, sobretudo nos aspectos dos componentes do ambiente e da arquitetura escolar, indicando falta de consenso entre as partes.

Isso coloca em cheque a qualidade da educação brasileira em todos os seus aspectos, sejam eles intangíveis, sejam materiais, como no caso da Arquitetura, demonstrando que este fato tem raízes multidisciplinares, requerendo a atenção de todos os setores sociais.

Doris eleva a educação pública como prioridade nacional, exigindo assim um esforço cuidadoso, sensível e, ao mesmo tempo, técnico e preciso das áreas envolvidas na sua constituição e desenvolvimento: sua relevância social e cultural é central para a construção de uma sociedade mais igualitária e para a formação de indivíduos cidadãos.

Do ponto de vista da instituição escolar, a boa arquitetura, expressada pelos aspectos perceptivos dos edifícios – conceituais, formais, estéticos – é reconhecida pela representatividade e influência da escola no seu entorno próximo e na sua distinção pela coletividade. Ações de cuidados com o patrimônio e a instituição representam manifestações de respeito e pertencimento manifestadas pela comunidade escolar. A condição arquitetônica aí é apontada e diferenciada pela sociedade.

Mas estes atributos são suficientes para garantir a real apropriação deste espaço, gerando condições favoráveis para o aprendizado, as experiências e as relações interpessoais?

Neste livro, Doris Kowaltowski partilha da concepção de que a relação entre pedagogia e arquitetura é fundamental e vai além dos aspectos perceptivos visíveis. Outros parâmetros são igualmente centrais, apoiados nas vivências e usos nesses ambientes, como funcionalidade, usabilidade, identidades com a pedagogia – nas teorias e práticas – e com a cultura, conforto ambiental, equipamentos, mobiliário e características construtivas, de implantação, de instalações e infraestrutura. Eles colaboram para conferir a distinção e o reconhecimento dos lugares por quem os usa e, sobretudo, a apropriação pela comunidade escolar.

Suas pesquisas reúnem dados valiosos, que mostram a cumplicidade dessa arquitetura com a melhoria do ensino, o aproveitamento escolar e a formação plena de cidadãos.

Assim, congrega e revisita estudos já desenvolvidos, que resultaram em programas de necessidades arquitetônicas, completos e bem detalhados para o projeto, relacionados com a funcionalidade e a espacialidade. Estes parecem corresponder a situações em que se atende a padrões espaciais mínimos, mas ainda insuficientes para garantir ambientes com qualidades comprometidas com a melhoria do ensino público.

A autora nos aponta para outros valores e atributos que podem e devem ser acrescidos na formulação e no desenvolvimento do projeto, entendendo-o como mediador entre os conteúdos e práticas pedagógicas e os sujeitos, indicando direções e caminhos seguros para o projeto de uma arquitetura escolar de qualidade. Cabe ao arquiteto entender a complexidade dos conteúdos e ações pedagógicas e sociais, assumindo papel de intérprete competente, para projetar ambientes escolares sensíveis às demandas educacionais e sociais, com méritos necessários para qualificá-los, bem como a escola, como instituição e como arquitetura.

O panorama da educação apresentado neste livro seleciona exemplos mundiais representativos, que partilham desta visão de que a qualidade do desempenho escolar é influenciada também pelo edifício e suas instalações, assim como suas relações com o lugar e o território.

A autora ressalta a atualidade da interlocução entre arquitetura e educação, apresentando, generosamente, visões detalhadas de aproximação aos valores e atributos para o ambiente escolar, a serem considerados nos processos e metodologias de projeto como procedimento fundamental para um salto de qualidade não só da arquitetura, como do desempenho escolar.

Nas contribuições apresentadas por Doris Kowaltowski, podemos destacar, de forma sintética e resumida, os seguintes pontos oferecidos neste livro, em favor da projetação de uma arquitetura escolar com qualidade:

- a compreensão imperativa, pelo arquiteto, do campo de conhecimentos pedagógicos, compromissada com seu histórico e desenvolvimento, e seu papel singular na formulação dos ambientes escolares de qualidade, reconhecidos e apropriados pela sociedade;
- a discussão sobre o papel do programa de necessidades para a arquitetura escolar, tomado como visão educacional;
- o reconhecimento e a assimilação do campo da tecnologia da arquitetura, evidenciados nos seus aspectos científicos, técnicos e aplicados, como requisitos para o alcance da excelência na arquitetura escolar;
- a importância da incorporação de parâmetros e atributos complexos na metodologia e no processo de projeto que excedem os limites atuais de programa de necessidades institucionais vigentes, colaborando para qualificar e valorizar a arquitetura escolar;
- o detalhamento de metodologias para o projeto de arquitetura que partem da premissa de interdependência entre a qualidade do espaço físico e o desempenho acadêmico dos alunos.

Apresentar este livro é uma oportunidade e um privilégio de introduzir a síntese generosa de pesquisas fundamentais, lideradas e empreendidas por Doris Kowaltowski, no campo da arquitetura e dos ambientes escolares com qualidade, que, sem dúvida, vão colaborar para a excelência dos projetos arquitetônicos e para a educação brasileira.

Cibele Haddad Taralli
Professora Doutora da Faculdade de Arquitetura
e Urbanismo da Universidade de São Paulo

Prefácio

Projetar o ambiente de ensino para dar suporte aos objetivos educacionais de uma sociedade ou comunidade é uma tarefa complexa e necessita de discussão ampla e multidisciplinar para a sua realização. Este livro apresenta a minha experiência de pesquisas e projetos do ambiente escolar, para enriquecer o processo da arquitetura escolar e, em especial, da escola pública no Brasil.

A ideia deste livro nasceu de um projeto de pesquisa, com apoio da FAPESP (Fundação de Amparo à Pesquisa do Estado de São Paulo), sobre o conforto ambiental de escolas públicas da região de Campinas, por meio de uma pesquisa de campo. O objetivo foi avaliar as condições de conforto e recomendar melhorias em prédios escolares da região. Um dos objetivos específicos foi conhecer os elementos que interferem no conforto e elaborar intervenções simples, que podem contribuir para a melhoria do desempenho do ensino público e, consequentemente, do aproveitamento escolar. O estudo das condições de conforto ambiental nas escolas levantou, além de problemas constatados em medições e observações, a interferência entre os vários aspectos de conforto, determinando-se aqueles que devem ser priorizados. Esses aspectos foram avaliados em relação aos níveis de satisfação dos usuários com o seu ambiente de estudo e trabalho.

Este livro tem o intuito de contribuir, junto ao ensino público, com a difusão do conhecimento sobre conceitos da arquitetura escolar e seu conforto ambiental. Há mais de dez anos, a arquiteta Mayumi Watanabe de Souza Lima publicou o livro *Arquitetura e Educação*, que apresentou uma visão inovadora do modo de projetar o ambiente escolar no Estado de São Paulo. Depois, muitas publicações tocaram no assunto da arquitetura escolar, abrangendo temas específicos ou descrevendo épocas da história dessa tipologia de projeto no Brasil. Este livro pretende complementar esses textos e discutir o projeto de edificações escolares nos seus aspectos mais diversos e em relação às tendências da educação. E também somar-se às outras publicações da autora na área de projeto arquitetônico e ensino de conforto ambiental.

Com tais objetivos, propõe-se contribuir para o aprimoramento do ensino público. Os capítulos relacionam o ambiente escolar, as propostas pedagógicas e as metodologias de ensino. Analisam-se os espaços fundamentais para as atividades educacionais e as necessidades arquitetônicas de uma edificação escolar. Os aspectos de conforto ambiental são relacionados à produtividade do aprendizado de crianças e adolescentes e verificam-se as condições mínimas de conforto que o ambiente escolar deve oferecer, assim como a criação e a manutenção do ambiente escolar que a sociedade deseja.

A contribuição para o processo de projeto traduz-se em conceitos da arquitetura escolar, para alimentar novos projetos e introduzir melhorias em edificações existentes. Examinam-se o procedimento do processo de projeto e os fatores específicos que contribuem para uma qualidade arquitetônica desejada no ambiente escolar. Detalham-se os fatores do sítio e da implantação da escola, o processo de definição do programa de necessidades e as melhores soluções segundo os conceitos da crítica e avaliação de projetos arquitetônicos.

Finalmente, considera-se que, nas discussões da arquitetura escolar, existem muitas vertentes. A dinâmica das mudanças sociais é um fator que influencia as formas da edificação e, em cada momento, deve-se reavaliar a qualidade do ambiente escolar dentro do contexto das exigências da formação de futuros cidadãos que assumam papéis criativos e produtivos na sociedade.

Para a redação dos capítulos deste livro, a autora teve a importante colaboração de vários especialistas. Em primeiro lugar, as colegas da pesquisa de origem desta obra, professoras Lucila C. Labaki, Silvia A. Mikami G. Pina, Stelamaris R. Bertoli e Regina C. Ruschel, que contribuíram com o conhecimento científico específico e com a discussão contínua das questões de projeto e conforto relacionadas ao ambiente escolar. A história da arquitetura escolar no Estado de São Paulo, apresentada na dissertação da arquiteta Adriana Eloá Bento Amorim, serviu de base para boa parte dos capítulos sobre a arquitetura escolar e o desempenho do ambiente escolar, além de contribuir com conceitos e estudos da acústica nas salas de aula. A dissertação e a tese da arquiteta Valéria Azzi Collet da Graça contribuíram para as metodologias e avaliações de projetos escolares. As arquitetas Marcella Savioli Deliberador e Paula Roberta Pizarro Pereira trabalharam na revisão e redação dos capítulos, com olhar crítico e contribuições que acrescentaram informações atualizadas sobre a arquitetura escolar. Agradeço também aos alunos de graduação, que desenvolveram estudos sobre o ambiente escolar ao longo dos últimos dez anos sob a minha orientação. Várias ilustrações introduzidas, do professor e arquiteto Francisco Borges Filho, representam os conceitos e exemplos dos capítulos deste livro. Elas contribuem para dar maior clareza às questões abordadas e traduzem o espírito do ambiente escolar que se almeja inspirar por um projeto enriquecido de teorias pedagógicas e parâmetros arquitetônicos de qualidade. Finalmente, agradeço também à professora Marlei G. do Nascimento, pela participação neste projeto e pelas contribuições com o olhar de professora da rede pública de ensino fundamental. Sem o apoio e as contribuições valiosas desses parceiros, este livro não teria se concretizado.

Sumário

1 Educação: processo de ensino e aprendizagem 11

1.1 Um histórico dos fundamentos da educação 12

1.2 Resumo das teorias pedagógicas 34

2 O ambiente escolar: componentes e qualidade 37

2.1 Recursos humanos 38

2.2 Aspectos organizacionais 49

3 Arquitetura escolar 63

3.1 Arquitetura escolar na Europa 65

3.2 Arquitetura escolar nos Estados Unidos da América 73

3.3 Arquitetura escolar em países em desenvolvimento 79

3.4 A arquitetura escolar no Brasil: aspectos da história e da implantação 80

3.5 Os projetos padrão: experiências e significados 101

4 Desempenho e conforto no ambiente escolar 111

4.1 Desejos e preferências 114

4.2 Avaliação do ambiente escolar 118

4.3 Considerações sobre o desempenho do ambiente escolar 156

5 Conceitos e tendências da arquitetura escolar 159

Parâmetro de Projeto 1 – Salas de aula, ambientes de ensino e comunidades pequenas de aprendizado 175

Parâmetro de Projeto 2 – Entrada convidativa 176

Parâmetro de Projeto 3 – Espaços de exposição dos trabalhos dos alunos 176

Parâmetro de Projeto 4 – Espaço individual para armazenamento de materiais 177

Parâmetro de Projeto 5 – Laboratórios de ciências e artes 177

Parâmetro de Projeto 6 – Arte, música e atuação 178

Parâmetro de Projeto 7 – Área de educação física 179

Parâmetro de Projeto 8 – Áreas casuais de alimentação 180

Parâmetro de Projeto 9 – Transparência 180

Parâmetro de Projeto 10 – Vistas interiores e exteriores.................................181

Parâmetro de Projeto 11 – Tecnologia distribuída..181

Parâmetro de Projeto 12 – Conexão entre espaços externos e internos.......182

Parâmetro de Projeto 13 – Mobiliário macio para sentar..............................183

Parâmetro de Projeto 14 – Espaços flexíveis..184

Parâmetro de Projeto 15 – *Campfire*...185

Parâmetro de Projeto 16 – *Watering hole space*...186

Parâmetro de Projeto 17 – *Cave space*..186

Parâmetro de Projeto 18 – Projeto para inteligências múltiplas.....................186

Parâmetro de Projeto 19 – Iluminação natural...187

Parâmetro de Projeto 20 – Ventilação natural..188

Parâmetro de Projeto 21 – Iluminação, cor e aprendizagem.........................189

Parâmetro de Projeto 22 – Elementos de sustentabilidade............................190

Parâmetro de Projeto 23 – Assinatura local...193

Parâmetro de Projeto 24 – Conexão com a comunidade...............................193

Parâmetro de Projeto 25 – O pátio, a implantação da escola
e a adequação dos espaços livres..194

Parâmetro de Projeto 26 – Incorporação da
quadra de esportes no volume da edificação...195

Parâmetro de Projeto 27 – Fechamento da área..196

Parâmetro de Projeto 28 – Integração externa entre os espaços...................196

Parâmetro de Projeto 29 – Dimensionamento e aspectos funcionais............197

Parâmetro de Projeto 30 – Conforto acústico..198

Parâmetro de Projeto 31 – Acessibilidade..198

Parâmetro de Projeto 32 – Síntese dos parâmetros
("colocar tudo junto")...200

6 Arquitetura escolar e seu processo de projeto.................201

6.1 O processo de projeto..202

6.2 Processo de projeto escolar tradicional..205

6.3 Processo de projeto escolar de referência..209

6.4 Processo de projeto enriquecido...243

Leituras adicionais...249

Referências bibliográficas...253

Educação: processo de ensino e aprendizagem

As questões educacionais têm desencadeado muitas discussões no Brasil. Sua qualidade é constantemente questionada, principalmente pelas avaliações de desempenho dos alunos das escolas públicas. Elas demonstram a necessidade de tratar a educação com prioridade, dada sua importância social na preparação dos indivíduos para a vida adulta e para a construção de uma sociedade mais justa e humana. Observa-se a carência de uma atuação que vislumbre, ainda que no médio prazo, a melhoria da qualidade de ensino.

É importante apontar o significado da educação não formal, que apresenta inúmeras possibilidades contributivas à formação social humana, pela promoção da sociabilidade, do desenvolvimento, das mudanças sociais e da adaptação. Sem contornos institucionais, essa atividade é responsável pela educação permanente, essencial e fruto dos níveis de organização e cidadania. Neste texto, ainda que se tenha clareza da importância dessas práticas educativas, examina-se o plano da educação formal, em que a escola e seu contorno físico assumem papel central.

O ambiente físico escolar é, por essência, o local do desenvolvimento do processo de ensino e aprendizagem. O edifício escolar deve ser analisado como resultado da expressão cultural de uma comunidade, por refletir e expressar aspectos que vão além da sua materialidade. Assim, a discussão sobre a escola ideal não se restringe a um único aspecto, seja de ordem arquitetônica, pedagógica ou social: torna-se necessária uma abordagem multidisciplinar, que inclua o aluno, o professor, a área de conhecimento, as teorias pedagógicas, a organização de grupos, o material de apoio e a escola como instituição e lugar.

A discussão sobre a arquitetura escolar exige reflexões sobre a história e a evolução da sua linguagem formal e das avaliações do ambiente, que incluem o conforto dos aspectos térmico, acústico, de iluminação e funcionalidade, sem deixar de lado as questões educacionais e culturais da sociedade. Essa arquitetura nunca está desprovida de símbolos e reflexos do seu contexto cultural e deve existir como resposta à proposta pedagógica que a escola pretende adotar.

> As idéias pedagógicas e sua assimilação na prática escolar são articuladas a diversos modos de projetar e construir prédios escolares. As idéias pedagógicas e sua assimilação na prática escolar têm um dinamismo próprio, tanto quanto têm sua própria evolução as concepções arquitetônicas e sua influência no projeto e construção de edifícios escolares. [...] Às vezes, educadores e arquitetos estão próximos, há uma clara concepção pedagógica a influenciar a conceito arquitetônica. [...] Outras vezes, percebe-se um maior distanciamento entre eles, talvez pela ausência de uma proposta pedagógica explícita, ou talvez porque falte ao arquiteto que projeta a escola uma sensibilidade pelas questões de ensino (Buffa; Pinto, 2002, p. 154).

Isso significa que o arquiteto, ao definir os espaços e usos da instituição escolar, pode influenciar a definição do conceito de ensino na escola. Por essa razão, cabe ao arquiteto o conhecimento dos aspectos pedagógicos, uma vez que eles refletem o tipo de atividade que as escolas vão desenvolver e, consequentemente, são elementos essenciais à definição do programa de necessidades de cada edificação escolar. Neste capítulo, esses aspectos são esclarecidos, com o objetivo de oferecer um conhecimento básico e o domínio de elementos importantes que influem nas questões de ordem arquitetônica. Para isso, apresenta-se um breve histórico da Educação, relacionando as metodologias pedagógicas implementadas, com foco no conhecimento das atividades que cada metodologia desenvolve.

1.1 Um histórico dos fundamentos da educação

A escola, como instituição de ensino atualmente conhecida, é o resultado de um longo processo histórico, cuja evolução pode explicar o modelo aplicado. A educação é vista como a transmissão de valores e o acúmulo de conhecimento de uma sociedade. Portanto, a história da educação também é a história de uma sociedade e seu desenvolvimento cultural, econômico e político. A origem etimológica da palavra educação – "trazer à luz a ideia", "conduzir para fora" –, ou seja, dar a possibilidade de expressão de conteúdos internos individual e socialmente construídos, desmistifica o caráter impositivo e unilateral que se possa dar ao processo educativo.

Sem um longo e complexo processo educativo, o indivíduo não poderia sobreviver numa sociedade que transformou radicalmente as condições naturais de vida. Ela exige comportamentos muito mais complexos do que aqueles determinados pelos instintos, ou seja, aqueles que resultam exclusivamente da determinação biológica.

Na história da humanidade, o processo de transmitir os conhecimentos e as atitudes necessários para que o indivíduo tenha condições de integrar-se à sociedade teve formas variadas e objetivos específicos. Em muitas culturas primitivas, a educação acontece sem estrutura formal, mas o ambiente onde se vive pode ser chamado de escola. Todos os membros dessas sociedades exercem o papel de educador, com influência maior da família.

As sociedades crescem em complexidade, e a quantidade de conhecimento que passa de uma geração para outra é tal que há necessidade de divisão de trabalho. E a primeira divisão é determinada pelo sexo: não há sociedade primitiva em que homens e mulheres desempenhem exatamente as mesmas funções. A especialização dos membros da comunidade na execução de cada tarefa produtiva impõe aprendizados específicos. O adulto que sabe realizar determinado trabalho adota uma criança, ou um jovem, como ajudante ou aprendiz, e este aprende à medida que trabalha. Nesses casos, a questão educativa ultrapassa o ambiente estritamente familiar e aparece o embrião da instituição de transmitir o saber: a escola.

Atualmente se espera que, na escola, realize-se a socialização intelectual da criança. Em geral, a sala de aula procura ser um modelo que mostra à criança como é a sociedade em que ela vai crescer e passar a vida. Na maioria das escolas, o professor ocupa o lugar da autoridade, e o princípio de igualdade de condições dos alunos é quebrado pelo aparecimento de líderes e por certa hierarquia que se estabelece entre eles. A retribuição pelo esforço ou pela inatividade se dá pela atribuição de notas. Os valores que regem o mundo dos adultos são transmitidos à criança pela rotina escolar.

A especialização de tarefas na sociedade também levou à criação de sistemas de aprendizagem diferenciados. A divisão em classes sociais com interesses próprios consagrou a educação como um dos meios mais eficazes para consolidar, ao longo das gerações, a divisão interna da sociedade. As castas sacerdotais e de servos surgidas nas primeiras grandes civilizações do Oriente Médio baseavam-se no monopólio consciente da educação especializada. Os conhecimentos acumulados socialmente transmitiam-se dessa maneira apenas a uma pequena minoria de iniciados, que se perpetuava no poder. Os antigos egípcios, as civilizações mesopotâmicas e muitas outras culturas adotaram esse sistema educacional. A invenção da escrita reforçou os privilégios da minoria que tinha acesso ao saber, ou seja, é fundamental para uma sociedade regular as atividades agrícolas, contabilizar e repartir a colheita, legislar, manter o favor dos deuses e organizar exércitos para preservar a ordem interna e defender o país contra inimigos externos.

Da Grécia veio a base da educação formal da história ocidental. A palavra pedagogia tem sua origem na Grécia, a partir de *paidós* (criança) e de *agogôs* (condutor). Assim, o trabalho do pedagogo seria de "condutor de crianças", ou, mais amplamente, aquele que ajuda a conduzir o ensino. Portanto, a pedagogia está vinculada ao ato de conduzir ao saber ou à sua construção. É na Grécia que aparecem as primeiras ideias acerca da atuação pedagógica, que vão influenciar decisivamente a educação e a cultura ocidental. Na era de Sócrates (cerca de 400 a.C.), foi criado um modelo de educador em um sistema que favorecia o pensamento crítico individual, a competição e a educação física. As disciplinas intelectuais também surgem como conteúdo do ensino formal.

A história da educação em várias épocas está entrelaçada ao desenvolvimento das religiões dominantes. Estudos sobre judaísmo, islamismo, budismo e cristianismo mostram que, muitas vezes, o templo ou a igreja também é a escola, onde o ensino formal acontece.

No Brasil, a história da educação tem como base o desenvolvimento do ensino da Europa e, mais tarde, da América do Norte. Recentemente, observa-se a influência dos movimentos educacionais da Ásia, principalmente as experiências do Japão e da Coreia são analisadas para uma aplicação nacional.

Assim, é significativa a contribuição que o estudo de alguns aspectos da história da Europa pode oferecer sobre a origem das instituições e tradições pedagógicas presentes na educação ocidental. Na Idade Média, havia um restrito número de escolas, em mosteiros e sedes episcopais, para a educação de pouquíssimos alunos, em um sistema de pensamento muito fechado, estático e dominado pela religião. As escolas destinavam-se a preparar sacerdotes para a igreja ou a instruir indivíduos para o reduzido corpo de funcionários da corte.

A partir do século XI, surgem e expandem-se as universidades na Europa e transformam-se as condições de ensino no continente. O pensamento aristotélico foi incorporado e a semente do racionalismo implantou-se na instituição medieval de ensino. O espírito crítico é desenvolvido até assumir uma forma mais moderna no Renascimento. A educação defendia a conjunção harmoniosa do homem com a natureza, e os grandes pensadores percorriam a Europa para difundir ideias.

A Reforma religiosa começou em 1517, quando Martinho Lutero expôs sua contestação à doutrina eclesiástica das indulgências. Os efeitos da Reforma de Lutero na educação se fizeram sentir pela extensão do ensino primário. Para se ter acesso direto às Sagradas Escrituras, era preciso saber ler. O próprio Lutero traduziu a Bíblia para o alemão, para estimular sua leitura. O movimento da Reforma, associado ao advento da imprensa, favoreceu a alfabetização de setores cada vez mais amplos da população.

A reação católica a essa Reforma provocou uma guerra civil que esgotaria os recursos do continente por um século e meio, mas, com a contrarreforma, os países católicos ganharam novas instituições de educação: os colégios. Os jesuítas, seguidos de perto por outras congregações e ordens religiosas, criaram um modelo de instituição educacional destinado aos filhos das classes privilegiadas. Desenvolveram-se métodos educacionais de refinamento psicológico. A Igreja Católica organizou a formação de sacerdotes de forma rigorosa, com a criação dos seminários. A extensão da educação, apoiada em novos recursos técnicos, com importância fundamental da imprensa, foi intensa ao longo da história europeia. Os aparelhos estatais absorviam um número cada vez maior de funcionários letrados. Reis, governadores, bispos e autoridades municipais precisavam cercar-se de escrivãos, juristas e técnicos.

As novas formas de vida obrigavam mais pessoas a se educarem. Para as navegações, era necessário saber ler as cartas náuticas. Da mesma maneira, não se podia governar uma cidade ou dirigir um exército sem saber ler, interpretar e redigir documentos. Para levantar uma fortificação e construir catedrais, eram necessários conhecimentos diversos, principalmente de geometria e cálculo. O ideal da educação renascentista tinha sido formar no homem um espírito livre, capaz de dominar as áreas do conhecimento, da arte à ciência. O desenvolvimento das técnicas, muitas vezes adiantadas em relação às ciências puras, impôs a especialização dos saberes. A arquitetura, a arte da guerra, a navegação e as finanças ficavam nas mãos de especialistas. Evidenciaram-se, de forma clara, as imperiosas demandas sociais que definiam os rumos do conhecimento e do desenvolvimento tecnológico, bem como seu acesso por meio da educação.

Em meados do século XVII, as lutas religiosas na Europa terminaram e um novo espírito encontrou terreno propício junto às camadas mais cultas da sociedade. A religião, que ainda era oficialmente determinante nos sistemas políticos, perdeu o controle sobre as ideologias, e as grandes filosofias da época se constituíram fora de sua influência. O empirismo e o racionalismo tiveram grande repercussão no desenvolvimento das ciências e da educação, e data desse período o trabalho pioneiro do monge conhecido como Comenius.

O primeiro programa organizado de escolarização universal foi criado pelo tcheco Comenius (Jan Amos Komenský) (1592-1670), que preconizou uma escola elementar à qual todos – ricos, pobres, homens e mulheres – teriam acesso e na qual seriam selecionados os indivíduos mais capacitados para cursar o ensino superior. Os propósitos pedagógicos de Comenius enfatizavam a interdisciplinaridade, a afetividade do educador e o fortalecimento da relação entre família e escola como elementos fundamentais do processo educacional. Seu conceito de educação privilegiava o desenvolvimento do raciocínio lógico e do espírito científico, com base na experiência, na observação e na ação para constituir o homem religioso, social, político, racional, afetivo e moral: um ser humano integral, estabelecendo uma perspectiva pedagógica sustentada por uma teoria humanista e espiritualista da sua formação. Deve-se a Comenius a primeira sistematização das características básicas da educação moderna, em sua obra *Grande Didacta*.

Comenius pregava ainda a necessidade de um ambiente escolar arejado, bonito, com espaço livre e ecológico, capaz de favorecer a aprendizagem, que se iniciava pelos sentidos, para que as impressões sensoriais obtidas pela experiência com objetos fossem internalizadas e, mais tarde, interpretadas pela razão. Seu método didático constituiu-se basicamente com três elementos: compreensão, retenção e prática, valorizando a aplicação e o uso definido de tudo o que se ensina. Seu método preconizava a clareza e a objetividade no ensino da verdadeira e peculiar natureza das coisas, bem como o respeito ao ritmo da aprendizagem e à sua verificação, sem abandonar nenhum assunto até a sua perfeita compreensão.

O século XVIII caracterizou-se por um novo espírito otimista e científico, pois, graças ao progresso da ciência e ao avanço da razão, seria possível o aperfeiçoamento do espírito humano e a melhora das condições materiais. Os iluministas acreditavam que o homem era o produto de ideias e convicções, e vivia num mundo que resulta diretamente dessas ideias.

As ideias iluministas estão diretamente relacionadas às mudanças sociais, políticas e econômicas vividas nesse momento histórico europeu. Verifica-se uma verdadeira revolução dos meios de produção, que influenciaram o modo de vida do ser humano, com a revolução industrial, econômica, científica e cultural, que levou a uma revisão de todos os paradigmas até então estabelecidos.

Para Jean-Jacques Rousseau (1712-1778), *o homem é bom por natureza, mas uma educação equivocada o perverte*. Embora não tenha sido um educador, Rousseau fez proposições que resultam em um novo modelo de educação, baseado no desenvolvimento dos dons naturais da criança, na liberdade, na educação voltada para a autonomia, para minimizar os efeitos do autoritarismo e da competição, típicos da vida em sociedade, que apenas contribuem para constituir um sujeito dependente moral e intelectualmente.

De acordo com essa educação natural, o homem deveria respeitar seus instintos e agir em função deles, e não de imposições externas e artificiais. Segundo Rousseau, o homem não se constitui apenas de intelecto, pois as disposições primitivas como as emoções, os sentidos, os instintos e os sentimentos existem antes do pensamento elaborado. As dimensões primitivas seriam mais dignas de confiança do que os hábitos de pensamento forjados pela sociedade e impostos ao indivíduo. Seu pensamento introduziu o conceito de que a criança é um ser com ideias e interesses próprios e não pode ser vista e tratada como um adulto em miniatura.

Para Rousseau, cada fase da vida tem características próprias. Tanto o homem quanto a sociedade modificam-se, e a educação é o elemento fundamental para a necessária adaptação a essas modificações. Assim, a educação não vem de fora, mas é a expressão livre da criança no seu contato com a natureza. Como era contrário à rígida disciplina e ao excessivo uso da memória, propôs para a criança o brinquedo, o esporte e a agricultura, além do uso de instrumentos de variados ofícios: linguagem, canto, aritmética e geometria. Por meio dessas atividades, a criança estaria apta a medir, contar, pesar e, assim, poderia desenvolver atividades relacionadas à sua vida cotidiana.

Rousseau iniciou uma revolução nas teorias educacionais ao enfatizar que o ensino era um apoio para a criança crescer naturalmente. Essa visão mudou a relação professor/aluno e colaborou para eliminar os rígidos sistemas disciplinares educacionais do século XVIII. Suas principais ideias são: a atenção ao desenvolvimento de opiniões individuais, a harmonia das necessidades e habilidades e a prevalência de um espírito humanitário. Para ele, a criança deve ser educada para tornar-se um ser humano completo, e não para uma profissão específica. Assim, colocou o professor como o orientador.

Outro importante nome da educação na passagem do século XVIII para o XIX foi Johann Heinrich Pestallozzi (1746-1827), que exerceu grande influência no pensamento educacional e foi um adepto da educação pública. Democratizou a educação, proclamando ser direito de toda criança desenvolver plenamente os poderes dados por Deus, e defendeu teorias e práticas corretas de educação baseadas em conhecimentos da natureza da mente humana. Para ele, a escola deveria assemelhar-se a uma casa bem organizada, pois o lar era a melhor instituição de educação, base para a formação moral, política e religiosa. Em sua escola, mestres e alunos permaneciam juntos o dia todo e as atividades escolares eram desenvolvidas de modo flexível, com duas tardes por semana livres para excursões. Os problemas disciplinares eram discutidos à noite, e ele condenava a coerção, as recompensas e punições, pois alegava que somente a educação poderia contribuir para que o povo conservasse os direitos conquistados.

Os princípios educacionais e as contribuições de Pestallozzi podem ser assim resumidos: o desenvolvimento é orgânico, regido por leis definidas; a gradação deve ser respeitada; o método deve seguir a natureza; a impressão sensorial é fundamental e os sentidos devem estar em contato direto com os objetos. A crença na educação é vista como o melhor meio para o aperfeiçoamento individual e social. O desenvolvimento é gradativo e, consequentemente, cada forma de instrução deve progredir de modo lento. Pestallozzi deu impulso à formação de professores e ao estudo da educação como uma ciência. Sua equipe elaborou materiais pedagógicos voltados à linguagem, matemática, ciências, geografia, história e música.

Sua proposta valoriza a experiência antes do simbolismo, trazendo a realidade da vida para o ambiente escolar com grande volume de trabalhos manuais. O programa educacional deve levar em conta as características de cada criança e os grupos devem ter habilidades semelhantes, com liberdade de exploração. A educação baseada exclusivamente na razão era vista como insuficiente, pela necessidade de envolvimento pessoal e emocional entre crianças e professores, para evitar os sentimentos de frustração, e estimular a busca por conhecimentos.

A partir do desenvolvimento desses pensamentos iluministas, houve a necessidade de reformar e expandir a educação em todos os níveis, para alcançar um mundo mais sábio e justo, e uma das aspirações dos governos burgueses europeus do século XIX foi levar toda a população infantil à escola. Esse processo ocorreu muito lentamente, por se priorizar o ensino secundário, em um sistema dominado pelas classes abastadas, preocupadas com o futuro de seus filhos e com a perpetuação do sistema. A pressão da classe trabalhadora, além da necessidade de qualificar a mão de obra para as atividades industriais cada vez mais exigentes, motivou a progressiva democratização do ensino. Dessa forma, no final do século XIX, a maior parte dos países industrializados tinha atraído para a escola quase toda a população infantil, e a taxa de analfabetismo foi drasticamente reduzida.

O educador de maior destaque nesse período foi Friedrich Froebel (1782-1852), cuja principal contribuição é a importância atribuída ao brinquedo. A essência de sua pedagogia tem por base a atividade e a liberdade. Após trabalhar com Pestallozzi, em 1837 abriu o primeiro jardim de infância (*Kindergarten*) e dedicou sua vida ao ensino pré-escolar, à formação de professores e à elaboração de métodos e equipamentos para as instalações. Como a atividade produtiva exige a integração da memória, da percepção, do raciocínio e controle dos músculos, nervos e órgãos sensoriais, Froebel defendeu a genética no desenvolvimento da criança e estudou as fases de crescimento: a infância, a meninice, a puberdade, a mocidade e a maturidade, todas igualmente importantes.

Os blocos de construção, chamados "Froebel Blocks" (Fig. 1.1), eram usados pelas crianças nas suas atividades criativas. De acordo com o arquiteto Frank Lloyd Wright, esses blocos exerceram um papel fundamental na sua infância, no desenvolvimento de suas habilidades espaciais e tridimensionais.

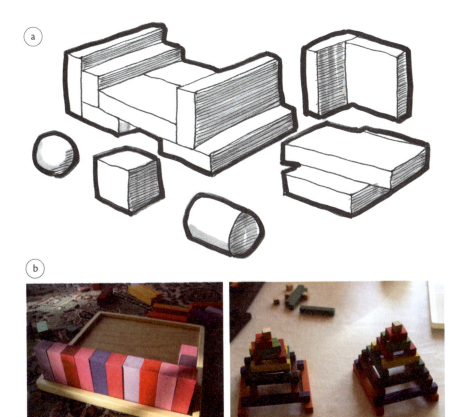

Fig. 1.1 Blocos Froebel: (a) Blocos Froebel originais; (b) Blocos Froebel atualmente em uso em escolas

Nas escolas de Froebel, trabalhava-se com diferentes tipos de materiais, como papel, papelão, argila e serragem. As histórias, os mitos, as lendas, os contos de fadas e as fábulas também tinham um grande valor. Enquanto os brinquedos físicos davam força e poder ao corpo, as histórias desenvolviam a mente. Para Froebel, o professor não deveria intervir ou impor a educação, mas procurar as razões do comportamento da criança e remover as barreiras ao desenvolvimento criativo dela. As excursões às montanhas e vales eram semanais, pelo poder da natureza em auxiliar a criança a compreender a si e aos outros. Froebel valorizava a família tanto quanto Pestallozzi, abrangendo a função familiar aos planos biológicos, sociais, religiosos e educacionais.

No contexto histórico entre o século XIX e o século XX, outros educadores destacam-se pelas novas propostas educacionais, como John Dewey e Jean Piaget.

John Dewey (1859-1952) tornou-se um dos maiores pedagogos americanos, contribuindo intensamente para a divulgação dos princípios do que se chamou de "Escola Nova" ou a "Escola Progressista". Como diretor do Departamento de Filosofia da Universidade de Chicago, fundou uma escola elementar experimental no Departamento de Pedagogia, na qual colheu os elementos para formular suas ideias sobre a educação. Dewey critica severamente a educação tradicional, principalmente no que se refere à ênfase dada ao intelectualismo e à memorização. Para Dewey, o conhecimento é uma atividade dirigida, que não tem um fim em si, mas à experiência. As ideias são hipóteses de ação e são verdadeiras quando funcionam como orientadoras dessa ação.

Para o autor, a educação faz parte do desenvolvimento natural do ser humano e se concretiza pela superação das dualidades que tradicionalmente afetam o ser humano e suas relações: razão/espírito; indivíduo/sociedade; fins/meios; teoria/prática; trabalho/lazer; braçal/intelectual...

Segundo Dewey, a razão não é separada da natureza, pois ele estabelece a razão individual como social, a natureza como social e a sociedade como natural. Assim, a educação é uma necessidade social, que se cumpre para assegurar a continuidade social. Por ser um processo natural e social, a educação é o meio de grupos humanos manterem e transmitirem suas crenças, ideias e conhecimentos. A finalidade da educação é propiciar à criança as condições para que resolva por si os seus problemas e se afaste dos preceitos tradicionais que propõem formá-la de acordo com modelos prévios e, com base nesses modelos, orientá-la para o futuro. Com a experiência como fator central de seus pressupostos, Dewey afirma que a escola não pode ser uma preparação para a vida, mas é a própria vida.

A educação progressiva está no crescimento constante, na medida em que o conteúdo da experiência aumenta, assim como o controle que se pode exercer sobre ela. É importante que o educador descubra os verdadeiros interesses da criança, pois somente com base nesses interesses é que a experiência adquire um verdadeiro valor educativo.

Dewey atribui grande valor às atividades manuais, por apresentarem situações de problemas concretos a serem resolvidos. Ele considera que o trabalho desenvolve o espírito de comunidade, e a divisão das tarefas entre os participantes estimula a cooperação e a consequente criação de um espírito social. O espírito de iniciativa e independência leva à autonomia e ao autogoverno, que são virtudes de uma sociedade realmente democrática, em oposição ao ensino tradicional, que valoriza a obediência. O ambiente escolar deve propiciar essas experiências efetivamente criadoras.

Embora não defenda o ensino profissionalizante, a escola deve voltar-se aos reais interesses dos alunos (educação pelo trabalho) e valorizar a curiosidade humana natural. Assim, é preciso conhecer o mundo do trabalho como o ponto de partida para entender o homem na História. De acordo com os ideais da democracia, Dewey define a escola como o instrumento ideal para estender a todos os indivíduos os seus benefícios, e a educação tem a função democratizadora de igualar as oportunidades.

O início do século XX assistiu ao construtivismo de Jean Piaget (1896-1980), que estudou a evolução do pensamento até a adolescência, para entender os mecanismos mentais que o indivíduo utiliza para captar o mundo. Seu interesse, voltado à epistemologia, focalizou o processo de construção do conhecimento, a partir da observação cuidadosa de crianças e de seus próprios filhos, e ele concluiu que, em muitas questões cruciais, as crianças não pensam como os adultos, por ainda lhes faltarem determinadas habilidades. A teoria de Piaget do desenvolvimento cognitivo divide-se em etapas e pressupõe que os seres humanos passam por uma série de mudanças ordenadas e previsíveis.

Um dos pressupostos de sua teoria é o "interacionismo", que representa a ideia de construtivismo sequencial e enfatiza os fatores que interferem no desenvolvimento. A criança é concebida como um ser dinâmico, que interage com a realidade ativamente, seja com objetos, seja com pessoas. Essa interação com o ambiente faz com que construa estruturas mentais e maneiras de fazê-las funcionar. O eixo central, portanto, é a interação organismo/meio, que acontece por meio de dois processos simultâneos ao longo da vida: a organização interna e a adaptação ao meio.

A adaptação, definida por Piaget, como o próprio desenvolvimento da inteligência, ocorre pela assimilação e acomodação. Os esquemas de assimilação modificam-se, conforme os estágios de desenvolvimento, influenciados por fatores como: maturação (crescimento biológico dos órgãos), exercitação (funcionamento dos esquemas e órgãos que implica a formação de hábitos), aprendizagem social (aquisição de valores, linguagem, costumes e padrões culturais e sociais) e equilibração (processo de autorregulação interna do organismo, que se constitui na busca sucessiva de reequilíbrio após cada desequilíbrio sofrido).

Na visão piagetiana, a educação deve possibilitar à criança um processo amplo e dinâmico de incentivo a vivências significativas, ao longo do percurso definido pelos estágios de desenvolvimento cognitivo. A escola deve partir dos esquemas de assimilação da criança e propor atividades desafiadoras, que provoquem desequilíbrios e reequilibrações sucessivas, promovendo a descoberta e a construção do conhecimento. Portanto, os conflitos cognitivos são importantes para o desenvolvimento da aprendizagem.

Para tanto, os objetivos pedagógicos necessitam centrar-se no aluno e em suas atividades. Os conteúdos não são concebidos como fins em si, mas como instrumentos para o desenvolvimento evolutivo natural. Observa-se um método que prioriza o conhecimento construído pelo aluno, em detrimento do conhecimento passivamente recebido do professor: a aprendizagem é um processo construído internamente, que depende do nível de desenvolvimento da criança e é um processo de reorganização cognitiva. A interação social favorece a aprendizagem e esta necessita estruturar-se de modo a privilegiar a colaboração, a cooperação e o intercâmbio de pontos de vista na busca conjunta do conhecimento.

Para Piaget, a autonomia não está relacionada ao isolamento ou à capacidade de aprender sozinho e nem mesmo ao respeito ao ritmo próprio da escola comportamentalista. O florescer do pensamento autônomo é lógico e operacional, paralelo à capacidade de estabelecer relações cooperativas. No desenvolvimento e no aumento da complexidade das ações, o indivíduo reconhece a existência do outro e passa a entender a necessidade de regras, de hierarquias e de autoridade.

A obra de Jean Piaget não oferece aos educadores uma didática específica de como desenvolver a inteligência do aluno ou da criança, mas mostra que cada fase de desenvolvimento apresenta características e possibilidades de crescimento da maturação ou de aquisições. O conhecimento dessas possibilidades leva os professores a oferecerem estímulos adequados e um maior desenvolvimento do indivíduo.

A contribuição de Piaget nos campos da psicologia e da pedagogia permanece viva até os dias atuais, em forma de diversas propostas didáticas. Seu maior valor está na proposição de uma teoria que, ao procurar compreender os processos de ensino e de aprendizagem, propõe uma base progressiva de estágios dinâmicos do desenvolvimento cognitivo, ou seja, estruturas construídas pelo sujeito da aprendizagem, que a elas recorre, desde as mais primitivas, para construir o novo conhecimento. Enfatiza-se a postura construtivista oferecida por Piaget, pelos notáveis desdobramentos metodológicos na Pedagogia em prática no mundo ocidental: a aprendizagem não resulta da ação das estruturas internas do indivíduo, nem é fruto da ação exclusiva da estimulação externa; mas somente se produz a partir da interação entre o sujeito e o meio.

Outra importante contribuição da passagem do século XIX e dos anos iniciais do século XX foi o desenvolvimento da pedagogia "Waldorf". Seu fundador, Rudolf Steiner (1861-1925), concebeu essa teoria educacional a partir de experiências anteriores, especialmente na Sociedade Antroposófica e na Sociedade Teosófica, nas quais desenvolveu seus ideais acerca das questões humanas, como alternativa ao pensamento puramente materialista.

Steiner criou a pedagogia "Waldorf" para a escola da fábrica de cigarros Waldorf-Astoria, imaginando o ambiente escolar aberto a todas as crianças, com um currículo de 12 anos, no qual os professores deveriam assumir também o papel de dirigentes e administradores do ambiente escolar. A influência governamental deveria ser minimizada e a escola não deveria ter fins lucrativos.

Uma das principais características da Pedagogia Waldorf é o seu embasamento no conceito do desenvolvimento do ser humano. A antroposofia é uma ciência espiritual elaborada por Steiner, na qual o ser humano é apreendido em seu aspecto físico, anímico (psicoemocional) e espiritual, de acordo com as características de cada um e da sua faixa etária. Busca-se uma perfeita integração do corpo, da alma e do espírito, ou seja, entre o pensar, o sentir e o querer. Steiner parte da hipótese de que o ser humano não está determinado exclusivamente pela herança e pelo ambiente, mas também pela resposta oferecida pelo seu próprio interior.

Baseado nesse conceito sobre o homem, o currículo escolar deve voltar-se às necessidades evolutivas do ser humano e às fases de desenvolvimento da criança. As crianças e os jovens devem familiarizar-se com a natureza e com a história cultural, pois elementos constitutivos do presente podem ser encontrados no passado, ajudando a entender o hoje e, portanto, propiciam condições para que cada um possa escolher o seu rumo. Encoraja-se a criatividade, que alimenta a imaginação, para levar as crianças a um pensamento livre, independente das forças econômicas ou imposições de governos.

O ensino teórico é sempre acompanhado pelo prático, com grande enfoque nas atividades corporais (ação), artísticas e artesanais, de acordo com a idade dos estudantes. As atividades do pensar iniciam-se com o exercício da imaginação, do conhecimento dos contos, lendas e mitos, até atingir o desenvolvimento do pensamento mais abstrato, teórico e rigorosamente formal. O método Waldorf é contra a exigência da abstração muito cedo e, assim, diferencia-se de outras pedagogias. A Fig. 1.2 apresenta material didático da pedagogia "Waldorf", fabricado com material não industrializado, e mostra exemplos de edificações escolares pertinentes. Um grande número de escolas "Waldorf" adota uma arquitetura diferenciada, com base na arquitetura orgânica, influenciada na época por Charles R. Mackintosh, do "Scottish Arts and Crafts Movement"; Antoni Gaudí, da Espanha; Alvar Alto, da Finlândia; Frank Lloyd Wright, dos Estados Unidos, e pelo movimento de "Art Nouveau", da França. De modo geral, a arquitetura orgânica é considerada um contraponto à arquitetura racionalista, por privilegiar formas não ortogonais, sem repetição monótona e simétrica de espaços iguais (Zevi, 1950), e aplicam-se materiais mais naturais, não industrializados. As ideias de Steiner influenciaram o currículo escolar, as metodologias pedagógicas e também o ambiente físico das escolas, a sua arquitetura.

Destaca-se também a pedagogia desenvolvida por Maria Montessori (1870-1952), que tem desdobramentos sobre outras correntes até hoje aplicadas nas escolas. A pedagogia montessoriana relaciona-se à normatização e consiste em harmonizar a interação de forças corporais e espirituais, corpo, inteligência e vontade. Seu objetivo é a educação da vontade e da atenção, com o que a criança tem liberdade de escolher o material a ser utilizado, além de proporcionar a cooperação. Os princípios fundamentais são: a atividade, a individualidade e a liberdade, com ênfase em aspectos biológicos, e considera que a função da educação é favorecer o desenvolvimento da criança. Os estímulos externos formariam o espírito da criança, precisando, portanto, ser determinados. Assim, na sala de aula, a criança é livre para agir sobre os objetos preestabelecidos, assim como sobre os conjuntos de jogos e outros materiais desenvolvidos por Maria Montessori.

Fig. 1.2 Material didático e exemplos de edificações escolares, segundo a pedagogia Waldorf: (a) Bonecos Waldorf; (b) Ilustração da Freie Waldorfschule, Freiburg-St. Georgen, Alemanha; (c) Imagens da Freie Waldorfschule – Kirchheim, Alemanha

A pedagogia de Montessori ocupa um papel de destaque no movimento das "Escolas Novas", pelas técnicas que apresentou para os jardins de infância e para as primeiras séries do ensino fundamental. O material criado por Montessori tem papel preponderante no seu trabalho educativo, pois pressupõe a compreensão das coisas a partir delas mesmas, com a função de estimular e desenvolver na criança um impulso interior que se manifesta no trabalho espontâneo do intelecto.

Montessori produziu uma série de cinco grupos de material didático. Os primeiros são para exercícios da vida cotidiana, e os outros abordam a linguagem, a matemática, as ciências e as questões sensoriais. Esse material se constitui de peças sólidas de diversos tamanhos e formas: caixas para

abrir, fechar e encaixar, botões para abotoar, série de cores, de tamanhos, de formas e espessuras diferentes; coleções de superfícies de diferentes texturas e campainhas com diferentes sons. O "Material Dourado", criado por Maria Montessori, baseia-se nas regras do sistema de numeração, inclusive para o trabalho com números múltiplos. É composto por cubos, placas e barras de madeira. A Fig. 1.3 mostra materiais e um ambiente escolar baseados nas teorias pedagógicas Montessori. Os espaços para as "Escolas Novas" permitem várias atividades ao mesmo tempo, assim como as da vida cotidiana, com equipamentos e móveis de cozinha, muitas estantes para a organização do material didático e espaço livre para as crianças trabalharem no chão com o "Material Dourado".

O aluno usa (individualmente) os materiais à medida de sua necessidade e, por ser autocorretivo, faz sua autoavaliação, pois os professores são auxiliares da aprendizagem. As tarefas são precedidas por uma intensa preparação e, ao final, a criança se solta e se comunica com seus semelhantes, num processo de socialização. A livre escolha das atividades é outro aspecto fundamental para que exista a concentração e para que a atividade seja formadora e imaginativa. Essa escolha se realiza com ordem, disciplina e um relativo silêncio, por desempenhar um papel preponderante. A criança fala quando o trabalho assim o exige, e a professora não precisa falar alto. Pés e mãos têm destaque nos exercícios sensoriais, pela oportunidade às crianças de manipular os objetos, pois a coordenação se desenvolve com o movimento.

A metodologia pedagógica Montessoriana tem como base o desenvolvimento da iniciativa da criança e o senso de percepção por meio da liberdade física e da aplicação de material instrutivo autodidata. Valoriza-se a libertação da criança da dominação parental e do professor, e estimula-se o desenvolvimento mais cedo das habilidades de leitura e escrita. O material didático, especialmente criado, atrai o esforço individual, e não a ação coletiva, pois a oportunidade de cooperação está nas tarefas domésticas, em arrumar a escola, preparar e servir comida etc.

Em meados do século XX, destacam-se ainda os estudos de Henri Wallon (1879-1962) e de Vygotsky (1896-1934).

O modelo de análise de Wallon baseia-se no desenvolvimento humano por meio do desenvolvimento psíquico da criança, que aparece descontínuo, marcado por contradições e conflitos, resultado da maturação e das condições ambientais. A passagem pelos estágios de desenvolvimento não ocorre linearmente, mas pela reformulação de uma etapa a outra, com crises que afetam a conduta da criança, mas propulsoras do desenvolvimento do ser humano.

Na sucessão de estágios, há uma "alternância funcional" entre as formas de atividades e de interesses da criança, em que cada fase (de dominância,

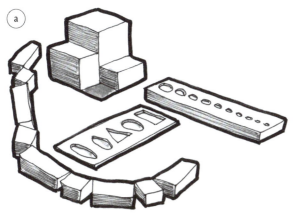

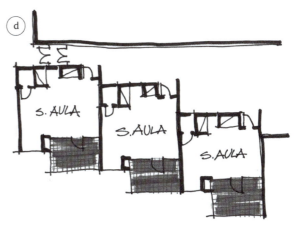

Fig. 1.3 Materiais e esquema de ambiente escolar da pedagogia Montessori: (a), (b), (c) Materiais didáticos; (d) Esboço de sala de aula da Escola Winston Salam

afetividade, cognição) incorpora as conquistas da outra fase, em um permanente processo de integração e diferenciação. Wallon criou um novo conceito de motricidade, emotividade, de inteligência humana e, sobretudo, uma maneira original de pensar a psicologia infantil e reformular os seus problemas. Na psicogênese da Pessoa Completa, Wallon explica os fundamentos da psicologia como ciência, seus aspectos epistemológicos, objetivos e metodológicos. Admite o organismo como condição primeira do pensamento, pois toda a função psíquica supõe um componente orgânico. No entanto, considera que não é condição suficiente, pois o objeto da ação mental vem do ambiente, ou seja, de fora.

Wallon propõe o estudo integrado do desenvolvimento, e recorreu a outros campos de conhecimento para aprofundar sua explicação, como neurologia, psicopatologia, antropologia e psicologia animal. Assim, não é possível dissociar as características biológicas das sociais no homem, base de sua Teoria do Desenvolvimento, que concebe o homem como genética e organicamente social, e sua existência como algo que ocorre entre as exigências da sociedade e do organismo. Wallon manteve interlocução com as teorias de Piaget e Freud, o chamado pai da psicanálise, por meio do método da observação pura, que ele considera adequado para conhecer a criança em seu contexto.

Vygotsky construiu sua teoria com base no desenvolvimento do indivíduo, como resultado de um processo sócio-histórico. Enfatizou o papel da linguagem e da aprendizagem e a aquisição de conhecimentos pela interação do sujeito com o meio. O processo de formação de conceitos remete às relações entre pensamento e linguagem. A questão cultural no processo de construção de significados pelos indivíduos, o processo de internalização e o papel da escola na transmissão de conhecimento são de natureza diferente daquela aprendida na vida cotidiana.

Para Vygotsky, o cérebro é a base biológica, e suas peculiaridades definem limites e possibilidades para o desenvolvimento humano, pois as funções psicológicas superiores, por exemplo, linguagem e memória, são construídas ao longo da história social do homem, em sua relação com o mundo. Desse modo, as funções psicológicas superiores referem-se a processos voluntários, ações conscientes, mecanismos intencionais, e dependem de processos de aprendizagem. A ideia central é a mediação: a construção do conhecimento é uma interação mediada por várias relações. A linguagem representa um salto qualitativo na evolução da espécie, porque fornece os conceitos, as formas de organização do real, a mediação entre o sujeito e o objeto do conhecimento.

A cultura fornece ao indivíduo os sistemas simbólicos de representação da realidade, em constante processo de recriação e reinterpretação de informações, conceitos e significações. O processo de internalização é fundamental para o desenvolvimento do funcionamento psicológico humano, por envolver uma atividade externa, que deve ser modificada para tornar-se uma atividade interna: é interpessoal e torna-se intrapessoal. Vygotsky usa o termo função mental para referir-se aos processos de pensamento, memória, percepção e atenção. O pensamento origina-se na motivação, no interesse, na necessidade, no impulso, no afeto e na emoção. A interação social e a linguagem são decisivas para o desenvolvimento.

Segundo Vygotsky, existem ao menos dois níveis de desenvolvimento: um real, adquirido ou formado, e um potencial, que é a capacidade de aprender com outra pessoa. A aprendizagem interage com o desenvolvimento, produzindo aberturas nas zonas de desenvolvimento proximal: esta é a distância entre aquilo que a criança faz sozinha e o que ela é capaz de fazer com a intervenção de um adulto. A potencialidade para aprender não é a mesma para todas as pessoas, pois a aprendizagem e o desenvolvimento estão inter-relacionados. Assim, um conceito em matemática, por exemplo, requer sempre um grau de experiência anterior para a criança.

A escola é o lugar onde a intervenção pedagógica intencional desencadeia o processo de ensino/aprendizagem. O professor tem o papel de interferir no processo, diferentemente de situações informais, nas quais a criança aprende por imersão em um ambiente cultural. Portanto, é papel do docente provocar avanços nos alunos, e isso se torna possível com sua interferência na zona proximal.

O aluno não é somente o sujeito da aprendizagem, mas aquele que aprende junto ao outro o que o seu grupo social produz. Valores, linguagem e o próprio conhecimento são adquiridos. A formação de conceitos espontâneos, ou cotidianos, desenvolvidos no decorrer das interações sociais, diferencia-se dos conceitos científicos adquiridos pelo ensino. A aprendizagem é fundamental ao desenvolvimento dos processos internos, para a interação com outras pessoas. Ao observar a zona proximal, o educador pode orientar o aprendizado e adiantar o desenvolvimento potencial de uma criança. Nesse momento, o ensino passa do grupo para o indivíduo.

Vygotsky destaca o papel do contexto histórico e cultural nos processos de desenvolvimento e aprendizagem, chamado de sociointeracionista, e não apenas de interacionista como Piaget, que enfatizava os aspectos estruturais e as leis de caráter universal (de origem biológica) do desenvolvimento. Vygotsky destaca as contribuições da cultura, da interação social e a dimensão histórica do desenvolvimento mental. Em termos de ambiente, é uma diferença importante entre as duas teorias pedagógicas, pois implicam concepções espaciais bastante diferentes.

No século XX, países latino-americanos, conscientes da necessidade de diminuir a distância cultural e tecnológica em relação às nações mais desenvolvidas, investiram na educação, com o apoio de organizações internacionais como a Unesco (Organização das Nações Unidas para a Educação, a Ciência e a Cultura). Mas a explosão demográfica, em muitos casos, contribuiu para diminuir o sucesso do esforço de alfabetização. Em consequência da democratização do acesso ao ensino fundamental – no Brasil, processo de universalização –, houve, na maioria dos países, uma grande demanda pelo ensino médio e superior. No caso específico do ensino superior, gerou a abertura expressiva de centros de ensino mantidos pela iniciativa privada, ampliando, em muito, o número de vagas, nem sempre com a qualidade almejada.

Assim, a tendência em educação nos países em desenvolvimento é aumentar o número de alunos, o que acarretou impactos ao sistema educacional. Educação é uma atividade economicamente cara, que necessita de grandes recursos humanos e materiais. A educação de massa necessita de organização e administração inovadora para atender com qualidade a população, o que nem sempre é feito nas políticas públicas em vigor.

As transformações dos meios de comunicação influenciam as discussões pedagógicas. As atuais tecnologias, como o uso de computadores, confrontam um ensino baseado em técnicas pedagógicas e em conteúdos tradicionais, e apresentam alternativas ao trabalho educativo, especialmente nas áreas profissionalizantes. Educação continuada, adaptabilidade e inovação são as necessidades de uma sociedade em constante transformação tecnológica e rápido absoletismo dos modos de produção.

Quando se fala de novas tecnologias na educação, Skinner (um dos mais expressivos nomes da psicologia norte-americana do século XX) deve ser lembrado. Esse autor questionou o papel do professor em sala de aula, com o argumento de que, historicamente, o magistério foi uma atividade coletiva e, por isso, contrária à proposta de acompanhamento individual dos alunos. Para ele, a possibilidade de ensinar adequadamente exige que um aluno seja tratado individualmente; em contraposição, o professor, ao centralizar a ação na sua pessoa, não possibilita uma situação individualizada.

Essa proposição não significava dar ao indivíduo oportunidades para manifestar-se e traçar seu próprio caminho, mas de condicionar seu comportamento de modo eficaz e compatível com os objetivos educacionais preestabelecidos. Skinner foi um dos principais propositores do uso de aparatos tecnológicos na educação, sempre objetivando a maior eficácia ao ensino. Desse modo, pode-se considerar importante sua contribuição como defensor do implemento de novas tecnologias, em especial do computador, no processo de ensino/aprendizagem.

Em contraste à abordagem skinneriana, o americano Carl Rogers propôs uma psicologia centrada na pessoa, pela necessidade de a aprendizagem ser significativa, na qual o professor tem papel central, que inclui uma postura de total receptividade, aceitação e compreensão em relação aos alunos e seus sentimentos. Ou seja, a função essencial do professor é desenvolver uma relação pessoal com seus alunos, como facilitador da aprendizagem significativa, numa perspectiva em que o professor e o aluno são corresponsáveis por ela. Destacam-se as diferenças entre as abordagens skinneriana e rogeriana, pela organização pedagógica flexível e a metodologia de ensino não diretiva desta última, que usa a sensibilização, a afetividade e a motivação como ingredientes fundamentais para a construção do conhecimento.

Neste breve percurso histórico, paralelamente ao desenvolvimento da educação formal e pública, apresentaram-se as tendências das teorias da educação e as pesquisas na área da psicologia infantil e das relações sociais que influenciaram a pedagogia adotada nas escolas. Ao longo do século XX, entre as contribuições oferecidas à educação, revelou-se uma tendência geral favorável à limitação do autoritarismo na escola e ao aumento da liberdade de ação da criança, incentivando nela ações que favorecessem o livre curso de sua criatividade.

Apesar de todos os autores apresentados ainda influírem nas teorias pedagógicas aplicadas nas escolas brasileiras, devem-se mencionar educadores brasileiros cujas pesquisas e atuações são importantes para a pedagogia nacional. É o caso de Anísio Spínola Teixeira, Paulo Freire e Darcy Ribeiro.

Anísio Spínola Teixeira (1900-1971) introduziu conceitos da pedagogia de John Dewey no Brasil e foi, com Darcy Ribeiro, o idealizador da Universidade de Brasília. Teve uma formação jesuítica e, em 1924, foi chamado por Otávio Mangabeira para dirigir a Educação na Bahia e lançar as ideias da "Reforma Baiana", quando apenas 9% das crianças do Estado em idade escolar frequentavam a escola. Em 1928, foi para a América do Norte e tornou-se aluno de John Dewey e de William Kilpatrick, o que lhe proporcionou subsídios à construção da pedagogia no Brasil.

Em 1930, a revolução traz Anísio Teixeira para o Distrito Federal e ele luta pela função social da escola. O conformismo da população que ele encontrara na Bahia, cinco anos antes, parecia ter mudado. Cria-se um grupo de pedagogos que podem ser divididos filosoficamente em "naturalistas" e "reformistas". Os naturalistas, como Montessori, dedicam-se aos estudos da neurologia, da fisiologia humana e animal, da ecologia e da pediatria. O grupo dos reformistas dedica-se à sociologia, psicologia, antropologia, geografia, no desejo de modificar as condições sociais, e aqui se situam principalmente as ideias de Dewey.

Filósofos naturalistas e reformadores, artistas, pedagogos e cientistas uniram-se sob a liderança de Anísio e iniciaram a reconstrução da pedagogia brasileira, a exemplo de Mário de Andrade, que trabalhava nas modificações institucionais e pesquisava as fontes antropológicas da cultura brasileira. Nesse período, Anísio Teixeira revolucionava os métodos de organização do sistema educacional e das atividades intraescolares, acreditando que a educação é um tripé indissociável de escola, biblioteca e museu. Na escola era importante criar o ambiente que existe na própria vida social.

A partir de 1937, por razões políticas, as várias propostas de modificação institucional da educação no País não são levadas à frente. Em 1946, com a vitória das forças democráticas, Anísio Teixeira volta ao cenário brasileiro, novamente na Bahia. Surge a Escola Parque da Bahia, considerada pela ONU (Organização das Nações Unidas) uma das maiores experiências de ensino primário nesse século. As ideias de Teixeira e os debates promovidos por ele também inspiraram a Lei de Diretrizes e Bases (LDB, 1996), importante instrumento de melhorias e qualidade do ensino no Brasil. Os trabalhos de Teixeira consolidam-se na Escolinha de Arte do Brasil, na Sociedade Brasileira para o Progresso da Ciência, na Sociedade Pestallozzi do Brasil, na Escola Parque da Bahia e na Universidade do Distrito Federal.

Nas décadas de 1950 e 1960, Teixeira planeja a municipalização do ensino, para integrar as comunidades nas questões da educação e regionalizar a ciência pedagógica, a escola e o currículo. Graças a ele nasce a ciência pedagógica no Brasil, no âmbito do Inep (Instituto Nacional de Estudos e Pesquisas Educacionais). Sob sua liderança, o Instituto ganhou quatro grandes divisões: Estudos e Pesquisas Educacionais; Estudos e Pesquisas Sociais; Aperfeiçoamento do Magistério; Informação, Documentação e Bibliografia Pedagógica. Os esforços de Teixeira voltam-se para a universalização da escolaridade primária, o treinamento e aperfeiçoamento de professores, a educação pré-escolar, o ginásio único e pluricurricular, a organização da universidade e os cursos de pós-graduação. Nestes últimos, organiza o Centro de Estudos Avançados de Educação da Fundação Getúlio Vargas.

De 1964 a 1971, Teixeira procura voltar às origens de sua formação. Dirige a coletânea Cultura, Sociedade, Educação, da Editora Nacional, e publica grande número de monografias. Em 1971, teve uma morte trágica, ao cair no poço de um elevador no Rio de Janeiro.

Paulo Freire (1921–1997) é considerado um dos grandes pedagogos da atualidade e é respeitado mundialmente pela sua contribuição à educação popular. Para Freire, o homem vive em uma sociedade dividida em classes, e os privilégios de uns impedem que a maioria usufrua dos bens produzidos. Um desses bens é a educação, da qual é excluída grande parte da população do Terceiro Mundo. Refere-se a dois tipos de pedagogia: a dos dominantes, na qual a educação existe como prática de dominação, e a do oprimido, para quem a educação surgiria como prática de liberdade e dependeria de um trabalho de conscientização e politização.

Educação popular é uma expressão, derivada da pedagogia proposta por Freire, influenciada pela ideologia socialista, e define-se como a educação feita com e para o povo, respeitando e interagindo com a realidade socioeconômica das situações específicas.

Freire considerou que todo ato cultural é pedagógico e todo ato pedagógico é cultural, e assim, a educação popular é tudo que se aprende informalmente, fora dos muros das instituições educacionais. Desse conceito nascem as "escolas" dos "sem-terra". A educação popular também é aquela cujo currículo é pensado pela própria população.

Paulo Freire desenvolveu um método revolucionário de alfabetização, de apenas 40 horas, sem cartilha ou material didático. Desse trabalho surgem na década de 1960 campanhas de alfabetização no País, tais como o "De Pé no Chão Também se Aprende a Ler" e o "Movimento de Cultura Popular". O cunho fundamental dessa "campanha" era menos alfabetizar e mais reciclar culturalmente uma população que ficara para trás no processo de desenvolvimento. Freire achava que o problema central não era só a alfabetização, mas a dignidade do homem. O homem que acredita em si é capaz de dominar os instrumentos de ação à sua disposição, inclusive a leitura.

As técnicas de alfabetização de Freire têm como base as codificações, palavras geradoras, cartazes com as famílias fonêmicas, quadros ou fichas de descoberta e material complementar. Na pedagogia de Paulo Freire, há uma equipe de profissionais e membros da comunidade para a preparação do material didático. O pensamento-linguagem é levantado a partir da realidade concreta e são elaboradas codificações específicas para cada comunidade. Da realidade escolhem-se as palavras geradoras, e do material trabalhado, a síntese das visões de mundo dos educadores e educandos. Nesse método, a educação é uma reflexão rigorosa sobre a realidade em que se vive e de onde surgirá o projeto de ação. Assim, para o camponês, as palavras geradoras poderiam ser enxada, terra, colheita etc.; para o operário, tijolo, cimento, obra etc.; para o mecânico poderiam ser outras, e assim por diante.

Com o golpe militar de 1964, a experiência de alfabetização de Paulo Freire, por ser considerada subversiva, foi abortada. Alguns trabalhos dispersos continuaram, mas a proposta de renovação humana estava prejudicada.

Freire concebe educação como reflexão sobre a realidade e as causas mais profundas dos acontecimentos vividos. Aprendizagem da leitura e da escrita equivale a uma releitura do mundo, que pode ser transformado em diversas direções pela ação dos homens. Para ele, o diálogo é o elemento-chave do professor e do aluno como sujeitos atuantes. O diálogo estabelece a horizontalidade e a igualdade para todos os que procuram pensar e agir criticamente. A partir de uma realidade concreta e da linguagem comum, é captada a ação pedagógica. Freire exige humildade e coloca a elite em igualdade com o povo para aprender e ensinar, pois assim todos os homens são considerados construtores do mundo.

Outro importante pensador da educação no Brasil é Darcy Ribeiro (1922--1997), que se formou em Antropologia em São Paulo (1946). Ele dedicou seus primeiros anos de vida profissional ao estudo dos índios do Pantanal, do Brasil Central e da Amazônia. Nesse período, fundou o Museu do Índio e estabeleceu os princípios ecológicos da criação do Parque Indígena do Xingu. Publicou importantes textos etnográficos e de defesa da causa indígena e elaborou para a UNESCO um estudo do impacto da civilização sobre os grupos indígenas brasileiros no século XX. Colaborou com a Organização Internacional do Trabalho (1954) na preparação de um manual sobre os povos aborígenes no mundo.

Darcy Ribeiro desenvolveu metas mínimas para a educação popular, com escolas de tempo integral, sobretudo nas áreas metropolitanas, para tirar as crianças da marginalidade, do lixo e do crime. Ele defendia que as escolas normais superiores e os institutos superiores de educação formassem um novo professorado para o exercício eficaz do magistério, em condições aceitáveis de trabalho em tempo integral, com salário dobrado e mais um suplemento de 20%. Ele valorizava os cursos técnicos e defendia o ingresso sem exigências acadêmicas, para ampliar o ensino profissionalizante.

Nas universidades, Darcy Ribeiro foi defensor de cursos que formassem a base de estudos pedagógicos e a prática educativa, e foi ativo na criação de especializações em ciências da saúde, tecnologias ou ciências agrárias, à procura de soluções para os problemas brasileiros. Considerou que nas faculdades públicas os professores seriam responsáveis por matéria, e não por disciplina. Teriam a obrigação de ministrar o mínimo de 10 horas de aula semanais de diversas disciplinas. Era também necessário apoiar a pesquisa autêntica, seja científica ou tecnológica, e recomendou a criação dos Cursos Sequenciais, que dão direito a Certificados de Estudos Superiores a quem cursar mais de cinco matérias correlacionadas. Ele acreditava que uma sociedade moderna necessita de mais de duas mil modalidades de formação superior para funcionar eficazmente.

Darcy Ribeiro defendia inovações indispensáveis para que os brasileiros ingressassem na civilização letrada e alcançassem um desenvolvimento autossustentado, e participou da elaboração da "Marcha a Década da Educação", instituída pela Constituição Federal da época, para recensear todas as crianças que iriam completar 7 anos de idade para entrarem no ensino obrigatório. Era necessário recensear também os jovens entre 14 e 16 anos de idade, insuficientemente escolarizados, que seriam inscritos em cursos de educação a distância, com textos para estudar em casa e com a ajuda de programas da televisão educativa.

1.2 RESUMO DAS TEORIAS PEDAGÓGICAS

As várias teorias pedagógicas aqui apresentadas divergem sobre o que constitui conhecimento. Para umas, o conhecimento é informação; para outras, é o processo de pensamento. O ponto crucial das metodologias adotadas remete aos objetivos específicos da educação. Existem teorias que defendem que a educação diz respeito às necessidades intelectuais do indivíduo e outras, que os objetivos são maiores e atingem a sociedade em que se quer viver. O desenvolvimento do caráter do indivíduo pode ser outro objetivo, bem como questões de moralidade, motivos religiosos e políticos.

As pesquisas em psicologia e educação mostram que existem diferentes abordagens ou caminhos que cada indivíduo pode traçar para aprender. Para um ensino eficaz, o professor necessita levar em conta os diferentes estilos de aprendizagem dos seus alunos, para recorrer a estratégias diversificadas. Cada indivíduo aprende de um modo pessoal. Um estilo de aprendizagem é o modo como a pessoa se comporta durante o aprendizado (Bransford et al., 1999). Conhecer a forma de cada aluno aprender pode melhorar a intervenção do professor. O método de ensino deve ajudar os alunos a pensar, a aprender e a explorar melhor suas capacidades.

As metodologias de ensino que têm por objetivo apoiar o aprendizado do aluno baseiam-se nas teorias educacionais e do conhecimento dos estilos de aprendizagem, incorporando filosofias políticas e sociais dos sistemas educacionais. Existem métodos de ensino diretos e outros indiretos. As metodologias diretas apoiam-se no conhecimento do professor e nas discussões presenciais do grupo. O ensino indireto vem dos livros, como o ensino a distância, mesmo que inclua a presença virtual do professor e de grupos de discussão.

As teorias pedagógicas de Piaget, Montessori e Rudolf Steiner têm métodos distintos, considerados sistemas educacionais alternativos e pouco difundidos no ensino público formal, no qual um professor é responsável por um grupo de crianças. O ensino colaborativo ou o chamado *team-teaching* é bastante usado na Europa e nos Estados Unidos, no qual um grupo de professores junta turmas para desenvolverem trabalhos sobre um mesmo tema, mas cada um enfoca aspectos específicos à sua área. Recentemente, o ensino a distância foi questionado, principalmente para o nível superior. No ensino fundamental e médio, as experiências de ensino por rádio ou apostilas enviadas pelo correio existem há 50 anos, para crianças que moram em áreas remotas, e são novamente analisadas diante das novas possibilidades que a informática aplicada e a internet oferecem para a educação.

O método tradicional de um professor responsável por uma turma ou classe é ainda o sistema mais comum, principalmente no ensino fundamental. No ensino médio, em muitos países, o professor é um especialista responsável não por uma turma, mas por uma matéria, como matemática, português, literatura, física etc. No método tradicional, com um professor responsável pela classe, podem participar ajudantes na sala de aula. A logística do ensino é diferente entre o professor responsável por uma turma e o de uma só matéria. No primeiro caso, a sala de aula pertence à turma ou série. A classe trabalha junto com o professor em um ambiente físico específico. No caso do professor especialista, os grupos de alunos se deslocam para uma sala de aula preparada para o ensino da matéria. O professor encarregado pela matéria também cuida do espaço físico e de seus equipamentos. Muitas vezes, é um laboratório com instalações apropriadas para o ensino da matéria.

O ensino a distância deverá ter um impacto maior sobre a educação formal no futuro. As novas tecnologias permitem que os alunos discutam ou questionem problemas e conceitos com maior liberdade de horário. As discussões podem envolver um maior número de participantes, colegas, especialistas etc. Falta tecnologia na maioria das escolas de ensino público no Brasil, e a experiência é recente, sem avaliações mais aprofundadas. No nível superior, o ensino a distância mostra-se um aliado do ensino presencial. O material didático é disponibilizado e são criados grupos de discussões com canais abertos para tirar dúvidas. Há uma maior transparência no sistema educacional, pela visibilidade das atividades, das avaliações e das críticas expostas ao público. A crítica ao ensino a distância é a falta do contato pessoal, o que ocasionaria falta do aprendizado de comportamento e de atitudes sociais para desenvolver a cidadania.

Os vários métodos de ensino têm vantagens e desvantagens, e devem ser aplicados às necessidades específicas. Há professores que dominam muitos métodos e são capazes de sua aplicação correta no momento adequado e com adaptações específicas para cada aluno. Para uma aplicação com sucesso dos vários métodos de ensino, é necessário treinamento e há exigências quanto ao ambiente físico apropriado.

Professores experientes e criativos utilizam várias atividades e combinações, independentemente do método educacional adotado pela escola. A boa didática apresenta-se pela aplicação natural das atividades.

O sistema educacional precisa dar suporte aos métodos de ensino, mas a qualidade da educação depende da criação de um ambiente escolar composto por material didático, móveis, equipamentos e a forma do espaço físico. O conforto que este oferece para o desenvolvimento das suas funções deve ser levado em conta.

Essas são as questões tratadas nos capítulos seguintes, mas a discussão sobre os métodos mais apropriados de ensino necessariamente deve refletir o futuro da educação abordado por Edgar Morin em propostas para a Unesco (Morin, 1999). O filósofo francês critica os sistemas educacionais atuais, identificando o que chama de "buracos negros da educação". São citadas sete necessidades de mudança: a primeira diz respeito ao conhecimento e às dificuldades em fornecer saberes no ensino; a segunda estende a preocupação aos saberes. Para uma transferência de conhecimento pertinente no ensino, a contextualização é importante. Na terceira, Morin considera surpreendente que os sistemas educacionais ignorem a identidade humana e recomenda a convergência das disciplinas conhecidas (biologia, matemática, literatura etc.) para a identidade e a condição humana, como *homo sapiens*, *ludens*, *economicus*, homens ao mesmo tempo prosaicos e poéticos. Na quarta, Morin mostra que as escolas raramente ensinam a compreensão entre pessoas, conhecer uns aos outros, vizinhos, parentes, pais. A compreensão comporta empatia e identificação e apoia relacionamentos mais positivos entre seres humanos. A quinta é a incerteza, pois o futuro é imprevisível e desconhecido e, por isso, deve-se ensinar a tomar decisões que contenham o risco do erro e as estratégias que possam corrigir ações a partir de imprevistos e informações recebidas. Morin também se preocupa com a globalização e a sustentabilidade, mas numa dimensão maior, na condição planetária, que é a sexta. Enfatiza-se a interconectividade dos fenômenos, que necessita de uma consciência ampliada, planetária. Finalmente, Morin discute o que chama de "antroética", que envolve os problemas da moral e da ética, nem sempre claros nos sistemas educacionais atuais.

O ambiente escolar: componentes e qualidade

Quais são as lições das teorias educacionais e das metodologias pedagógicas para a configuração de um ambiente escolar que propicie o aprendizado? A história da educação fundamental e média, principalmente nos últimos cinquenta anos, mostrou algumas transformações. Há maior liberdade no movimento do aluno, exige-se menos disciplina no seu comportamento e a atuação do professor junto à classe é mais livre também. O castigo físico foi abolido na maioria dos países e a escola se tornou menos elitista. Há maior liberdade, variedade de atividades, maior número de material e de equipamento de apoio, mas também são exigidas avaliações constantes dos sistemas de educação.

Em alguns países, a autonomia das escolas públicas aumentou. O controle local demonstra vantagens, mas pode criar imposições e práticas questionáveis. Nos EUA, a autonomia se mostra problemática no ensino das ciências, quando o fundamentalismo religioso restringe o ensino, por exemplo, da Teoria da Evolução de Darwin em alguns distritos educacionais de vários estados. O fundamentalismo islâmico também aumentou sua influência sobre o ensino público em vários países, inclusive da Europa, o que desencadeia a discussão da educação separada por sexo e do uso do véu na sala de aula.

No Brasil, a separação do Estado e da Igreja ainda mantém o ensino religioso fora das escolas públicas, mas a maioria das escolas particulares tem como base alguma crença ou religião. A reflexão sobre essas tendências mostra que o ambiente escolar nas instituições da atualidade depende fundamentalmente do sistema educacional, da pedagogia adotada, dos objetivos propostos, dos recursos aplicados e da dinâmica da sociedade, bem como dos avanços científicos e tecnológicos.

A composição de um ambiente escolar depende das condições econômicas, sociais e culturais. Espaços físicos internos e externos abrigam as atividades educacionais escolhidas pelo sistema e pelo grupo de alunos e professores em cada momento, e necessitam de uma variedade de mobiliário e equipamentos, além de material didático, para apoiarem as atividades pedagógicas. As pessoas que ali estudam e trabalham necessitam estar bem-acomodadas.

Os aspectos subjetivos que norteiam a qualidade do ambiente escolar são variados e seus temas estão sempre envolvidos com a qualidade das relações entre a escola e os agentes envolvidos com a instituição. Indicadores subjetivos de qualidade do ambiente escolar variam desde a organização e gestão da escola, a proposta pedagógica, a qualidade do corpo docente, o perfil do aluno, até as questões sobre o tamanho das turmas e da escola e seus equipamentos.

Este capítulo tem por objetivo abranger o ambiente escolar nos aspectos organizacionais e humanos, para verificar a sua influência no ensino, na aprendizagem e na formação de juízo de valor dos alunos.

2.1 Recursos humanos

A qualidade do ambiente escolar depende da qualidade de cada um dos seus componentes. A qualidade das relações humanas desenvolvidas nesse ambiente é o fator que mais influencia a qualidade do ensino. Atuam no ambiente escolar: alunos, professores, pessoal administrativo, de direção e de apoio didático. Para manter uma escola, são necessários funcionários de manutenção, limpeza, vigilância e para a preparação e distribuição da merenda. Os pais dos alunos e a comunidade também participam ativamente em muitos sistemas educacionais, como apoio ou como conselheiros.

2.1.1 Alunos

O público-alvo das escolas são os alunos. Dependendo do tipo de escola, variam as características desses alunos. No Brasil, dividem-se as escolas públicas principalmente entre instituições de atendimento infantil para crianças de 0 a 6 anos de idade, escolas de ensino fundamental e médio. Há ainda escolas técnicas ou profissionalizantes, e escolas especiais para portadores de necessidades especiais.

O ensino público fundamental foi ampliado em 2006, pelo Plano Nacional de Educação (PNE) e pela Lei 10.172/01, para nove anos, e recebe a matrícula de crianças de 6 anos (Fig. 2.1). O ensino médio, com três anos de duração, corresponde à última fase do ensino considerado básico.

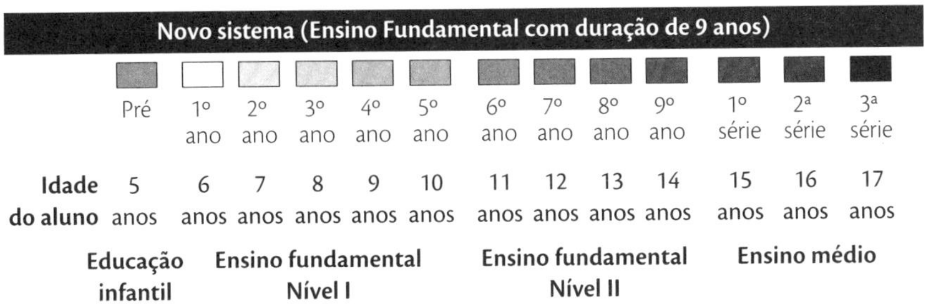

Novo sistema (Ensino Fundamental com duração de 9 anos)												
Pré	1º ano	2º ano	3º ano	4º ano	5º ano	6º ano	7º ano	8º ano	9º ano	1ª série	2ª série	3ª série
Idade do aluno 5 anos	6 anos	7 anos	8 anos	9 anos	10 anos	11 anos	12 anos	13 anos	14 anos	15 anos	16 anos	17 anos
Educação infantil	Ensino fundamental Nível I					Ensino fundamental Nível II				Ensino médio		

Fig. 2.1 Sistema do ensino público com duração de nove anos

Muitas escolas estão fisicamente divididas por nível de ensino, em função das necessidades de alunos de idades específicas. Como o desenvolvimento da criança se reflete nas suas capacidades motoras e mentais, aos seis anos ela desenvolveu boa precisão dos movimentos, mas ainda pensa que o seu ponto de vista é o único possível. A partir dessa idade, a criança aprende não só ao ver e fazer, mas também ao pensar, e tem a compreensão básica de causa e efeito. Com sete anos, a maioria das crianças consegue se equilibrar sobre um pé e pular amarelinha com precisão, e ela se dá conta de que uma situação pode ser interpretada de maneiras diferentes da sua. Daí inicia-se o pensamento lógico concreto, mas ainda não o abstrato. Aos nove anos, aumenta a velocidade com que meninos e meninas conseguem correr e a distância de jogar bola aumenta para 20 m, aproximadamente. Os alunos adquirem habilidades de classificação, manipulação de números, lidam com conceitos de tempo, espaço e distinguem a fantasia da realidade. Com 10 anos, a criança entende a importância de avisar aos outros de que os pedidos não foram ignorados ou esquecidos, adquire a consciência recíproca e percebe que outros têm diferentes pontos de vista e que ela tem os seus. Dos 11 até os 13 anos, as meninas são mais altas do que os meninos. Na faixa da pré-adolescência, a criança imagina a perspectiva de uma terceira pessoa, e leva em conta diversos pontos de vista. Aumenta a habilidade de pensamento abstrato e a capacidade de raciocínio hipotético e dedutivo. A criança também pode buscar o que aprendeu no passado para resolver problemas do presente e planejar o futuro. Finalmente, na adolescência, com início aos 13 anos, os alunos se dão conta de que a comunicação e o raciocínio mútuo nem sempre resolvem disputas sobre valores antagônicos (Tilley; Dreyfuss, 2005).

Além das características comportamentais de cada idade, o comportamento humano relaciona-se também ao ambiente físico onde são desenvolvidas as atividades do dia a dia. No ambiente escolar, é importante levar em conta as interações dos alunos com os comportamentos e aprendizados. Muitos estudos sobre questões comportamentais têm seu ponto de interesse focado em questões pedagógicas, no processo educativo e nos recursos metodológicos disponíveis na escola. Os aspectos mais estudados são: o comportamento agressivo e os atos de vandalismo; a atenção e a apatia;

O ambiente escolar: componentes e qualidade

as origens do comportamento em grupo ou individual no ambiente da escola; as formas de aprendizado e os métodos adotados; e a caracterização do aprendizado.

Os aspectos físicos do ambiente escolar são pouco citados nas discussões pedagógicas ou em estilos de aprendizagem. Como pelo menos 20% da população passam grande parte do dia dentro de prédios escolares, é pertinente indagar a respeito do impacto de elementos arquitetônicos sobre os níveis de aprendizagem de alunos e de produtividade dos professores ao transmitir conhecimentos. Para a comunidade escolar, deve existir a certeza de que o ambiente físico contribui positivamente para criar o contexto adequado, confortável e estimulante para uma produção acadêmica expressiva.

A relação do comportamento humano com o ambiente construído é estudada na teoria da arquitetura e na psicologia ambiental. A teoria arquitetônica trata da relação entre ambiente físico e comportamento humano, principalmente por meio de recomendações de projeto. Textos básicos e trabalhos em ecologia humana relacionam elementos arquitetônicos com a escala e as proporções do ambiente físico. Configurações espaciais específicas, como nichos, caminhos, acessos, distribuição de luz no ambiente (relação entre as aberturas e o espaço físico), intensidade das cores, texturas e seus respectivos efeitos sobre o usuário, e também a simbologia de cada elemento presente na obra, são discutidas para uma humanização da arquitetura (Kowaltowski, 1980). Em 1959, Rasmussen (1998) afirmava que a arquitetura deve ser facilmente compreensível para as pessoas, por estar relacionada à vida cotidiana do homem. O arquiteto deve buscar formas e elementos que estimulem a relação homem/ambiente. O espaço projetado pode trazer a sensação de conforto, segurança, ou imprimir uma característica de ambiente social e coletivo ou individual e íntimo. Pela vivência com os diversos espaços construídos, o homem soma suas experiências individuais e aprende a conviver com o que a arquitetura lhe oferece.

A história da arquitetura e a sua teoria mostram exemplos que promovem a integração do homem com o meio e fornecem soluções funcionais, estéticas e conceituais que incorporam conhecimento sobre as necessidades mais profundas do homem, sua condição social e relação com o entorno físico. A psicologia ambiental trata essencialmente da percepção humana do ambiente que envolve o indivíduo e os sentimentos resultantes em relação a esse mesmo ambiente (Gifford, 1997). O meio ambiente exerce uma influência direta no indivíduo, seja uma comunidade, seja um ambiente isolado. A interação do homem com o meio causa efeitos diretos, que irão nortear o seu modo de vida. A psicologia ambiental é interdisciplinar e envolve a antropologia, a sociologia, a ergonomia, a engenharia e os meios de planejamento e a arquitetura. O estudo das relações entre o ambiente construído e o comportamento humano ficou conhecido como RAC (Relação Ambiente Comportamento).

A percepção do espaço passa por um processo de regulação de distâncias, que podem ser pessoais ou sociais, e consideram-se as influências e regras culturais, a sensação de medo ou segurança que o ambiente oferece pela disposição dos elementos arquitetônicos. Essas influências levam o indivíduo a criar um "entorno próximo", no qual ele sente que tem domínio sobre o que o envolve e segurança para interagir com o meio. Quatro conceitos são aplicáveis para caracterizar a qualidade do ambiente e a interação do homem com o espaço físico: privacidade; espaço pessoal; espaço territorial e densidade territorial.

Pelo conceito de privacidade, cada indivíduo percebe, sente e atua em um ambiente conforme o seu ponto de vista, que vai originar um espaço ao seu redor, no qual ele está apto a agir com naturalidade e confiança. Para que a noção de privacidade seja estabelecida, é preciso reconhecer as seguintes etapas que conformarão o espaço individual: percepção, cognição e comportamento. A partir da estrutura cognitiva, o indivíduo realiza uma série de ações de controle para converter o esquema existente num esquema ideal, que se transforma no espaço exclusivamente pessoal, e qualquer ameaça desagradável pode transformar-se num sentimento de invasão, cuja tendência será, então, de repulsa (Lee, 1977).

O espaço pessoal em torno do indivíduo é imaginário, e este impõe limites para evitar uma aproximação indesejável de outras pessoas. Como o homem está envolvido pelo meio, é natural que ele delimite a sua zona pessoal, ou seja, o seu entorno mais próximo, no qual ele tem completo domínio (Sommer, 1969). Hall (1977) mostra como esse espaço é utilizado nas diferentes culturas, pois a percepção do espaço é dinâmica e relaciona-se à ação num dado espaço, em vez de relacionar-se apenas com a visão da observação passiva.

No espaço territorial, o indivíduo necessita de uma "demarcação", para sentir que pertence ao meio, ou que este pertence a ele. Nesse caso, não é mais uma relação de proximidade com os outros elementos, mas de posse. O sentimento egocêntrico impera e todo movimento é centrado ou realizado ao redor do indivíduo. "O território é uma estruturação do espaço estático (através do qual se movimenta o espaço pessoal) a cujo respeito uma pessoa experimenta certo sentimento de posse" (Lee, 1977). O ambiente físico é o maior envolvido na questão, e a demarcação do território pode ter caráter fixo, como a própria residência ou o local de trabalho; ou temporário, em ambiente público. Para personalizar o ambiente, ele utiliza elementos de identidade, como crachás, placas sobre a mesa de trabalho ou diante da porta da sala que ocupa, bem como a exposição de objetos pessoais, como o retrato dos filhos, por exemplo. Nas atitudes de defesa, utiliza faixas de segurança para não permitir a passagem, ou barreiras físicas.

Pelo conceito de densidade territorial, os índices populacionais estão relacionados com as questões da proximidade e com as experiências coletivas, e influenciam o bem-estar do homem. O comportamento do indivíduo pode sofrer alterações quando este está inserido em grandes massas populares e multidões. O impacto da densidade sobre ele pode causar atitudes positivas, negativas, mudança de caráter e de personalidade. Sensação de sufocamento e fobia podem exacerbar-se em uma situação pública. A exteriorização desse sentimento pode revelar-se sob a forma de um comportamento influenciado pela multidão ou até pela vontade de estar em completo anonimato, o "passar sem ser visto". Como a densidade está relacionada com o ambiente físico, alguns fatores condicionam a sensação de "sufocamento": a escala do ambiente *versus* a taxa de ocupação; a intensidade da iluminação; o arranjo do mobiliário e até a existência de paredes curvas (Gifford, 1997).

Os conceitos apresentados (privacidade, espaço pessoal, territorialidade e densidade) são de grande importância em estudos relacionados ao comportamento humano no ambiente construído, por fornecerem os subsídios para verificar a eficiência desse espaço nos aspectos sociais, pessoais, de trabalho, produtividade e também de aprendizado, no ambiente da escola. Com eles estuda-se como a arquitetura influencia e satisfaz, ou não, a vivência de cada usuário, fornecendo subsídios a futuros projetos ou introduzindo melhorias nas edificações existentes. Assim, devem-se levantar fatores como: função do ambiente público ou privado; necessidades coletivas e/ou individuais para o exercício das funções vitais; preferências e expectativas individuais em relação ao espaço utilizado; diferenças culturais e de hábitos; gradiente de privacidade exigido; dimensão do ambiente relacionado com a densidade e o tempo de permanência no local; normas de vivência a que estão sujeitos os indivíduos; interação social entre os usuários; entorno urbano e acessibilidade; condicionamento salubre do ambiente; satisfação e expectativa de qualidade de vida do usuário.

Ao pensar no espaço da sala de aula, trata-se de um ambiente fértil em estímulos e comportamentos diversos, pois "as interações entre a criança e seu ambiente são contínuas, recíprocas e independentes" (Bijou; Baer, 1980); ambos formam uma unidade inseparável e interligada. O comportamento da criança também pode ser fonte de estímulos para os outros que convivem no mesmo ambiente, gerando uma atitude de caráter social.

Sommer (1974) descreve o grau de participação dos usuários do ambiente escolar, muitas vezes decorrente da organização e da estrutura funcional da escola. Para o autor, existem "pseudoespaços fixos", nos quais a rigidez da organização espacial cria uma imagem de uma arquitetura inflexível. Os usuários, nesse caso, não sabem como usar as propriedades do espaço, porque falta estímulo à interação com o ambiente, que se apresenta em espaços configurados em forma de sucessivas fileiras de carteiras que, mesmo sendo móveis, raramente têm sua disposição modificada. Portanto, existe a necessidade de "humanizar" o espaço interno, atribuir-lhe características pessoais, adequar a proporção com a escala humana, para permitir a manipulação do mobiliário pelos usuários, enfatizando a necessidade de paisagismo, harmonia entre os elementos construtivos, as cores e os materiais (Kowaltowski, 1980).

A conexão entre a escala do ambiente e o comportamento do usuário é tratada em uma pesquisa de Barker e Gump (1964), com técnicas da psicologia ambiental sobre um determinado grupo para identificar o comportamento em um contexto espacial específico. A pesquisa consiste na análise da participação dos alunos em escolas com dimensões pequenas e grandes. O estudo mostra que o ambiente escolar é um ecossistema e as escolas grandes (com mais de 500 alunos), mesmo quando oferecem um ambiente físico mais complexo, não produzem um ambiente educacional mais rico em relação às escolas menores. Na escola pequena, a participação *per capita* em atividades, tais como grupos extracurriculares, jornal da escola ou grêmio, é mais favorecida.

Sommer (1969) estudou a ecologia de participação dos alunos em uma sala de aula de arranjo tradicional, com a técnica de registros da fala dos alunos e do número de vezes em que os estudantes participaram de uma discussão (com o instrutor ou entre si). O resultado favoreceu as pequenas escolas, nas quais o tempo de participação foi superior (5,8 minutos para as escolas pequenas; 2,4 minutos para as médias e 2,6 minutos para as grandes). A justificativa do pesquisador é que, nas médias e grandes escolas, ocorre um distanciamento dos alunos do fundo da classe (no caso da configuração em fileiras consecutivas), impondo a necessidade de repetição dos questionamentos para a perfeita audição e compreensão, o que pode ocasionar uma gradativa apatia por parte dos alunos. Nesse tipo de arranjo, os estudantes das fileiras da frente participam mais do que os das fileiras subsequentes, e os do centro, mais do que os que estão nas laterais. Em uma segunda etapa, a sala da pesquisa descrita foi rearranjada com o mobiliário em forma circular, antes do início da aula. Para a surpresa do pesquisador, em 20 das 25 classes envolvidas no estudo, os alunos reverteram o mobiliário para a configuração rotineira (em fileiras) antes de a aula começar. Isso demonstra a necessidade de interação do usuário com o ambiente para propiciar melhorias do seu desempenho, para a satisfação e produtividade.

O ambiente escolar: componentes e qualidade

Um tipo de interferência no espaço escolar é o vandalismo, que, por apresentar-se de forma negativa, necessita de estudos para o seu controle. Existe a hipótese de que o comportamento do usuário vândalo é uma reação a ambientes em que predomina a ausência de elementos humanizadores (Kowaltowski, 1980).

O estudo *O Vandalismo em Escolas Públicas* (Campello; Engelsberg, 1993) mostra a dificuldade em definir as causas da sua ocorrência, com especulações sobre o caráter psicológico do indivíduo que depreda, da inserção social da escola no bairro ou dos aspectos físicos do ambiente construído. O objetivo do estudo foi reunir informações para a possível prevenção de atos de vandalismo e entender a relação entre "escola e comunidade" e "escola e aluno", e também para uma definição melhorada da concepção do prédio escolar. Os resultados apontam para soluções construtivas, especificação de materiais e para uma relação afetiva com o prédio escolar, transformando-o em um espaço significativo para a comunidade atendida.

Outro estudo (Zeisel, 1981) demonstra que 50% do vandalismo em escolas, na verdade, resultam de detalhamento arquitetônico falho, e que projetos com qualidade podem evitar a deterioração dos espaços escolares. A maioria dos problemas em escolas aparece na área da entrada, no pátio e na área de educação física, onde as crianças brincam, pulam, jogam bola. Zeisel desenvolveu uma lista de recomendações para o projeto de edificações escolares, que incluem a reserva de área adequada para acomodar brincadeiras informais; superfícies sem interferências para brincadeiras e corridas; linhas em superfícies (piso e paredes) para acomodar brincadeiras tradicionais; zona de separação entre o edifício e áreas de brincadeiras; afastamento do projeto de paisagismo das áreas de educação física (zona de grama com zona de transição); e altura e posição de luminárias fora da área de brincadeiras com bolas.

Ambientes dominados pela iluminação artificial, vidros opacos que impedem a visão do exterior, presença de grades de proteção, monotonia de formas, cores e mobiliário, falta de manutenção, excesso de ordem, rigidez na funcionalidade, falta de personalização e impossibilidade de manipulação pelo usuário são considerados desumanos e, portanto, menos satisfatórios ou apreciados. O trabalho de Kowaltowski (1980) demonstra que ambientes providos de elementos da humanização (escala pequena, paisagismo, elementos decorativos e características da arquitetura residencial) têm um nível de satisfação mais alto e propiciam um ambiente psicológico mais favorável ao comportamento social adequado. A pesquisa sobre o vandalismo escolar e a humanização da arquitetura também deixa claro que a qualidade arquitetônica do ambiente é insuficiente para o controle dos atos destrutivos. As causas do vandalismo são complexas, mas um ambiente físico agradável e constantemente bem-mantido, com um detalhamento que iniba a ação dos vândalos, pode contribuir para diminuir esses atos.

A relação entre a produtividade no ambiente escolar e a configuração arquitetônica do espaço não é direta e clara. A violência e o vandalismo, atualmente tão criticados no ambiente escolar, não são fenômenos novos, com relatos de motins armados em escolas na Europa desde a Idade Média até o século XIX (Aries, 1962). O problema, no entanto, não foi equacionado na cidade contemporânea com reflexos no espaço escolar. Comportamento agressivo tem múltiplas causas, mas necessita de atenção cedo, antes da terceira série. O modelo adequado do comportamento masculino nem sempre existe na escola fundamental, e os professores necessitam de tempo, determinação e paciência para lidar com o problema da agressividade, tendo em mente que o aluno necessita de um sistema de recompensa.

2.1.2 Profissionais

O usuário principal de uma escola é o aluno, com as suas necessidades educacionais e emocionais específicas, de acordo com a idade e as características individuais. Atender a essas necessidades é função da escola, cujo funcionamento adequado depende principalmente da atuação dos profissionais de ensino. Os aspectos relacionados aos recursos humanos do ambiente escolar podem ser divididos em duas frentes: a qualidade dos profissionais da escola e os grupos que apoiam o seu desenvolvimento e a sua organização.

A formação, preparação e motivação dos professores, e a avaliação periódica do corpo docente são as garantias mais diretas de um bom sistema educacional. Acredita-se que a valorização dos profissionais da educação, pela remuneração adequada e pela introdução de incentivos e benefícios, é importante para propiciar um sistema de ensino de qualidade. Para diluir a responsabilidade de um professor e evitar que alguns ganhem um docente altamente qualificado, enquanto outros sofram a atuação de um profissional menos preparado, o ensino cooperativo (*team teaching*) e o ensino a distância são mecanismos que podem ajudar na criação de um sistema educacional mais igualitário.

Alguns fatores categorizam a qualidade do profissional docente e, por consequência, a qualidade da escola: horas trabalhadas; horas-atividade na jornada do docente; a dedicação dos professores a uma única escola e o tipo de vínculo profissional, e a média salarial.

O tempo para planejamento, estudo, preparação das atividades e avaliação é um dos fatores mais valorizados pelos profissionais da educação. Muitas vezes, a medida oficial, por parte dos sistemas de ensino, de instituir a carga horária destinada a estudos, atende à dinâmica adotada na escola para tal finalidade, o que comprova a importância da estratégia de organização do trabalho. Essa estratégia pode ser absorvida de formas diferentes: hora individual para estudo e planejamento na escola, o tempo individual para estudo fora da escola e o tempo de trabalho coletivo na escola.

Em relação às horas-atividade, o Conselho Nacional de Educação, na resolução nº3/97, prevê que:

> [...] a jornada de trabalho dos docentes poderá ser de até 40 (quarenta) horas e incluirá uma parte de horas aula e outra de horas atividades, estas últimas correspondendo a um percentual entre 20% (vinte por cento) e 25% (vinte e cinco por cento) do total da jornada, consideradas como horas de atividades aquelas destinadas à preparação e avaliação do trabalho didático, à colaboração com a administração da escola, às reuniões pedagógicas, à articulação com a comunidade e ao aperfeiçoamento profissional, de acordo com a proposta pedagógica de casa escola (Brasil, 1997 *apud* INEP/MEC, 2006, p. 6).

Essa média implica um tempo muito pequeno em relação às horas-atividade, fato que origina a dificuldade de organizar a prática pedagógica. Independentemente do tipo de atividade externa à sala de aula, a qual será selecionada mediante a necessidade pedagógica, é interessante qualificar e dimensionar esse tempo para que o docente tenha condições de usufruí-lo.

De acordo com o INEP/MEC (2006), a possibilidade de organizar o esforço coletivo em torno de um projeto de escola de qualidade implica que os profissionais da educação, sobretudo os professores, tenham uma relação estável com a escola. A rotatividade de pessoal, a multiplicidade de vínculos empregatícios e a decorrente extensão da jornada de trabalho dificultam o desenvolvimento de uma prática educacional de qualidade. Além disso, o desgaste do número elevado de vínculos dos professores também pode ser destacado como um problema que afeta a saúde dos profissionais. O envolvimento com a escola e o vínculo permanente, entretanto, não são garantia absoluta de qualidade na integração do docente com a escola, que resulte na satisfação com o trabalho. É possível que isso decorra da sobrecarga de trabalho, mesmo quando o profissional atua em uma única instituição, porém com muitas horas semanais.

Além do tempo de serviço, do tipo de contrato e da carga horária, a motivação para envolver-se no trabalho e a valorização de cada profissional na instituição são elementos apresentados como capazes de contribuir para a realização de um trabalho de melhor qualidade. É possível identificar diferentes aspectos na motivação pelo trabalho: o primeiro relaciona-se à autonomia do professor, ou à liberdade de cada professor para fazer o seu trabalho pedagógico dentro da sala de aula. A qualificação na área específica, a formação continuada e o reconhecimento pela ascensão funcional garantida em plano de carreira são condições de valorização e motivação profissional.

Os baixos salários e a falta de plano de carreira adequado têm sentido inverso e contribuem para relatos de desencanto com a profissão. Segundo os resultados da pesquisa do INEP/MEC (2006), entre as escolas públicas pesquisadas no Brasil, encontra-se um número significativo de profissionais com qualificação adequada, e este é o fator valorizado nos planos de carreira, pois há uma elevação das médias salariais de profissionais mais qualificados. Apesar disso, a remuneração dos professores não teve crescimento significativo nos últimos anos, e, em comparação com o rendimento mensal médio dos professores no País em 2001, a remuneração dos docentes continua em patamares inferiores à de outros profissionais com formação equivalente. Dada a centralidade do professor na construção de uma escola com qualidade, a precariedade salarial e a ampliação dessa precariedade nas regiões menos desenvolvidas economicamente no Brasil são fatores que dificultam sobremaneira a garantia de condições de qualidade educacional.

2.1.3 Grupos de apoio

Afirma-se que a educação de qualidade acontece apenas com bons estudantes. Bons alunos dependem da base de cuidados físicos e psicológicos até chegarem à idade escolar e de apoio amplo e permanente fora do ambiente escolar. O aprendizado é prejudicado quando os alunos estão cansados, mal-alimentados ou sentem desconforto fisiológico ou psicológico (Njaine; Minayo, 2003). O cansaço pode ter causas nas atividades da própria escola, ou no trabalho para ajudar no sustento da sua família ou a si próprio. Crianças que não dormem suficientemente porque assistem à televisão até altas horas, por exemplo, ou em condições inapropriadas, como em ambientes barulhentos ou violentos, também chegam cansadas à escola. Os problemas psicológicos que afetam muitos alunos são a ansiedade, o medo e a insegurança, além da humilhação ou os preconceitos, que causam falta de atenção, apatia, agitação, timidez e agressividade, entre outros distúrbios comportamentais.

Os pais têm um papel fundamental em relação ao desenvolvimento das crianças em uma sociedade. O papel dos pais pode ser substituído pela comunidade onde está a escola, porém, na maioria das culturas, a família é vista como o elemento de maior influência sobre o desenvolvimento da criança. A família, sua integridade e seu clima psicológico são considerados da maior importância para apoiar o crescimento sadio das novas gerações. É também essencial que a família acompanhe a educação do filho, mas essa participação nem sempre é claramente entendida pelas partes – escola e família. Em muitos casos, falta definir o tipo de apoio necessário e o grau de envolvimento que propiciarão um aumento na qualidade do ensino. Em alguns sistemas educacionais, os pais atuam ativamente dentro da sala de aula em períodos determinados. Em outros sistemas, o apoio é esperado na hora do acompanhamento de deveres domiciliares e nos reforços pontuais e individuais de cada criança. Há ainda atividades extracurriculares que podem envolver a família, principalmente fora do horário oficial e obrigatório do ensino fundamental e médio.

No Brasil, o ensino público oferece vários programas, como a "Escola da Família", que abrem as portas das instalações físicas das instituições de ensino e disponibilizam as instalações para atividades comunitárias e para a educação continuada. Esses programas ampliam o uso das instalações e envolvem crianças e pais em atividades de ensino, valorizando assim a educação. No entanto, necessitam de planejamento e apoio para não prejudicar os programas educacionais oficiais e obrigatórios. A escola necessita de controle do seu uso e a manutenção das instalações físicas precisa ser ampliada. Em alguns casos, os pais assumem esse papel supervisor da escola nos fins de semana, para garantir a abertura das instalações à comunidade nesse período.

Muitos sistemas educacionais trabalham com o apoio das chamadas associações de pais e mestres, que arrecadam recursos financeiros para a manutenção das escolas, introdução de melhorias ou aquisição de equipamentos e material didático ou de limpeza e manutenção. Os pais também podem realizar trabalhos nas dependências da escola, como obras de reformas ou ampliações. Em muitas escolas, essas associações são apenas pró--forma e não exercem funções importantes de apoio. Existem também abusos, como exigir dos pais contribuições para custear ações de responsabilidade do governo ou da mantenedora da escola.

Outro tipo de apoio bastante difundido nas escolas brasileiras é o Conselho Escolar, tido como o mecanismo mais citado na garantia da participação da comunidade escolar, pois consegue congregar a representação de segmentos da escola, além de organizações sociais e sindicais dos bairros em que as escolas estão localizadas. Esse apoio geralmente discute a descentralização de recursos para a escola, sua gestão e fiscalização, e outras necessidades que movem a comunidade educacional a executar ações para financiar a escola.

Nota-se a prioridade às discussões referentes ao financiamento da escola em detrimento ao cunho pedagógico, muitas vezes restrito à direção e aos professores. Essa situação de alienação da participação efetiva dos pais no saber acadêmico provoca o distanciamento de sujeitos indispensáveis ao processo de construção da qualidade da escola. Às vezes, as dificuldades para garantir a efetiva participação decorrem do tamanho da escola, pois, quanto maior a escola, maior a dificuldade de mobilizar a comunidade escolar. Além disso, falta na comunidade uma cultura de participação, sendo necessário um esforço adicional para garantir sua sensibilização e mobilização. O Conselho, portanto, atua como um espaço funcional para o exercício democrático nas escolas (INEP/MEC, 2006).

Outro tipo de apoio menos difundido nas escolas do Brasil são os grêmios ou governos estudantis, um mecanismo que tem por objetivo motivar a organização dos alunos e envolvê-los em atividades que favoreçam um processo mais dinâmico e amplo de formação educacional. As principais causas da ausência de grêmios nas escolas brasileiras são a falta de organização prévia que sustente esse apoio, e até certo desinteresse das escolas para incentivarem tal mecanismo.

É importante compreender que a participação de apoios não deve se restringir à mera colaboração financeira, como se fosse troca de favores entre a escola e a comunidade. As discussões não devem ser restritas ao âmbito operacional, pois somente ao resgatar a real participação na dinâmica escolar é que se pode alcançar o compromisso de todos os agentes da comunidade com o avanço da escola pública.

2.2 ASPECTOS ORGANIZACIONAIS

2.2.1 Currículo

Um fator que norteia a qualidade das relações humanas em um ambiente de ensino é a quantidade de alunos para cada professor. A atenção que o docente pode dar a um aluno individual é dividida entre o número total de uma classe. Tradicionalmente, as classes no ensino público da maioria dos países do mundo têm de 25 a 30 alunos para um professor. Esse número não é ideal para todas as atividades educacionais e para todas as faixas etárias. Recomendam-se grupos menores para crianças menores. Em geral, os professores consideram 15 alunos um grupo ótimo. Para aulas de discussão no ensino médio e superior, esse número deve ser menor ainda, em torno de oito alunos para um professor, para uma participação mais ativa de cada membro do grupo. Com isso, o controle pelo educador sobre as atividades pedagógicas é mais efetivo (Kumpulainen; Wray, 2001).

No Brasil, a Lei nº 9.424, de 24 de dezembro de 1996, que dispõe sobre o Fundef, no artigo 60, § 7º, do Ato das Disposições Constitucionais Transitórias, artigo 13, incisos de I a VI, fixa os critérios a serem considerados para os ajustes progressivos a um padrão mínimo de qualidade. A relação matrícula de alunos por turma ocupa o primeiro parágrafo (Brasil, 1997):

1 estabelecimento do número mínimo e máximo de alunos em sala de aula;
2 capacitação permanente dos profissionais da educação;
3 jornada de trabalho que incorpore os momentos diferenciados das atividades docentes;
4 complexidade de funcionamento;
5 localização e atendimento da cidade;
6 busca do aumento do padrão de qualidade do ensino.

Entretanto, em muitas escolas públicas, as classes nem sempre apresentam uma relação ideal professor/número de alunos. São comuns grupos de 40 alunos em atividades supervisionadas por um professor. As quantidades mínimas, por aluno, dos insumos indispensáveis ao desenvolvimento da qualidade do processo de ensino e aprendizagem continuam indefinidas.

Geralmente, as análises entre relações matrícula/turma, matrícula/docentes e matrícula/funcionários seguem um padrão, pois suas causas estão relacionadas. O levantamento realizado pelo Instituto Nacional de Estudos e Pesquisas Educacionais Anísio Teixeira (INEP/MEC, 2006) mostra que, de modo geral, o Sul do Brasil registra as menores médias, enquanto o Nordeste registra as maiores médias nas relações citadas. Em geral, as relações mais altas encontram-se na esfera estadual, seguida da esfera municipal e da esfera federal. Isso se explica pela maior atuação dos Estados nos anos finais do ensino fundamental e no ensino médio, o que exige maior número de professores e funcionários.

Segundo a pesquisa, a relação de alunos para cada docente (matrículas/docente) tende a ser maior em escolas que oferecem todas ou quase todas as etapas da educação básica, sobretudo as de educação profissional, ensino médio e 5ª à 8ª séries do ensino fundamental, respectivamente. A relação tende a ser menor nas creches, pré-escolas ou nas escolas de educação infantil com ou sem classes de alfabetização. Em geral, notam-se médias excessivamente altas, o que pode trazer implicações negativas à qualidade do processo ensino/aprendizagem.

Um fato recente, relativo ao currículo, provocou divergências de opiniões quando aprovado: a ampliação do ensino fundamental para nove anos. A Constituição Federal, a legislação educacional e o PNE convergem para o objetivo maior da garantia do padrão de qualidade do ensino. Evidencia-se, entretanto, que esse aumento das séries letivas do ensino fundamental é, ao lado de outras, alternativa válida a ser implantada isoladamente ou em conjunto com outras formulações. É claro que, em paralelo com a questão da qualidade, avulta a do financiamento da educação. Se o ensino fundamental experimentou significativa ampliação quantitativa do atendimento, o Brasil está distante de alcançar o almejado e essencial padrão de qualidade, em particular quando se consideram aqueles grupos populacionais menos favorecidos: meio rural, periferias, aglomerados e até mesmo regiões, como é o caso do Nordeste.

Em relatos do parecer do MEC (2004, p.6), há duas opiniões divergentes a respeito:

> Colocar as crianças de camadas populares na escola de Ensino Fundamental aos seis anos sem uma proposta pedagógica adequada significa apenas antecipar o fracasso escolar. [...] Tornar-se usuária da língua escrita é um direito da criança, que possui não apenas as competências e as habilidades necessárias ao seu aprendizado, mas, principalmente, o desejo de aprender.

Se a opção for pela implantação progressiva do ensino fundamental com a duração de nove anos, pela antecipação da matrícula de crianças de seis anos, as seguintes normas terão de ser respeitadas (MEC, 2004, p. 8):

1. nas redes públicas estaduais e municipais, a implantação deve considerar o regime de colaboração e ser regulamentada pelos sistemas de ensino;
2. nas redes públicas municipais e estaduais, deve estar assegurada a universalização no Ensino Fundamental da matrícula na faixa etária dos 7 aos 14 anos;
3. nas redes públicas estaduais e municipais não deve ser prejudicada a oferta e a qualidade da educação infantil, preservando-se sua identidade pedagógica;
4. os sistemas de ensino e as escolas devem compatibilizar a nova situação de oferta e duração do Ensino Fundamental a uma proposta pedagógica apropriada à faixa etária dos seis anos, especialmente em termos de organização do tempo e do espaço escolar, considerando igualmente mobiliário, equipamentos e recursos humanos adequados;
5. os sistemas devem fixar as condições para a matrícula de crianças de seis anos no Ensino Fundamental quanto à idade cronológica: que tenham seis anos completos ou que venham a completar seis anos no início do ano letivo – no máximo até 30 de abril do ano civil em que se efetivar a matrícula;

6. os princípios enumerados aplicam-se, no que couber, às escolas criadas e mantidas pela iniciativa privada, que são livres para organizar o Ensino Fundamental que oferecem, mas com obediência às normas fixadas pelos sistemas de ensino a que pertencem.

2.2.2 Material didático

A diversidade de materiais didáticos é muito grande. São utilizados livros, apostilas, cadernos, material de desenho, de atividades artísticas, esportivas, de ciências e de recreação. A lista de materiais que os alunos devem providenciar constitui para muitas famílias um problema econômico. As matérias específicas devem contar com material laboratorial apropriado para as demonstrações e atividades pedagógicas desejadas. O uso efetivo dessa riqueza de materiais de uma escola de qualidade depende não somente do acesso aos materiais, mas também do armazenamento organizado dos equipamentos e materiais, da manutenção do estoque e do treinamento no seu manuseio. Material didático também necessita de atualização periódica, em função da dinâmica das áreas de conhecimento. Todo ano são adotadas novas referências bibliográficas, livros didáticos e apostilas. As atividades pedagógicas mudam e são variadas, necessitando de materiais específicos, com renovações constantes.

A preservação e a segurança dos materiais escolares são outra preocupação das escolas. O roubo, seguido de vandalismo, é um problema comum nas escolas, que demanda programas de prevenção que incluem vigilâncias contratadas, instalação de câmeras, armazenamento de equipamento e materiais em depósitos mais seguros com dispositivos de alarme e detecção de presença humana, entre outros.

2.2.3 Mobiliários e equipamentos

Há vários anos, o fornecimento de mobiliário escolar é considerado uma importante variável no contexto educacional brasileiro, sempre associado a vultosos investimentos e a um grande número de instituições envolvidas, razão pela qual se tornou motivo de preocupação dos governos federal, estaduais e municipais. A otimização dos recursos relativos ao mobiliário e ao equipamento escolar está associada à avaliação de todas as etapas de um processo, que começa no momento da decisão da compra, na avaliação do uso do mobiliário na sala de aula e na sua manutenção. Muito embora o *design* dos móveis escolares tenha particularidades técnicas e critérios específicos, é fundamental que o assunto esteja sempre num âmbito maior. É preciso entender e analisar as mais diversas questões do meio educacional para estabelecer as relações do mobiliário com os critérios pedagógicos, ergonômicos, econômicos, ecológicos e tecnológicos. O mobiliário é um elemento de apoio ao processo de ensino, e os confortos físico e psicológico do aluno influenciam de forma direta no aprendizado.

Apesar das especificidades nos diversos espaços educativos, os móveis são classificados em três tipos distintos, comuns a qualquer ambiente escolar:

- ▣ superfícies de trabalho e assentos: mesas individuais ou coletivas;
- ▣ suportes de comunicação: quadros de giz, quadros para canetas, quadro mural etc.;
- ▣ mobiliário em geral: guarda de utensílios, material em uso ou trabalhos concluídos; suportes de máquinas ou aparelhos de utilização comum como televisores, vídeos, projetores e outros equipamentos;
- ▣ mobiliário específico para laboratórios, oficinas, aula de música, teatro, culinária e educação física, entre outros.

Os aspectos que determinam a qualidade do mobiliário escolar podem ser divididos em relação ao usuário (ergonomia), uso (pedagogia) e construtivo (tecnologia). Em relação à ergonomia, alguns fatores como proporcionalidade, regionalidade e critérios antropométricos devem ser respeitados. O crescimento do corpo de uma criança é desproporcional, pois não se desenvolve de modo constante ao longo da infância e adolescência. Cabeça, tronco e membros desenvolvem-se gradualmente, variando suas proporções em relação às estaturas. Assim, o móvel não pode manter as mesmas proporções nos diversos tamanhos. Hábitos, influências sociais, culturais e psicológicas dos usuários devem ser levados em conta, porque o uso do corpo e dos objetos sofre o reflexo dessas condições (Fundescola, 1999).

A idade escolar é a fase inicial de um processo de socialização do indivíduo, portanto, o ambiente deve favorecer o agrupamento e contribuir para o processo de aprendizado. Dessa forma, o móvel escolar adequado permite tanto o trabalho individual como em grupo, atendendo às exigências pedagógicas, cada dia mais dinâmicas. Atividades que exigem mudanças rápidas de posicionamento dos alunos nas salas de aula são facilitadas se o peso do móvel for compatível à força do usuário e se houver a possibilidade de justaposição do mobiliário. As dimensões dos móveis devem ser adequadas ao tipo de trabalho executado pelo aluno, e os objetos e equipamentos utilizados também influem na definição do modelo de mobiliário. É impossível exigir um trabalho ordenado de um aluno que não dispõe de um espaço adequado para apoiar seu material.

Como nas salas de aula, na maior parte do tempo, os alunos permanecem sentados, é fundamental o estabelecimento de critérios relativos à altura do assento, ao encosto, aos ângulos e às dimensões das cadeiras. Cadeira e mesa constituem um conjunto antropométrico, e suas medidas devem ser relacionadas. Embora haja incentivos na área e normas de dimensões de mobiliários, em especial carteiras escolares, muitos trabalhos e pesquisas do assunto mostram a necessidade de normas que atendam à anatomia da população escolar.

As dimensões do mobiliário devem estar em conformidade com a estatura e a faixa etária da população de cada estabelecimento de ensino. As alturas da cadeira e da mesa estão relacionadas à série de ensino e às faixas etárias. A Tab. 2.1 estabelece a proporcionalidade em relação à altura e às dimensões do corpo humano (ver Fig. 2.2), necessária para a confecção do mobiliário escolar adequado (Marques et al., 1974).

Tab. 2.1 Estatura média por idade e proporções de dimensões para detalhamento do projeto

Idade	5	6	7	8	9	10	11	12	13
Estatura (H)	107,5	112,5	117	122	127	132	137	144	149
Proporção em relação de H	A	B	C	D	E	F	G	J	K
	9/10	4/5	1/3	1/4	1	2/7	3/7	1/3	1 -1/5

Fonte: adaptada de Marques et al. (1974).

Além de apresentar dimensões adequadas para cada faixa etária, o mobiliário escolar também deve atender à distribuição normal (Curva de Gauss) de estatura de uma população. Em cada série do ensino, é possível encontrar uma proporção específica de faixas etárias. A Tab. 2.2 mostra a distribuição percentual de idades nas séries do ensino fundamental e médio.

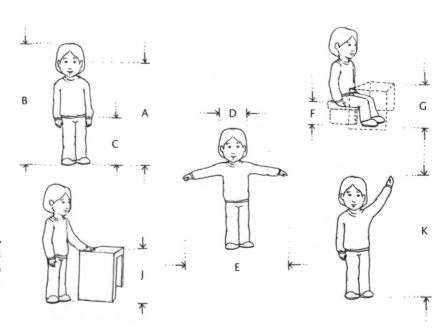

Fig. 2.2 Dimensões do corpo da criança para detalhamento do projeto, aplicadas à Tab. 2.1

Ressalta-se que os dados da Tab. 2.2 são europeus e tomados há mais de 20 anos, e precisam ser avaliados junto às porcentagens de alunos e a sua idade em cada série escolar. As práticas pedagógicas e didáticas e as normas da instituição de ensino interferem nesses resultados. Esses dados necessitam de verificação local, por meio de pesquisas da influência do nível socioeconômico da população e da repetência permitida pelo sistema educacional. Os gráficos das Figs 2.3, 2.4 e 2.5 ilustram os resultados da pesquisa do SAEB (Ferrão et al., 2001) e mostram sensível diferença em relação às porcentagens de idade distribuídas nas últimas séries do ensino fundamental e médio, se comparadas com as Tabs. 2.1 e 2.2. A disponibilidade do mobiliário escolar em vários tamanhos deve acomodar a variação de estaturas e idades em cada série.

TAB. 2.2 DISTRIBUIÇÃO PERCENTUAL DE IDADES NAS SÉRIES DO ENSINO FUNDAMENTAL (1ª À 9ª) E MÉDIO (10ª À 12ª)

1ª série	2ª série	3ª série	4ª série
10%: 6 anos	30%: 7 anos	10%: 7 anos	30%: 8-9 anos
60%: 7 anos	60%: 8-9 anos	50%: 8-9 anos	50%: 9-10 anos
30%: 8-9 anos	10%: 9-10 anos	40%: 9-10 anos	20%: 10-12 anos
5ª série	**6ª série**	**7ª série**	**8ª série**
10%: 8-9 anos	30%: 9-10 anos	50%: 10-12 anos	20%: 10-12 anos
50%: 9-10 anos	40%: 10-12 anos	40%: 12-14 anos	50%: 12-14 anos
40%: 10-12 anos	30%: 12-14 anos	10%: 14-16 anos	30%: 14-16 anos
9ª série	**10ª série**	**11ª série**	**12ª série**
50%: 12-14 anos	20%: 12-14 anos	10%: 12-14 anos	10%: 12-14 anos
30%: 14-16 anos	50%: 14-16 anos	50%: 14-16 anos	40%: 14-16 anos
20%: > 16 anos	30%: > 16 anos	40%: > 16 anos	50%: > 16 anos

Fonte: Neufert (1981).

A falta de planejamento no que se refere à organização, à utilização dos espaços escolares e à frequência dos alunos cria um dos principais problemas no mobiliário escolar, pois uma sala que atende a usuários de 7 a 18 anos apresenta grandes dificuldades de operacionalização. Para enfrentar esse problema, propôs-se a separação entre níveis de ensino e a disposição de diferentes tamanhos de mobiliário em uma sala de aula, para atender às diversas faixas de tamanhos em uma mesma faixa etária. Na prática, essa separação não acontece nas escolas públicas de bairros com grande demanda de vagas para alunos com essa variação de idade.

Os esforços para melhorar a qualidade das instalações escolares não são recentes. A primeira iniciativa de padronização do mobiliário escolar ocorreu em meados dos anos 1970, durante o desenvolvimento do modelo do CEBRACE-MEC (Centro Brasileiro de Construções e Equipamentos Escolares/MEC), em parceria com o Instituto de Desenho Industrial do Museu de Arte Moderna do Rio de Janeiro. Esse modelo fundamentou-se em pesquisas próprias, em normas internacionais DIN 68970 (Alemanha) e BS 3030 (Inglaterra) e em estatísticas do IBGE, gerando uma série de recomendações técnicas. Essa linha foi adotada em várias unidades da Federação e, com o tempo, em decorrência da avaliação do seu uso, algumas modificações foram introduzidas em seus desenhos originais. Surgiu então, entre outras, a linha FDE – Fundação para o Desenvolvimento da Educação do Estado de São Paulo, que foi bastante utilizada em outros Estados (FDE, 1998c; Cebrace, 1976, 1981).

Em 1997, a ABNT editou duas normas referentes ao mobiliário escolar:

- a NBR 14006 – Móveis escolares – Assentos e mesas para instituições educacionais – Classes e dimensões (ABNT, 1997a);
- a NBR 14007 – Móveis escolares – Assentos e mesas para instituições educacionais – Requisitos, que trata de recomendações ergonômicas (postura) e antropométricas (dimensões) (ABNT, 1997b).

A NBR 14006 trata das recomendações ergonômicas e antropométricas desse tipo de mobiliário, prevendo um total de sete padrões

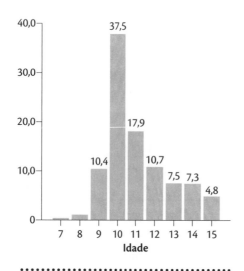

Fig. 2.3 Distribuição percentual dos alunos da 4ª série do ensino fundamental, por idade
Fonte: Ferrão et al. (2001).

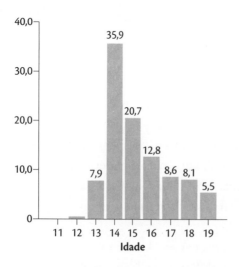

Fig. 2.4 Distribuição percentual dos alunos da 8º série do ensino fundamental, por idade
Fonte: Ferrão et al. (2001).

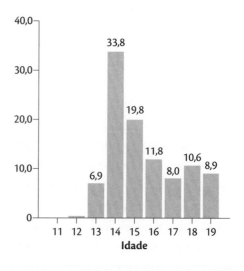

Fig. 2.5 Distribuição percentual dos alunos da 3ª série do ensino médio, por idade
Fonte: Ferrão et al. (2001).

ou classes dimensionais para a mesa e a cadeira escolar. A abrangência desses padrões ou classes inclui faixas de estatura que compreendem crianças desde a idade pré-escolar até indivíduos adultos. As duas primeiras classes previstas dirigem-se às crianças menores; as quatro seguintes, aos alunos do ensino fundamental e, a última, a indivíduos adultos. Em sua definição, verifica-se uma correspondência muito próxima entre os padrões recomendados pelo Cebrace-MEC e os adotados pelo FDE (Tab. 2.3). A Fig. 2.6 apresenta um modelo de mobiliário escolar tradicionalmente utilizado em escolas públicas.

Tab. 2.3 Valores antropométricos e dimensões de mobiliário escolar adotados pelo CEBRACE (mm)

Altura do aluno	Mesa do aluno				Cadeira do aluno
	H1	H2	L1	C1	H3
1.180 - 1.400	580	460	450	600	320
1.401 - 1.600	660	540	450	600	380
Mais de 1.600	720	600	450	600	420

Fonte: Fundescola (1999).

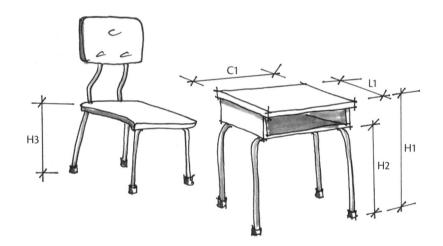

Fig. 2.6 Esquema de mobiliário escolar em relação às medidas da Tab. 2.3

Os elementos que compõem o mobiliário devem ser projetados de forma a solucionar as necessidades dos vários ambientes de uma escola. O uso de divisórias, prateleiras, gavetas, portas e fechaduras é condicionado pelo tipo de material a ser guardado. Os critérios antropométricos dos armários são os limites de alcance do maior e do menor usuário (Fig. 2.7), e a profundidade sugerida é de 300 mm a 450 mm, conforme o material a ser guardado (Fundescola, 1999).

Fig. 2.7 Dimensionamento para armários (medidas em milímetros)

Os suportes de comunicação compreendem todos os elementos orientados verticalmente, que são fixados diretamente nas paredes das salas de aula ou em elementos de fixação apropriados e devem obedecer a uma coordenação modular que permita uma visualização ordenada de seu conjunto e das informações que suportam. A flexibilidade desse sistema é essencial e caracteriza-se por elementos modulares integrados ou não ao conjunto arquitetônico. Quando não integrados, é possível fixar os componentes por meio de um suporte único, que permite a utilização de qualquer deles, isolado ou em conjunto.

No que se refere ao dimensionamento, apenas a altura de fixação é estabelecida em função de dados ergonômicos (Fig. 2.8). Os limites de alcance de escrita do maior e do menor usuário e o alcance visual dos usuários sentados (no caso de quadro de giz) devem ser observados para determinar a altura de fixação dos componentes mobiliários. Existem limites de visibilidade da escrita que se relacionam com as dimensões dos ambientes e a distribuição dos móveis (Fig. 2.9). As demais dimensões devem considerar a racionalização no corte da matéria-prima empregada e o projeto da escola (Fundescola, 1999).

Estudos nacionais atentam para a desarmonia entre as interfaces aluno/carteira, estudante/mesa (Reis, 2003; Reis et al., 2005), além de métodos de avaliação ergonômica com aplicação no mobiliário escolar (Carvalho, 2005; Moro, 2005; Paschoarelli, 1997; Pinho, 2004; Soares, 2001). Segundo Pacolla, Bormio e Silva (2007), os trabalhos sobre os métodos de avaliação destacam-se por concentrar os aspectos biomecânicos, antropométricos e de fadiga; entretanto, aspectos ambientais, humanos e de organização

Fig. 2.8 Dimensionamento para o suporte de comunicação (medidas em milímetros)

do trabalho não são levantados. Por conta disso, tais trabalhos cumprem o papel pioneiro de fornecer informações necessárias à geração de pré-requisitos, critérios e base de dados, para que um modelo metodológico ideal possa ser desenvolvido e implantado.

Uma experiência importante e positiva com relação ao ambiente escolar, em particular quanto ao seu mobiliário, foi o projeto de Cibele Taralli para a Rede de Bibliotecas Interativas (REBI) do Município de São Bernardo do Campo, no Estado de São Paulo. O trabalho teve como base uma pesquisa multidisciplinar e o conceito aplicado foi criar bibliotecas escolares como espaços de produção cultural, e não só de manutenção de informação e conhecimento. No projeto, a integração entre espaço e mobiliário é evidente para permitir a interação entre os indivíduos, a informação e os materiais, a fim de estimular a produção de conhecimento. Nesse projeto, também foram integradas as Bibliotecas Municipais e outros serviços culturais (Taralli, 2004a). A Fig. 2.10 mostra o resultado dessa experiência.

As discussões sobre o mobiliário escolar, especificamente as carteiras, giram em torno das questões antropométricas, pelo fato de ainda apresentarem lacunas no desenvolvimento de um bom projeto escolar e serem um pré-requisito para garantir a saúde e o bem-estar dos alunos. Entretanto, atenta-se para o fato de que o mobiliário do ambiente escolar pode ser bem variado e apresentar-se com

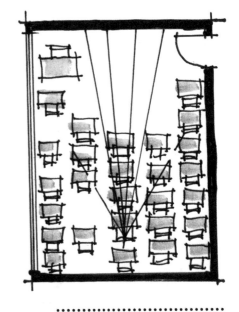

Fig. 2.9 Diagrama de visibilidade da lousa do último aluno em uma sala de aula com *layout* tradicional

O ambiente escolar: componentes e qualidade

configurações e arranjos também bastante diversificados. Os móveis devem ter projetos relacionados à faixa etária dos alunos, ao ambiente específico e ao método pedagógico atribuído à escola.

Civilizações ocidentais incluem em seu método pedagógico o *hidden curriculum* como permanecer sentado durante uma aula. Muitos professores parecem associar aprendizado a silêncio e a uma postura sentada disciplinada (Fig. 2.11). Dessa forma, a concentração e a atenção cognitiva dos alunos dependem da inércia física. O movimento é rejeitado,

Fig. 2.10 Bibliotecas Interativas, São Bernardo do Campo-SP, projeto de Cibele Taralli: (a) Exemplo de planta de biblioteca interativa com mezanino; (b) Exemplos de plantas de bibliotecas interativas com *layout* do mobiliário; (c-f) Vistas do interior de bibliotecas interativas com mobiliário variado
Fonte: Taralli (2004a).

porque remete a tumultos na sala de aula, mas os estudantes necessitam de relaxamento físico. Muitos adultos ainda pensam que o estudante ideal é aquele que fica sentado na sala de aula receptivamente, atentamente e passivamente.

As soluções ergodinâmicas são decisivas no aprendizado. Deve-se frisar que o desenvolvimento do corpo necessita de um mobiliário ajustável. Isso é (ou pelo menos, deveria ser) um pré-requisito básico. Mas condições de ambiente de trabalho produtivo também demandam aspectos produtivos do corpo. Isso é especialmente importante para os adolescentes, que dependem da necessidade de movimento (mudar de postura) por causa de seus pré-requisitos de desenvolvimento corporal e psicológico (Breithecker, 2006).

Uma troca rítmica e contínua entre passividade e atividade, tensão e relaxamento dá condições para um desenvolvimento físico, mental e emocional. A troca de carga psicológica é automaticamente executada, mesmo em uma posição de descanso ou dormindo, e é significantemente mais importante em uma situação adversa, como estar sentado. Entretanto, o ato de sentar-se de forma ativa e dinâmica é uma parte importante da ergodinâmica e da estação de trabalho saudável em uma escola. Essa posição pode ser estimulada por um móvel flexível, que encoraje a troca de postura, promovendo o impulso natural do movimento contínuo e efetivo. Para Breithecker (2006), "a melhor postura sentada é sempre a próxima!".

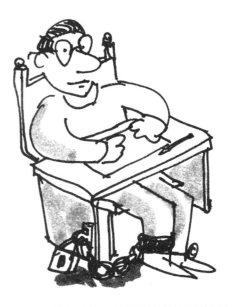

Fig. 2.11 Exemplificação dos problemas do mobiliário escolar com o corpo inativo, prejudicando a atividade cerebral

A riqueza do equipamento atualmente disponível para apoiar as diferentes metodologias de ensino é pouco discutida no âmbito nacional. As avaliações pós-ocupação de escolas públicas também mostram que há pouco equipamento disponível para o ensino fundamental e médio, com exceção do computador e da televisão, presentes em quase todas as escolas atualmente. O contato com equipamentos mais variados e comuns na vida cotidiana deve ser estimulado, a fim de preparar o aluno para o mercado de trabalho e para a vida.

Mostrou-se que a educação de qualidade depende de um ambiente de ensino com um grande número de componentes que devem trabalhar em sintonia com o objetivo de aprofundar e ampliar o aprendizado dos alunos. O ambiente depende das características das pessoas presentes, do sistema educacional adotado, do suporte da comunidade e da infraestrutura disponível. A escola também depende da qualidade dos espaços que abrigam as atividades pedagógicas desenvolvidas. A arquitetura escolar, por isso, tem um papel fundamental ao propiciar um ambiente de ensino adequado, considerado o terceiro professor.

Arquitetura escolar

Em arquitetura, o programa de uma edificação é o conjunto de necessidades que um projeto deve contemplar e o roteiro de como os requisitos funcionais devem estar dispostos em um novo prédio. No caso específico da tipologia escolar, o "programa" define o número de salas de aula e quais serão os outros ambientes de ensino, como, por exemplo, biblioteca, quadras, laboratórios etc., além de estabelecer as características desejadas a tais ambientes e as respectivas disposições na edificação. A disposição espacial de todos os itens de um programa configura uma visão educacional (Brito Cruz; Carvalho, 2004). O programa de necessidades também inclui valores que o projeto representará e os indicadores qualitativos que se pretendem atingir. O programa não é apenas uma lista de ambientes, mas um documento que interage com as pedagogias e o modo de abrigar as atividades essenciais para o tipo de ensino almejado (ver Cap. 6).

É a partir do desenvolvimento do projeto de arquitetura que se constitui o espaço físico escolar. O estudo pode partir do programa mencionado e das carências apresentadas pelos espaços educacionais, com o objetivo de atender às necessidades de ocupação de cada comunidade escolar. A concepção arquitetônica dos prédios escolares, principalmente em países em desenvolvimento, depende da situação socioeconômica e política, mas deve se preocupar com os conceitos educacionais e de conforto, necessários para atingir a qualidade do sistema ensino/aprendizagem.

O prédio de uma escola é a concretização de uma visão da educação e de seu papel na cons-

3

trução da sociedade (Brito Cruz; Carvalho, 2004). Segundo a literatura, a escola surge na Europa no século XIX como disciplinadora da ordem social, e é considerada um suporte, pela pontualidade e pela organização do tempo imposto pela indústria. O sociólogo Enguita (1989) mostra o cenário dessa situação no guia publicado pela Sociedade para a Melhoria da Instrução Elementar da França, em 1817, no qual explicita a rigidez das obrigações. A educação é apresentada como forma de dominação política e social, e discute-se a preocupação com o espaço do ensino, para que as normas sejam corretamente seguidas. Para Querrien (1979, p. 86-87),

> [...] permanece o professor suficientemente silencioso, fazendo-se obedecer mediante gestos? Realiza-se a leitura realmente a meia voz? Está em ordem o mobiliário? Cumpre-se realmente a máxima: cada coisa em seu lugar e um lugar para cada coisa? São suficientes a ventilação e a iluminação? Têm bastante espaço os alunos? É correta a atitude dos alunos? Colocam claramente as mãos atrás das costas durante os movimentos e deslocam-se marcando o passo? Estão satisfeitos os alunos? Estão bem visíveis os rótulos das punições e são utilizados? Exerce corretamente o professor uma vigilância permanente sobre os conjuntos dos alunos?

A organização espacial da escola apresentava configurações que mostravam a importância dada à ordenação, antes mesmo do aparecimento da indústria. Foucault (1987) mostra-nos a ordenação por fileiras, no século XVIII, e define o espaço serial, organizando os lugares, os espaços de circulação, imprimindo os valores de obediência, para transformar a escola em um espaço de vigilância, de hierarquia das funções, a fim de possibilitar o controle simultâneo do trabalho. Refere-se ao sistema da arquitetura panóptica, construída com o objetivo de controlar todos os movimentos de uma determinada comunidade. No caso das escolas, o panóptico determina cada criança em seu lugar, sem barulho ou conversa, sem dissipação ou desordem. "A visibilidade é uma armadilha" é o lema utilizado (Foucault, 1987). A ordenação espacial transformava a sala de aula em pequenos observatórios e a disciplina proporcionava um controle sobre os alunos.

A evolução da arquitetura escolar está diretamente ligada à história da humanidade. Formalmente, a instituição escolar definiu-se a partir da revolução industrial, que trouxe novas demandas de organização social, entre as quais a necessidade de formalizar o ambiente de ensino. Outros eventos tiveram importância no desenvolvimento da organização educacional e seu reflexo na arquitetura escolar, como as primeiras universidades de Paris (*Collège de Sorbonne*) e de Bolonha, no século XI, e a invenção da imprensa por Gutenberg, por volta de 1440, que deu grande impulso à educação, pela possibilidade de disseminação do conhecimento. O desenvolvimento de ofícios na Idade Média favoreceu a especialização, o treinamento e a capacitação de jovens, como um precursor das escolas profissionalizantes. O suporte físico para as atividades de ensino e a sua configuração arquitetônica nasce nessa época, quando os monastérios, como tipologia construtiva, tiveram grande influência sobre as primeiras edificações escolares na Europa.

A arquitetura escolar na história, principalmente no século XIX, teve duas tendências dialéticas: de um lado, o desejo de controle e disciplina por espaços bem-determinados, com projetos baseados no isolamento autônomo; de outro, as influências das teorias pedagógicas, que valorizavam mais a criatividade e a individualidade. O projeto do ambiente escolar agora era visto como um espaço aberto para o jardim, para as áreas externas que podem abrigar parte das atividades de pesquisa e ensino. O projeto dessas escolas tem como base a interação social (Dudek, 2000). Essa integração e o contexto da sociedade sempre influenciaram o espaço escolar, e é essencial o conhecimento histórico para compreender a realidade escolar do século XXI. Em razão disso, parte deste capítulo será dedicada à demonstração desses aspectos.

3.1 ARQUITETURA ESCOLAR NA EUROPA

Antes da ampliação da educação e do estabelecimento do ensino público na Europa e nos Estados Unidos, há exemplos importantes de arquitetura escolar da Idade Média na Europa. A escola de sala única dominava, até o século XV, a arquitetura dessa tipologia. Muitas vezes, a moradia do professor era acoplada a essa sala e havia dependências no sótão para alunos carentes e seminaristas (Lange, 1998). Essa tipologia de edificação escolar continuou uma referência construtiva, principalmente para escolas do meio rural. O ambiente de ensino é ocupado por alunos de várias idades, com um professor, às vezes auxiliado por jovens seminaristas.

Na Inglaterra, a sala única apresenta-se em forma de espaços retangulares estreitos e longos, com bancos alinhados ao longo das duas paredes mais compridas da sala (Fig. 3.1). Às vezes, o espaço central é ocupado pelo fogão e pelo pódio do professor. Dessa forma, permite-se a comunicação visual entre alunos sentados de um ou outro lado da sala, com boa iluminação e aberturas altas nas quatro paredes. Em alguns casos, cada banco tinha a sua especificidade de aprendizado. Assim, um banco era reservado para o ensino do Novo Testamento, outro para o catecismo e outro para treinar a escrita.

A divisão da escola em salas de aula por idade foi defendida por Comenius no século XVI, e as escolas jesuítas do século XVII consagraram essa

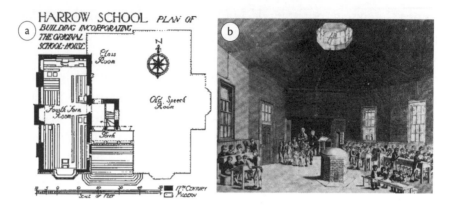

Fig. 3.1 Exemplo de escola de ambiente único do século XIX, com forno central

organização educacional na arquitetura escolar. Surgem prédios escolares com salas de aula dispostas ao longo de um corredor lateral, ou com corredor central (Fig. 3.2). Na *Thomasschule*, de Leipzig (1732–1829), a divisão por série é claramente representada nas plantas da edificação. Essa escola também apresenta dois andares para o alojamento dos meninos, integrantes do coral da *Thomaskirche*, da mesma cidade, onde J. S. Bach atuava como organista e compositor. No exemplo da escola *Elisabethanum*, em Breslau, na Alemanha, duas salas de aula são organizadas em volta de uma escada central. Há um andar para o ensino de meninas e dois andares para os meninos.

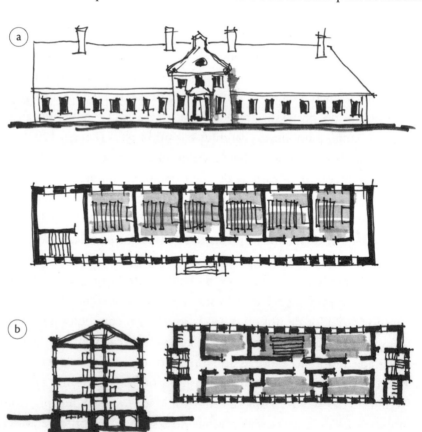

Fig. 3.2 Exemplos de plantas de escolas da Alemanha do século XVI, com corredor lateral ou central

Os dormitórios para os alunos carentes ficam no sótão. Os precursores das escolas do século XIX apresentam as configurações arquitetônicas de muitos prédios escolares atuais, baseados no programa de necessidades de salas de aula por série de ensino, com preocupação disciplinar dos alunos.

A Inglaterra foi o primeiro país com acentuada industrialização no início do século XIX. Em 1833, o *Factory Act* introduziu a obrigatoriedade de duas horas de instrução por dia para as crianças das fábricas. Em 1847, foi publicado o livro de Henry Kendall, *Design for Schools and School Houses*, sobre arquitetura escolar na Inglaterra. As formas adotadas pelos projetos de Kendall são apresentadas na Fig. 3.3, que recomendava o estilo gótico para o prédio escolar, sem maiores detalhamentos sobre os espaços da escola. O mesmo ocorreu no livro de Henry Barnard, nos Estados Unidos, um ano depois. Mas Kendall se preocupava com a saúde das crianças e recomendava salas de aula com grandes janelas para ventilação e iluminação. Mesmo que na Inglaterra não fizesse sol, ele recomendava a orientação norte (hemisfério Norte) para as aberturas de salas de aula, para uma luminosidade uniforme e ausência de ofuscamento no plano de trabalho e na lousa.

Após 1870, a Inglaterra investiu significativamente na educação pública, ou para as "crianças pobres", e o arquiteto E. R. Robson foi contratado para expandir a rede de prédios escolares de Londres, tendo demonstrado grande habilidade nos aspectos arquitetônicos e educacionais no seu livro *School Architeture*, publicado em 1874. A obra de Robson relata a experiência trazida de viagens, principalmente dos Estados Unidos, da Alemanha e da Suíça. Um exemplo pode ser observado na Fig. 3.4, na qual chama a atenção o fato de haver duas salas para o ensino de meninas. Os projetos de Robson eram austeros, às vezes projetados no estilo *Queen Anne*, com base em plantas

Fig. 3.3 Exemplo de arquitetura escolar gótica recomendada por H. Kendall

Fig. 3.4 Duas salas de aula para o ensino de meninas, de E. R. Robson

baixas simétricas, com pé-direito alto, janelas no alto das paredes externas, sem permitir aos alunos olhar para o exterior.

A Alemanha usava o sistema prussiano de salas de aula, separado em volta de um grande vestíbulo ou *hall* de entrada. O tamanho da sala de aula era determinado pela lotação, de 40 a 60 crianças, podendo chegar a 300 alunos por sala, como nos exemplos da Fig. 3.5 (Dudek, 2000). As carteiras para dois alunos tinham um arranjo ortogonal, com espaço para circulação, que permitia cada aluno sair do seu assento sem perturbar os demais. Havia espaço na frente, para demonstrações. A maioria dos projetos de Robson foi construída em áreas urbanas de lotes pequenos, e muitas escolas acomodavam até 400 crianças de cada sexo. As áreas externas dessas escolas urbanas tinham pequenos espaços sombreados, frios, para a recreação das crianças. As construções eram robustas, muitas ainda em uso no século XXI.

Na Escócia, Robert Owen estabeleceu as primeiras pré-escolas em 1816, e abriu a sala de aula para jardins de contemplação e autocontrole da tentação (não era permitido tocar nas flores ou nas frutas). Em 1895, Char-

Fig. 3.5 Exemplo de sala de aula para 304 alunos, com cortinas para quebrar o volume grande e amenizar as questões ambientais, de acordo com M. Seaborne: (a) Planta e (b) vista da Southwark Central School, Inglaterra, século XIX

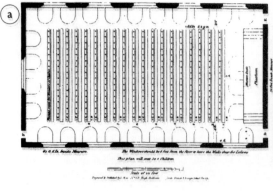
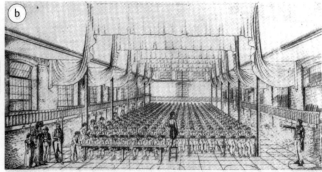

les R. Mackintosh, do *Scottish Arts and Crafts Movement*, projetou a sua primeira escola em Glasgow e, em 1902, a escola da Scotland Street (Fig. 3.6), que exemplifica o estilo independente de Mackintosh. O prédio tinha escadarias separadas para meninos e meninas e acomodava 1.250 crianças em 21 salas de aula. A ornamentação limitava-se à volta das aberturas. A utilização de formas orgânicas cria um efeito de poder e quebra a austeridade da arquitetura escolar comum até então. A elegância espacial mostra que a boa arquitetura pode ampliar a experiência educacional. Apesar das plantas semelhantes, as escolas projetadas por Mackintosh se diferenciam das de Robson, na Inglaterra, pela arquitetura com clara relação com sua função, tanto por suas proporções quanto pelas formas das aberturas.

Após o estabelecimento da educação compulsória na maioria dos países da Europa e dos Estados Unidos, um número significativo de educadores, como Margaret MacMillan, em Londres, e Maria Montessori, em Roma, influenciou a arquitetura escolar, para adequá-la à população carente. Com Montessori, os ambientes passam a ser projetados para a escala da criança. A Primeira Guerra Mundial causou um hiato nesse desenvolvimento. A sociedade, marcada pelos efeitos pós–guerra, procurou novas tendências, dando abertura para o modernismo nas artes, arquitetura e educação. O professor (homem) é substituído pela professora na escola primária, em função do grande número de homens que havia morrido na guerra. Muitos educadores ainda acreditavam que a educação deveria servir primariamente para formar a mão de obra da indústria. No entanto, a participação do público feminino nas salas de aula trouxe novos objetivos ao ensino e procurou um papel social mais relevante e significativo para a escola e sua arquitetura.

Na Primeira Guerra, transparecem as diferenças qualitativas dos sistemas educacionais dos países da Europa. O ensino de ciência na Alemanha era considerado superior ao dos outros países, o que se refletiu nos novos rumos dos sistemas educacionais. A revolução na Rússia, em 1917, foi predominantemente liderada por professores, e a Europa respondeu a esse fator com maiores investimentos no ambiente escolar. Surgem escolas experimentais

Fig. 3.6 Scotland Street School, Glasgow, projeto de C. R. Mackintosh, de 1902: (a) Vista exterior (maquete); (b) Vista da escada principal

para romper com os objetivos tradicionais de lições e avaliações sucessivas. A escola passa a ser vista como parte integrante dos novos conjuntos habitacionais de interesse social, estabelecidos principalmente na Alemanha e na Áustria. Um exemplo com qualidade arquitetônica reconhecida é o *Karl Marx Hof*, em Viena, que humaniza a área residencial com lojas, bibliotecas, clínicas e escolas, distribuídas pelo conjunto.

Em 1930, a influência da *Bauhaus*, de Walter Gropius, se fez presente na arquitetura escolar, quando ele projetou a *School and Community College*, em Impington, na Inglaterra. O prédio agrupa os principais ambientes em torno de uma galeria de circulação central, com exposições de trabalhos de alunos e reuniões sociais. A arquitetura pretendia exemplificar a sofisticação dos objetivos educacionais, com uma mistura de ensino artístico e científico, trabalhos manuais, agrícolas e físicos. Essa edificação escolar foi um importante precursor para uma arquitetura escolar própria, com grandes janelas nas salas de aula com vista para fora. Entretanto, com o nazismo na Alemanha, nos anos 1930 e 1940, proíbe-se o uso dos estilos da *Bauhaus*, por ser muito moderno e inovador, e retomam-se as construções de escolas conservadoras em sua proposta arquitetônica, com a "desculpa" de retomar o "vernacular", ou seja, as técnicas construtivas tradicionais locais.

Na França, destacam-se as influências de projetistas como Tony Garnier, August Perret, Le Corbusier e Erno Goldfinger. No início de 1900, Garnier adotou uma arquitetura sem ornamentação, com forte formalismo geométrico. Pela primeira vez na França, as escolas eram coeducacionais. As salas de aula e principalmente os espaços de recreio eram separados por idades, e os pátios ou jardins eram das crianças menores, com o objetivo de terem espaços agradáveis e livres dos atropelos de crianças maiores. Os projetos escolares tinham muita influência dos conceitos urbanísticos desenvolvidos na época, principalmente por Garnier. Assim, a cidade industrial deveria ter um sistema educacional com ensino primário (com início aos dois anos de idade) e médio obrigatório, que incluía o ensino vocacional nas áreas de comércio e administração. A educação artística e profissional era restrita a um número menor de alunos e não obrigatória. Garnier defendia o *Garden City Movement*, mas seus conceitos não tinham nenhum sentimentalismo, comum ao movimento da Inglaterra. Ele adotou um estilo arquitetônico moderno, sem referências vernaculares. A educação era a base na sua cidade e, como Ebenezer Howard, ele valorizou os espaços verdes nos seus planos urbanos e nos projetos de edificações escolares.

No século XXI, a França, assim como outros países industrializados, continua desenvolvendo pesquisas sobre a arquitetura escolar no Institut National de Recherche Pédagogique, que publica informações sobre as inovações no ambiente escolar, semelhantes à organização EFL (Educational Facilities

Laboratories), nos Estados Unidos. Prédios escolares da França são categorizados em relação ao agrupamento das suas funções, e a maioria dos prédios escolares ainda tem como base uma arquitetura bastante formal, com o predomínio da simetria, da ortogonalidade e da centralidade. Apesar de os países ricos apresentarem ambientes e projetos escolares de qualidade (confortáveis e esteticamente ricos), ainda estão presentes muitos espaços escolares adaptados, nem sempre utilizados em condições ideais (Vaniscotte, 1997).

Na Alemanha, com o final da Segunda Guerra Mundial, houve a necessidade da reconstrução, inclusive das edificações escolares. Por seu papel pedagógico, o prédio escolar recebeu mais atenção, quando o espaço passou a ser visto como um terceiro professor (o 1º é o profissional; o 2º é o material didático, e o 3º é o ambiente escolar). Almeja-se ampliar a experiência dos alunos por meio de projetos diferenciados e com aparências que intriguem, questionem e envolvam a população. A finalidade prática do prédio escolar deve ser estendida às funções culturais e artísticas das construções públicas. Um exemplo dessas tendências na arquitetura escolar, projetado pelo arquiteto Hans Scharoun, é a Geschwister-Scholl-Gesamtschule, em Lünen, na Alemanha (Fig. 3.7), construída entre 1956 e 1962, como uma escola secundária para meninas. Do ponto de vista histórico, a arquitetura da escola expressa as intenções e as esperanças pedagógicas.

Fig. 3.7 Esboço da Geschwister-Scholl-Gesamtschule, de Hans Scharoun, em Lünen, Alemanha, 1956

A arquitetura de Scharoun é classificada de orgânica, seguindo os conceitos do arquiteto norte-americano Frank Lloyd Wright, ou seja, a escola é concebida como um organismo vivo nas suas partes físicas. As salas de aula representam os diferentes estágios do desenvolvimento e da consciência das alunas da escola. A cor e a luz recebem tratamentos variados para cada etapa do desenvolvimento das crianças. De forma geral, a arquitetura orgânica é considerada um contraponto à arquitetura racionalista. Em 1950, o crítico e historiador italiano Bruno Zevi publicou *Por uma arquitetura orgânica* e propôs "um programa de revisão da herança cultural de antes da guerra [...] quando começam as polêmicas entre 'orgânicos' e 'racionalistas' [...] Zevi dá a este termo uma definição teórica e ampla (arquitetura orgânica = arquitetura humana)" (Benévolo, 1989, p. 667).

Os grandes mentores da arquitetura orgânica são Antoni Gaudí, Alvar Alto e Frank Lloyd Wright. O ideal construtivo de Gaudi baseava-se em um corpo orgânico, que parecia ter vida, pois "as arestas e os cantos vão desaparecer, e a matéria se revelará em suas formas redondas astrais: o sol entrará pelos quatro lados e será como uma representação do paraíso" (Tarragó, 1991). Frank Lloyd Wright desenvolveu o conceito do organicismo, por acreditar que uma obra deve nascer para atender às necessidades das pessoas e do caráter do país como um organismo vivo. Essa arquitetura privilegia as formas curvas e o uso de materiais não industrializados, nas suas formas mais naturais. A modulação está presente nos projetos de Wright, mas somente como base diretriz, e não para racionalizar a construção. Lina Bo Bardi coloca a questão da seguinte maneira: "O que se entende então por arquitetura orgânica, natural? Entende-se uma arquitetura não limitada *a priori*, uma arquitetura 'aberta', que aceita a natureza, que se acomoda a ela, busca mimetizar-se a ela, como um organismo vivo que chega a assumir às vezes formas de quase um mimetismo, como um lagarto sobre as pedras ao sol" (Bardi, 1958, p. 2).

Scharoun projetou as salas para as alunas mais novas como ninhos, e as salas das meninas mais velhas foram caracterizadas pela precisão do detalhamento, em níveis mais elevados, o que sinalizaria a passagem da criança para a fase adulta, e com acesso a espaços mais sofisticados, como laboratórios de ciência, sala multiúso e biblioteca.

O sentimento de bem-estar e a identificação com a escola eram mais relevantes a Scharoun do que a eficiência organizacional e tecnológica. Uma vez ocupados, os usuários aprovaram a forma poligonal predominante dos ambientes educacionais e demonstraram que a informalidade das formas apoia as questões de um ensino mais liberal e menos formal. No entanto, mesmo com um suporte forte da arquitetura, há necessidade de sistemas educacionais que abracem a mesma causa, pois a arquitetura sozinha não é capaz de modificar o comportamento humano ou as suas instituições (Kemnitz, 2005).

O país da Europa com o maior investimento *per capita* na arquitetura escolar talvez seja a Suíça, onde as escolas públicas são projetadas por profissionais de renome. Além da qualidade ambiental, conforto e funcionalidade, há uma preocupação com seu valor artístico, e sua implantação é cuidadosamente acabada com projetos paisagísticos, introdução de fontes e esculturas, obras de arte nas áreas mais públicas, como o *hall* de entrada, espaços de circulação e grandes salas multiúso ou auditórios. As áreas de circulação recebem nichos e mobiliário para acomodar atividades didáticas e demonstram a vitalidade da escola.

Alguns exemplos recentes dessa postura demonstram que a arquitetura escolar não representa somente os princípios das instituições educacionais, mas a vitalidade da escola na atualidade, a sua inserção na sociedade e o acolhimento das crianças nas suas diversas fases de desenvolvimento. As formas dos espaços são diversas, nenhum ambiente é igual ao outro, sem a sala tradicional, padronizada.

Na EGG, Evangelische Gesamtschule, em Gelsenkirchen-Bismarck, Alemanha, projetada por Olaf Hübner, em 2000, criou-se um aspecto de colônia de férias. A escola tem teatro e uma administração. Os alunos participaram da configuração de cada sala de aula, que eles consideram "espaço dos sonhos". Cada sala tem uma entrada particular, uma área para atividades de grupo e um jardim que os alunos cuidam. Os alunos, mesmo na adolescência, consideram a escola a sua casa. Quando termina o uso da sala de aula de um grupo de alunos, a sala volta ao seu estado original, sem a personalização do grupo, à espera da intervenção de novos alunos e professores. Dessa forma, espera-se que os alunos tenham atitudes diferenciadas em relação à escola e à sala de aula, sem vandalismo ou apatia. O diretor da escola também afirma que o ensino é mais fácil com uma boa arquitetura do que em um prédio de pouca qualidade arquitetônica.

Essas tendências na arquitetura escolar caminham paralelamente às mudanças no ensino. O aluno e o professor passam mais tempo na escola, muitas vezes o dia todo, com necessidade e direito a áreas de descanso ou repouso, e boa alimentação, em um ambiente agradável. O professor não ministra mais aulas na frente dos alunos, mas cria oportunidades de trabalhos em grupos. A integração das novas mídias demanda novos ambientes e novas atividades didáticas também. As áreas de recreio são jardins, e não apenas áreas asfaltadas. Os ambientes internos aproveitam a luz do dia para diversas configurações espaciais.

3.2 ARQUITETURA ESCOLAR NOS ESTADOS UNIDOS DA AMÉRICA

Nos Estados Unidos, já em meados do século XIX, recomendava-se um planejamento cuidadoso do espaço escolar, com a participação de educadores e projetistas. Barnard (1851) avalia o ambiente escolar pelas condições de conforto que oferece. São apontadas falhas comuns na localização, construção, estética, dimensão, ventilação, aquecimento, iluminação e mobiliário das escolas. O autor considera as escolas deficientes no que se refere ao desenvolvimento de hábitos de ordem e ao cultivo da delicadeza de modos e refinamento de sentimentos. Ele mostra a abrangência das preocupações sobre o ambiente escolar da época e apresenta princípios de projeto para a arquitetura escolar, com especificações para a sua implantação em lugar seguro, calmo e saudável, sem poeira. O lote da escola deve ter área suficiente para um jardim na frente e, nos fundos, dois pátios, para meninos e meninas, para recreação e educação física. Detalha o tamanho da edificação e da sala de aula e recomenda a inclusão de espaços específicos, como uma biblioteca. As questões do conforto ambiental, como luz, aquecimento, ventilação e móveis, carteira e cadeira, têm especial destaque, com recomendações sobre a altura das janelas e o projeto dos móveis. Para a entrada da escola, Barnard recomenda duas portas, uma para cada sexo. A largura dos corredores também merece reflexões para acomodar o fluxo dos alunos. As acomodações do professor, inclusive a moradia dele, devem ser projetadas junto à escola, para uma dedicação integral e uma vigilância do patrimônio. Descreve a biblioteca e sua instalação, a aparência externa da escola, dos banheiros e do ginásio de esportes, e inclui o tipo de exercícios físicos que deve haver.

Apesar desses estudos, nos Estados Unidos, os prédios escolares urbanos de meados do século XIX ocupam áreas pequenas, onde cabe apenas o prédio, com espaços livres reduzidos para atividades de recreio. Jardins com um projeto paisagístico não são privilegiados. A linguagem arquitetônica é clássica na fachada principal, mas com detalhamento simples. No fim do século, o projeto das escolas públicas se transforma, e a arquitetura torna-se mais exuberante, com detalhamento da era vitoriana. A escola também ocupa lotes maiores e surge a escola nos subúrbios, com estilo menos formal e projeto menos verticalizado (Brubaker, 1998). O auditório é um novo ambiente do projeto escolar, e o ginásio de esportes é incorporado ao complexo educacional, em plantas simétricas e com ordenação formal e ortogonal dos espaços. A Fig. 3.8 apresenta uma planta com base no projeto de Perkins, Fellows & Hamilton, Architects, para a escola Carl Schulz High School, de Chicago, em 1907.

John Dewey influenciou alguns prédios escolares da região de Chicago, projetados por Frank Lloyd Wright no começo do século XX, e mesmo não sendo para a educação pública de massas, essas edificações deram origem a novos rumos na educação e em sua arquitetura. O novo espírito arquitetônico era o pluralismo. Os projetos preocupavam-se com o planejamento dos espaços, os detalhes construtivos de qualidade, a estética e o bem-estar dos usuários, paradigmas da nova arquitetura escolar. As escolas experimentais de Dewey tinham como base a democracia, e não a autocracia disciplinar ou o controle na educação. Ele estimulou a visão da escola como uma comunidade cooperativa, na qual se deve apoiar o aluno para atingir o seu verdadeiro potencial, o que abriu a escola para o mundo real e sua diversidade. Dewey mudou a arquitetura ao substituir as preocupações estilísticas pelas sociais, pois os estilos são discussões acadêmicas, pouco relacionadas com as necessidades do cotidiano. Segundo ele, a história e as tradições não afetam o espírito do arquiteto e são usadas como meros truques e técnicas ou como convenções, e não expressam as reais preocupações do projeto (Dewey, 1972).

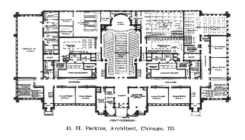

Fig. 3.8 Planta da escola Carl Schulz High School, Chicago, EUA, 1907, com auditório, ginásio de esportes, laboratório e biblioteca

Em 1902, Frank Lloyd Wright projetou a Hillside Home School, em Wisconsin, nos Estados Unidos, com base nas ideias de Dewey: as salas de aula tinham uma galeria para trabalhos manuais; a planta baixa foi organizada com o ginásio de esportes em uma extremidade, e o auditório ou sala multiúso, no outro lado; a entrada principal dá acesso ao espaço para assembleias; o laboratório de ciências e um ateliê de artes eram conectados por uma ponte, logo na entrada, enfatizando as questões vocacionais na educação, ainda que em caráter inicial. Destacam-se linhas horizontais nas formas das coberturas e nas repetições das esquadrias. No interior, as volumetrias complexas são exploradas com uma variedade de níveis, para despertar a percepção espacial das crianças. A iluminação natural foi modulada de maneira sofisticada. As paredes internas não fechavam os espaços de maneira convencional, mas eram projetadas como biombos. O prédio se estende na paisagem de ondulação suave e as várias formas foram unidas com as coberturas de quatro águas com amplos beirais. A *Prairie House*, fórmula de Wright nessa arquitetura, introduz a flexibilidade do espaço multifuncional e a harmonia do ambiente construído com naturalidade. A sala de aula agora oferece vistas para fora, em contraste com os prédios escolares de Robson, projetados 30 anos antes, com o parapeito alto e a disposição da sala concentrada no tablado elevado do professor. Agora o contexto externo da escola deve ser usado como catalisador de atividades dos pensamentos criativos, unindo aluno e professor no mesmo nível físico e social.

A depressão econômica dos anos 1920 interrompe o desenvolvimento da arquitetura escolar nos Estados Unidos. Após a Segunda Guerra Mundial, surgem construções escolares para atender ao aumento da população escolar dos chamados *baby-boomers*. Adotam-se os princípios do modernismo para a sua arquitetura, com um projeto simplificado, em linhas retilíneas e construções econômicas. Muitos exemplos da arquitetura escolar da década de 1940 até meados da década de 1960 podem ser descritos como construções industrializadas, sem ornamento e com aparência de "caixa de sapato" (Brubaker, 1998). Surgem também as escolas com fachadas de cortinas de vidro, sem preocupação com orientações solares e sem vegetação complementar. Inicia-se a crítica à arquitetura modernista e aos projetos de prédios públicos, cujos resultados eram insatisfatórios do ponto de vista dos usuários.

A escola chamada Crow Island School, de Winnetka, Illinois, projetada por Perkins, Wheeler & Will em associação com Eliel e Eero Saarinen, é um exemplo das novas tendências da arquitetura escolar norte-americana. A escola foi inaugurada em 1940 e teve como base os seguintes objetivos: criar um exemplo significativo de arquitetura escolar; reformular o sistema educacional, que deveria ser inovador como a própria edificação; adequar o espaço físico a um processo de aprendizado redirecionado às metodologias de ensino que levam em conta os ambientes físico e humano.

Os projetos de Richard Neutra, principalmente para a região de Los Angeles, na Califórnia, também devem ser destacados (Lamprecht, 2004). O clima local permite uma maior integração de atividades no interior e exterior de uma escola, e Neutra projetou salas de aula com terraços ou varandas como extensão do espaço tradicional de aula. Os projetos das décadas de 1930 e 1940 valorizam a circulação horizontal e usam o conceito da planta livre, permitindo o livre acesso dos alunos a todos os espaços, sem o confinamento tradicional em salas de aula. O objetivo ainda é a democratização do ambiente escolar (Dudek, 2000). A Fig. 3.9 apresenta aspectos arquitetônicos da Corona School, na Bell Avenue School, em Los Angeles, Califórnia, com projeto de Richard Neutra, construída em 1935.

A década de 1960 foi importante para as pesquisas em arquitetura escolar, desenvolvidas e apoiadas principalmente pela organização Educational Facilities Laboratories (EFL), fundada pela Ford Foundation. Técnicas construtivas racionais e sistemáticas eram estudadas e muitas publicações passaram a influenciar a nova arquitetura escolar. Recomendava-se um espaço flexível ou aberto, mas em muitos casos ficava uma arquitetura indefinida, com espaços pouco apropriados para atividades específicas (Knatz, 1970).

Nos últimos anos do século XX, foram feitos esforços para remediar os problemas do conjunto de prédios escolares públicos dos Estados Unidos. Na Califórnia, houve um programa para adequar a arquitetura local a possíveis abalos sísmicos, e os espaços educacionais foram avaliados em relação às novas tecnologias e metodologias de ensino. As preocupações constantes eram: a eficiência energética e a sustentabilidade, incorporadas aos programas de necessidade; o desenho universal e a acessibilidade plena; o conforto ambiental, principalmente as condições acústicas e da qualidade do ar das

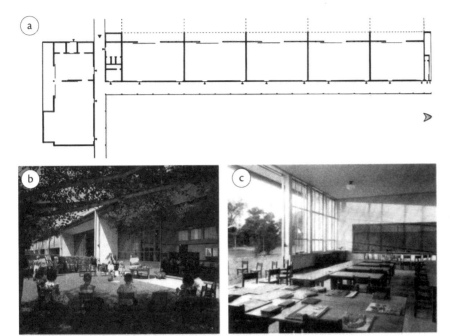

Fig. 3.9 Projeto de Richard Neutra: Corona School, Los Angeles, Califórnia, EUA: (a) Planta das salas de aula; (b) Vista do pátio de uma sala de aula; (c) Vista do interior de sala de aula
Fonte: WikiArquitectura.com (Barcelona).

salas de aula. O desenho urbano do lote escolar e a sua inserção na comunidade como equipamento público de valor foi reforçado e aprimorado. A nova preocupação com a qualidade da arquitetura escolar pode ser medida pelo número de publicações na área: Moore (1990); Moore, Goltsman e Iacofano (1992); Cunningham (1993); Weinstein e Mignamo (1993); Sanoff (1994); Chase (1995); Ringers (1995); Bradley (1996); Bechtel (1997a); Moore e Wong (1997); Stine (1997); Brubaker (1998); Harms, Clifford e Cryer (1998); Ruth (2000). As publicações mais recentes são de Nair e Fielding (2005), Dudek (2007) e Ford (2007).

Recentemente, discute-se sobre as escolas de alto desempenho (*high performance schools*). Pretende-se também reduzir as faltas, que nos EUA são contabilizadas pelo indicador ADA (*average daily attendance*) (EPA, 2000; Shendell et al., 2004). Usuários com menos problemas de saúde faltam menos nas atividades escolares, o que pode ser influenciado pelas qualidades arquitetônicas da edificação escolar. A qualidade do ar não depende apenas dos níveis de poluição urbana, mas também dos materiais de construção, das renovações do ar e dos sistemas de ventilação eficientes e sob manutenção. O clima psicológico do ambiente escolar também pode ser influenciado pela arquitetura. As lotações dos ambientes definem a densidade que pode despertar sensações de insegurança nos usuários. Problemas com a acústica também afetam e podem criar ambientes caóticos, sem disciplina e com deficiências na comunicação verbal entre alunos e professores. Almejam-se escolas mais seguras. Este objetivo é importante para reduzir os custos relacionados à saúde em geral de uma comunidade e diminuir o número de processos contra a administração pública. O nível de satisfação com a escola deve ser alto, para uma permanência mais duradoura de docentes e alunos, com maior produtividade e níveis mais altos de desempenho escolar.

Outro objetivo das escolas de alto desempenho é a redução de seu custo de operação, com programas de uso eficiente de água e energia. Finalmente, pretendem-se projetos escolares que tenham um impacto ambiental reduzido, sem a utilização de materiais tóxicos, e que participem da reciclagem de lixo. Os projetos não devem interferir em áreas de proteção ambiental e, quando possível, deverão restaurar áreas degradadas (CHPS, 2002).

Uma *high performance school* é considerada saudável, confortável (térmica e acusticamente, e nos aspectos visuais) e eficiente energeticamente e em relação aos materiais não renováveis usados nas construções. O lote é ocupado com responsabilidade ambiental. O uso de água é eficiente. O projeto de paisagem utiliza a água da chuva com vegetação de baixa manutenção e ampliação da infiltração das águas pluviais para reabastecer o lençol freático. As escolas devem ser fáceis de manter e devem operar com baixo custo.

Por fim, as escolas consideradas de alto desempenho devem passar por um processo de comissionamento (*commissioning*), que consiste em um teste e na verificação dos indicadores de sustentabilidade, qualidade de vida, eficiência e conforto, em quatro fases. A fase de projeto inclui a educação de todos os envolvidos nas suas responsabilidades. Os objetivos do novo projeto necessitam de documentação, os projetos devem ser revisados, além de se elaborar um plano de comissionamento. Na fase da construção, há fiscalização constante e instala-se o equipamento de monitoramento. No recebimento da obra (alvará e habite-se), são necessários testes de funcionamento de todas as partes do projeto, para verificar se o projeto atende às expectativas. São avaliadas falhas e propostas de melhorias para suprir deficiências. Os funcionários são treinados para operar a infraestrutura da edificação. Na fase de garantia, a escola é monitorada e a operação é avaliada. São realizados testes de averiguação da documentação e de sua fidelidade à realidade, e uma avaliação pós-ocupação, com medições técnicas em épocas específicas relacionadas ao clima local. No fim do período de garantia, realiza-se um novo *walkthrough* para identificar itens adicionais que necessitam de correção, e entrevistam-se os usuários quanto ao funcionamento da edificação e a sua implantação (CHPS, 2002). Com esse processo de projeto, procura-se garantir uma qualidade arquitetônica para o prédio escolar, que pode tornar-se um exemplo didático, e o seu funcionamento pode ser usado para demonstrar, por exemplo, lições de ecologia, geometria solar e arquitetura. Finalmente, a escola torna-se um recurso comunitário, uma arquitetura da qual a população pode orgulhar-se.

3.3 Arquitetura escolar em países em desenvolvimento

A arquitetura de escolas em países em desenvolvimento nem sempre atende aos níveis de desempenho e, principalmente, das instalações sofisticadas dos países mais ricos da Europa e da América do Norte. No entanto, há exemplos que incorporam elementos da arquitetura do local e sua pedagogia, aplicam materiais e técnicas construtivas regionais e adotam formas que acomodam costumes e tradições culturais. As questões econômicas também devem ser levadas em consideração, para construir ambientes com níveis funcionais e de conforto adequados ao atendimento das necessidades. Em vários países do mundo, essa arquitetura escolar foi premiada, como a escola METI, em Rudrapur, Bangladesh (Fig. 3.10), que ganhou o prêmio Aga Khan em 2007 (Aga Khan, 2007; Lim, 2007).

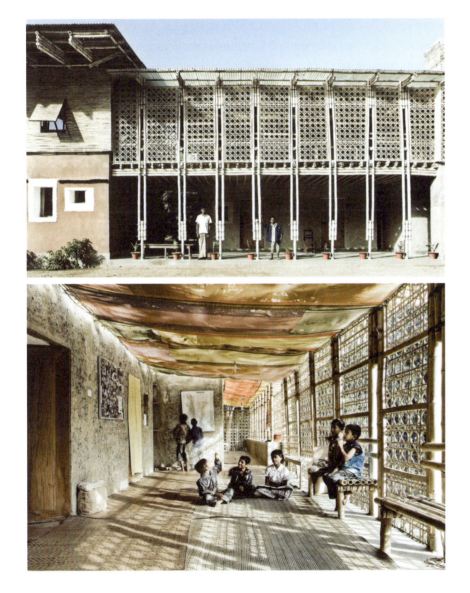

Fig. 3.10 Escola METI em Rudrapur, Bangladesh, projeto de Anna Heringer e Eike Roswag

Outros exemplos podem ser mostrados, alguns bastante simples e construídos por ONGs (organizações não governamentais), como a Sun School Kargyak, na Índia, projetada, construída e mantida por Jan Tilinger, da associação civil Surya (Fig. 3.11). O projeto levou em conta o clima frio da região, aproveitando principalmente a insolação para o aquecimento das salas de aula. Elementos da arquitetura local tradicional são incorporados ao projeto.

Em geral, escolas simples fazem parte de comunidades menores e muitas vezes remotas. Existem outros exemplos mais elaborados, como a Druk White Lotus School, localizada no vilarejo de Shey, próximo à cidade de Ley, na Índia. Essa região é às vezes chamada de "o pequeno Tibet", isolada por seis meses pelo inverno rigoroso do vale de Ladakh. O projeto é do grupo Arup Associates, de Londres. A obra foi concluída em 2002 e patrocinada pelo Dalai Lama. Trata-se de um projeto com uma implantação bastante sensível ao local da escola, onde são usados materiais da região, como pedra e madeira. O programa da escola é bastante completo e atende 750 alunos, com ambientes para o ensino desde a infância até os 18 anos. A Fig. 3.12 apresenta alguns dos aspectos da escola, como uma estrutura que leva em conta possíveis terremotos e durabilidade em função do clima e do isolamento do local.

3.4 A ARQUITETURA ESCOLAR NO BRASIL: ASPECTOS HISTÓRICOS E DE IMPLANTAÇÃO

A disposição espacial da maioria das escolas no Brasil ainda segue os padrões tradicionais, com carteiras enfileiradas e o professor em frente ao quadro-negro. A evolução da arquitetura escolar paulista pode ser apresentada por uma breve abordagem sobre os aspectos de planejamento, de projeto e construção e seus "programas", com informações (quando existentes) sobre as salas de aula e os aspectos mais relevantes em cada período da concepção da obra, ao longo dos anos.

Segundo Ornstein e Borelli (1995), nos poucos registros sobre a arquitetura escolar da época do Império, consta um sistema unificado para todo o território nacional, que estabelecia um padrão pedagógico e arquitetônico voltado para a educação religiosa. Para Buffa e Pinto (2002), foram herdadas do Império escolas de ler e escrever que, muitas vezes, eram a extensão da casa do professor, funcionando em paróquias, cômodos de comércio, em salas pouco ventiladas e pouco iluminadas, fruto da falta de organização.

O processo de organização do espaço escolar, considerando o vínculo edifício/escola e conceitos educacionais, surge a partir das exigências das esco-

Fig. 3.11 Sun School na aldeia Kargyak, Índia, projeto de Jan Tilinger

Fig. 3.12 Druk White Lotus School, em Ladakh, Índia, projeto Arup Associates

Arquitetura escolar | 81

las primárias, que se organizaram em classes sequenciais. Esse processo ocorreu em vários países europeus e nos Estados Unidos, onde o manual *School Architecture*, escrito em meados do século XIX por Henry Barnard (1854), contribuiu para divulgar a nova concepção de que os prédios escolares deveriam ser planejados com a participação de educadores (Buffa; Pinto, 2002).

Segundo a Fundação para o Desenvolvimento da Educação (FDE, 1998a), desde o século XIX, vários órgãos do poder público foram responsáveis pelo planejamento, construção e manutenção dos estabelecimentos de ensino no Brasil, com várias tentativas de se traçar diretrizes ou "padrões" para a construção das edificações escolares. Como consequência das tentativas de padronização da construção de escolas públicas, verifica-se uma semelhança na concepção dos projetos arquitetônicos, diferentes apenas nas implantações (Amorim, 2007)

Na maioria dos Estados, a responsabilidade da construção de prédios escolares públicos ficou inicialmente a cargo do Departamento de Obras Públicas ou da Secretaria de Viação e Obras Públicas. Em alguns casos, foram criados órgãos em cada Estado, responsáveis especificamente pela construção de escolas públicas para o ensino fundamental e médio (Buffa; Pinto, 2002).

Vários autores, como Segawa (1986); Corrêa, Mello e Neves (1991); Artigas (1999) e Buffa e Pinto (2002), apresentam os aspectos da arquitetura escolar com ênfase nas construções paulistas. Dórea (2000) estudou as escolas do Rio de Janeiro e da Bahia, e Loureiro e Amorim (2002) analisaram a influência da arquitetura social de Richard Neutra em prédios escolares de Pernambuco (Raimann; Raimann, 2008). Os principais acontecimentos sociais, políticos, econômicos e culturais no País influenciaram a sua arquitetura escolar. A divisão dos períodos ou momentos arquitetônicos segue aqueles apresentados por esses autores, com algumas modificações, adaptando-os aos anos de elaboração e/ou construção da obra escolar.

3.4.1 Final do século XIX até 1920

As edificações escolares desse período destacam-se pela arquitetura neoclássica, própria da Primeira República. Prevalecem prédios imponentes, com eixos simétricos, pé-direito alto e andar térreo acima do nível da rua, com imensas escadarias, para um impacto no entorno urbano. Para Brito Cruz e Carvalho (2004), na época do Brasil colonial a educação esteve sob a responsabilidade da Igreja ou de instituições religiosas, com poucos registros à arquitetura e à pedagogia. Esse período destaca-se pela organização do serviço de inspeção de escolas e pelas primeiras tentativas de construir prédios para fins exclusivamente escolares, com os projetos dos Grupos Escolares e das Escolas Normais.

Os programas de projeto eram baseados em modelos educacionais franceses, voltados principalmente para a área pedagógica. A arquitetura procurava acompanhar os valores culturais da época, dividindo, por exemplo, as áreas femininas e masculinas, inclusive no pátio de recreação. Ela se apresenta como consequência das exigências do regimento escolar da época e do início da preocupação com a saúde e a higiene. Os partidos arquitetônicos eram semelhantes, adaptando-se apenas aos diferentes tipos de terreno através do porão alto, usado para ventilar assoalhos de madeira. No entanto, Buffa e Pinto (2002) destacam que, quando se entra numa escola pública construída na época da Primeira República (1890-1920), percebe-se a importância atribuída à educação por meio do estilo e da imponência de seus edifícios, com detalhamento sofisticado, com o entrelaçamento harmonioso entre projeto arquitetônico e pedagógico.

Durante a Primeira República, a maioria dos edifícios escolares ficava em áreas contíguas às praças, como referência à expressão do poder e da ordem política. No final do século XIX e início do século XX, a arquitetura escolar esteve voltada para atender às aspirações das classes sociais mais abastadas. A prosperidade cafeeira e a industrialização crescente davam importância à educação, e a instrução primária tornou-se obrigatória, universal e gratuita (Corrêa; Mello; Neves, 1991).

A arquitetura escolar desse período foi projetada por arquitetos de renome internacional, principalmente com formação europeia (Ramos de Azevedo, Victor Dugubras, Manuel Sabater, Carlos Rosencrantz, Artur Castagnoli). O programa arquitetônico era composto por salas de aula e um reduzido número de ambientes administrativos. Destacava-se a simetria da planta, com uma rígida separação entre as alas femininas e masculinas, e toda a concepção do espaço era condicionada pelo Código Sanitário de 1894.

Os edifícios construídos para abrigar as Escolas Normais destacam-se por sua grandiosidade, com programas arquitetônicos mais complexos e o objetivo de torná-los marcantes e imponentes na paisagem urbana. Além dos ambientes comuns aos Grupos Escolares (salas de aula e ambientes administrativos), as Escolas Normais também tinham biblioteca, anfiteatros e laboratórios.

A Escola Normal da Capital é um exemplo dessa arquitetura. Inaugurada em 1894, na atual Praça da República, no centro de São Paulo, seu prédio é considerado um dos primeiros registros da edificação escolar paulista para fins exclusivamente educacionais. Atualmente, a edificação abriga a Secretaria Estadual de Educação de São Paulo. No Rio de Janeiro, um precursor dessa arquitetura é a escola E. M. São Gonçalves Dias, em São Cristovão, construída em 1872. A escola E. M. Tiradentes, construída no centro da cidade, em 1905, tem o estilo neoclássico (Castanheira, 2000).

O primeiro Código Sanitário de São Paulo é de 1894. Até então, havia o Código de Posturas, de 1886, que estabelecia a obrigatoriedade do alinhamento do lote; a obrigatoriedade do porão, pois nem todos os lotes eram nivelados; e a conveniência de corredor lateral descoberto para a iluminação direta dos cômodos. O Código de 1894, pela primeira vez, sistematizou as exigências referentes à urbanização, largura da rua, altura dos edifícios, salubridade das construções, espessuras mínimas das paredes, impermeabilizações contra a umidade do solo, ar e luz diretos para todos os cômodos e outras providências. Entretanto, o Código tinha falhas na redação, pois exigia certas medidas, mas não as regulamentava; exigia ar e luz, porém não especificava como deviam ser arejados ou iluminados os cômodos, o que dava margem a muitas interpretações (Lemos, 1999).

Um exemplo de Grupo Escolar é o edifício Escola Modelo da Luz, de 1897, construído na Avenida Tiradentes, no Bairro da Luz, capital paulista (Fig. 3.13). De acordo com Corrêa, Mello e Neves (1991), é o primeiro edifício projetado para a escola primária com a arquitetura imponente e eclética da época, de autoria do arquiteto Ramos de Azevedo (Lima, 2005). O prédio tem doze salas de aula em formato retangular, com janelas grandes e altas, voltadas para duas das fachadas, distribuídas em três pavimentos, com dimensões de 9,5 m × 7 m. As aberturas foram dimensionadas para as condições de ar e luz, de acordo com o Código Sanitário. O porão abrigava oficinas de marcenaria e modelagem de gesso, para apoiar a manutenção do próprio edifício, que podiam servir também para o ensino prático ou até profissionalizante. Em termos de proposta de projetos arquitetônicos para estabelecimentos de ensino, pode-se destacar o aproveitamento de uma mesma tipologia construtiva para diversos municípios, com a preocupação de modificações e detalhamentos das fachadas e ornamentos, mantendo a imponência que marcava a primeira era republicana.

Fig. 3.13 Escola Modelo da Luz, Av. Tiradentes, São Paulo (1897), do arquiteto Ramos de Azevedo: (a) Vista do exterior; (b) Vista e planta baixa do porão, térreo e pavimento superior

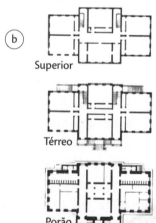

Para Buffa e Pinto (2002), as obras dessa época não tinham vagas suficientes e faltava qualidade aos programas de ensino. O prédio escolar é essencialmente organizado pela disciplina, como espaço de controle, assim como a sala de aula (Raimann; Raimann, 2008). Cada aluno ocupa o seu lugar, com o professor na frente, em posição de supervisão. Nessa disposição arquitetônica, relacionam-se o poder e o saber; ela é uma herança do acampamento militar e um modelo de observação, mediante sua geometria que desenha uma "rede de olhares que se controlavam uns aos outros", de acordo com Foucault (1987). Em função dos impactos da primeira revolução industrial no País, no fim desse período, surge a necessidade de construir com rapidez um grande número de edifícios e a baixos custos, com projetos de sistemas construtivos mais racionais (Ramalho; Wolff, 1986).

3.4.2 Período de 1921 até a década de 1950

Manifestações como a Semana de Arte Moderna de 1922 e movimentos como a Revolução de 1930 influenciaram o setor da educação, com reflexos na arquitetura escolar. O edifício, aos poucos, deixou de ser compacto, extinguiu-se a divisão entre os sexos, a implantação apresentava características mais flexíveis, como o uso de pilotis, deixando o térreo livre para as atividades recreativas (FDE, 1998b).

Em 1934, a primeira Constituição obrigava os municípios a investirem 10% da arrecadação tributária em educação, construção e manutenção de prédios escolares. Em São Paulo, esse dispositivo é aplicado somente em 1943, na administração do prefeito Prestes Maia, por meio de convênios com o Estado. A ascensão de Getúlio Vargas, em 1930, abriu espaço para a ideia da educação pública como elemento remodelador do país na construção de uma sociedade moderna e democrática. Em 1932, um grupo de intelectuais lançou o manifesto dos Pioneiros da Educação Nova, que defendia a universalização da escola pública, laica e gratuita. Entre os intelectuais que assinaram o documento estava Anísio Teixeira, figura central da educação pública brasileira do século XX (Bastos, 2009).

A partir de 1912, no período da Primeira Guerra Mundial, houve uma interrupção na produção de projetos arquitetônicos para grupos escolares, porém alguns projetos para Escolas Normais foram retomados. A produção de projetos e uma nova fase de construções de escolas em massa intensificaram-se no decorrer dos anos 1920 (Corrêa; Mello; Neves, 1991).

Mauro Álvaro de Souza Camargo publicou nesse período o livro *Projetos para grupos escolares reunidos e rurais*, uma espécie de manual com diretrizes e modelos, que serviriam para a construção de vários grupos escolares. Os projetos de Camargo apresentaram as seguintes inovações: em termos espaciais, a inserção de sanitários dentro do edifício, e, em termos técnicos, o uso das lajes de concreto e a simplificação das formas, sem muita ornamentação, por razões financeiras.

As construções escolares passaram a retratar o crescimento político, social e econômico da educação no País. Com a finalidade de modernização, formavam-se as equipes de professores, médicos, pedagogos, arquitetos e outros profissionais, que contribuiriam para delimitar os parâmetros de projetos subordinados à Secretaria da Educação e Saúde (FDE, 1998a). Criaram-se códigos de Educação em vários Estados, com o objetivo de unificar a legislação escolar, inclusive em relação ao edifício. No Estado de São Paulo, foi designada uma Comissão Permanente para se responsabilizar pelas condições higiênicas e pedagógicas dos prédios e pela organização, fiscalização e execução de um plano para resolver os problemas das construções escolares (Buffa; Pinto, 2002). Nesse período, definiram-se os critérios de projetos, com a consolidação do Código de Saboya, de 1934, uma norma técnica (que reproduzia o antigo Código de Posturas, de 1886) que impunha algumas regras, entre as quais as mais relevantes em relação às salas de aula são transcritas por Artigas (1999):

> Art. 435 – As escolas terão um pavimento apenas, sempre que possível, e caixa de ar de cinquenta centímetros, no mínimo, convenientemente ventilada.
>
> Art. 436 – As escadas das escolas serão de lance reto e seus degraus não terão mais de 16 centímetros de altura nem menos de vinte e oito de largura.
>
> Art. 437 – As dimensões das salas de classes serão proporcionais ao número de alunos; estes não excederão de quarenta em cada sala e cada um disporá, no mínimo, de um metro de superfície, quando duplas as carteiras, e de um metro e trinta e cinco decímetros (sic), quando individuais.
>
> Art. 438 – A altura mínima das salas de classe será de quatro metros.
>
> Art. 439 – A iluminação das salas de classe será de unilateral esquerda, tolerada, todavia, a bilateral esquerda direita diferencial.
>
> Art. 440 – A iluminação artificial preferida será a elétrica, tolerada, todavia, a iluminação a gás ou álcool quando convenientemente estabelecida.
>
> Art. 441 – As janelas das salas de classe serão abertas na altura de um metro, no mínimo, sobre o assoalho e se aproximarão do teto tanto quanto possível.
>
> Art. 442 – A superfície total das janelas de cada sala de classe corresponderá, no mínimo, à quinta parte da superfície do piso.

Art. 443 – A forma retangular será a preferida para as salas de classe e os lados do retângulo guardarão a relação de dois para três.

Art. 444 – Haverá uma latrina para cada grupo de vinte alunas ou de trinta alunos e um lavabo para cada grupo de trinta alunos ou alunas.

Neste contexto, novos ideais de educação começaram a ser considerados na concepção dos projetos, como a ideia de se estabelecer um "programa" que contemplasse um conjunto de necessidades (FDE, 1998a). Entre os pontos relevantes desse programa arquitetônico, as salas de aula deveriam ser amplas, claras e bem-ventiladas, com dimensões de 6 m x 8 m, e com pé-direito de 3,60 m, pintadas entre o creme e o verde-claro; dependências de trabalho; um auditório; sala de educação física, jogos, canto, cinema educativo, sala de festas, de reunião; biblioteca, instalações para assistência médica, dentária e higiênica (FDE, 1998a). Havia também aspectos técnicos, como ventilação; pisos; larguras de corredores e escadas; quadro-negro; vestiário e instalações de água potável e sanitárias.

Quanto ao estilo dos prédios, na maioria dos Estados optou-se pela arquitetura moderna, estilo predominante da época (Buffa; Pinto, 2002). Silva Neves, um dos arquitetos da época, propôs a construção de edifícios escolares sem nenhuma referência a estilos históricos, com formas geométricas simples, de concreto armado, que permite a estrutura independente da vedação, pátios internos sob pilotis e grandes aberturas envidraçadas. A diferença entre os edifícios construídos na Primeira República e os construídos nos anos 1930 está na liberdade da sua implantação (Buffa; Pinto, 2002).

Essa nova arquitetura racionalista tem como principais características a linguagem formal sem ornamentação, de formas simples e bem geométricas, com aberturas predominantemente horizontais (Raimann; Raimann, 2008). Teoricamente, recomenda-se a integração dos espaços internos e externos, com grandes corredores para uma boa circulação. Inicia-se o funcionalismo na arquitetura escolar. As plantas desses edifícios escolares são em geral, em forma de "L" ou "U", agrupando os conjuntos de salas de aula, administração e auditório. A área de ensino constitui o volume principal, caracterizado pelas aberturas horizontais e regulares das salas de aula, em contraste com as formas verticais das escadas (FDE, 1998a).

O Grupo Escolar Visconde de Congonhas do Campo (Fig. 3.14), construído no bairro do Tatuapé, na cidade de São Paulo, exemplifica essa nova tendência na arquitetura escolar do Brasil (Buffa; Pinto, 2002). O projeto efetivamente construído data de 1936, de autoria do arquiteto José Maria da Silva Neves, e tem como base uma articulação dos corredores de dois pontos de inflexão, para isolar os dois corpos de salas de aula (6 salas de aula por pavimento, num total de 12 salas), dispostos em apenas uma das faces do corredor, apoiadas sobre pilotis, criando um espaço de recreação no térreo. O volume central permite o acesso ao bloco de concentração das atividades administrativas, de apoio pedagógico, museu e biblioteca, salas de leitura e auditório. Na década de 1940, São Paulo tornou-se o mais importante polo industrial do País, o que significava novas demandas socioeconômicas. Para atendê-las, era necessário acompanhar a modernização, inclusive na construção de escolas. Em função disso, em 1949, foi criado o "Convênio Escolar", estabelecido entre as administrações do Estado e do Município de São Paulo, dando início a um novo período da história da arquitetura escolar paulista (FDE, 1998a, 1998d).

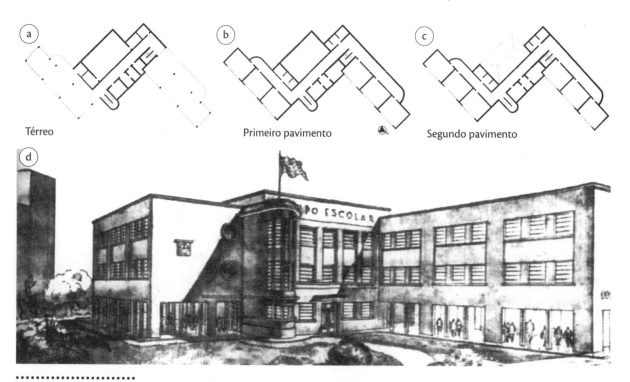

Fig. 3.14 Grupo Escolar Visconde Congonhas do Campo, projeto de José Maria da Silva Neves (1936): (a) Planta pavimento térreo; (b) Planta 1º pavimento; (c) Planta 2º pavimento; (d) Vista da escola

No Brasil, enquanto a questão da quantidade atropelava a qualidade das construções escolares, Anísio Teixeira, Secretário da Educação da Bahia, inspirado pelas escolas comunitárias norte-americanas com o programa da escola-parque, propôs um sistema em que a educação da sala de aula fosse complementada por uma educação dirigida. Nessa escola, funcionavam as atividades complementares de educação física, sociais, artísticas e industriais, em um sistema composto de "escola-classe" para mil alunos, no entorno das "escolas-parque" para quatro mil alunos, que frequentariam ambas, num sistema alternado de turnos. Em 1947, na cidade de Salvador, o arquiteto Diógenes Rebouças projetou a escola-parque Centro Educacional

Carneiro Ribeiro, com a ideia de um espaço completo de formação, num período em que se mesclavam princípios modernos na arquitetura e idealismo social nos programas arquitetônicos. Diógenes Rebouças chamou essa arquitetura de sadia, modesta e séria (Bastos, 2009).

A escola como um centro integrado de educação ressurgiu em outros momentos históricos do Brasil: na década de 1980, no Rio de Janeiro, os Centros Integrados de Educação Pública (CIEPs) e, na década seguinte, o governo de Fernando Collor criaria os Centros de Atendimento Integral à Criança (CIACs); na Bahia, havia os "colégios-modelo". A escola-parque de Anísio Teixeira também serviu de inspiração para o projeto da prefeitura de São Paulo na gestão de Marta Suplicy, que fez dos Centros Educacionais Unificados (CEUs), o carro-chefe da política educacional da sua administração, entre 2001 e 2004.

A escola-parque tem os princípios da arquitetura moderna e o conceito da escola como ponto de convívio da comunidade. As propostas vislumbram a produção de uma arquitetura socialmente mais progressista, para maximizar os recursos disponíveis. Os terrenos devem ser mais bem aproveitados e, para baratear o atendimento às demandas sociais, devem ser aplicados os princípios da racionalização da construção. Os projetos devem ser pensados como unidades urbanas mais completas, que oferecem moradias, equipamentos e serviços variados, alterando assim as relações entre os espaços público e privado.

No Estado de São Paulo, a arquitetura moderna passou a ser empregada nas escolas públicas a partir do Convênio Escolar (1949-1954). A equipe de arquitetura era coordenada pelo arquiteto Hélio Duarte, com o auxílio de Anísio Teixeira (Lima, 2005). A nova filosofia no ensino básico era a visão de que a escola poderia representar uma fonte de integração com a comunidade, com destaque a projetos inspirados no que havia de mais atual na Europa e nos Estados Unidos (Ornstein; Borelli, 1995). A proposta de uma "escola-classe", projetada por Hélio Duarte, mostra os traços da arquitetura moderna da época, principalmente da chamada "Escola Carioca" (Bastos, 2009). Arquitetonicamente, o projeto apresenta uma divisão funcional das necessidades em diferentes volumes. As funções são distribuídas em forma de "U" ou "H". Os tetos são planos ou inclinados em meia-água. Os pilotis são introduzidos no térreo. Os panos de vidro das salas ganham protetores solares através de elementos vazados, em uma integração ampliada entre espaço interno e externo. A estrutura tem como base o concreto armado e paredes-cegas, ou o fechamento é revestido por mosaicos como obras de arte.

Durante os anos 1950, a industrialização incrementada pela política desenvolvimentista do Presidente Juscelino Kubistchek acelerava a urbanização, e o mercado de trabalho necessitava de pessoal escolarizado. Precisava-se edificar depressa e com pouca verba, o que prejudicava a qualidade construtiva da arquitetura moderna, na qual faltava detalhamento e especificações dos materiais de acabamento (Ornstein; Borelli, 1995). A arquitetura externa representava a consolidação da modernidade pelas formas geométricas simples e o concreto aparente, ruas e pátios internos. Porém, certos detalhes importantes foram negligenciados, como a alocação da biblioteca entre salas de aula, os sanitários distantes das salas e os confortos térmico, acústico e de iluminação, que foram, muitas vezes, preteridos em função da forma.

3.4.3 O período de 1960 a 1990

Para Artigas (1999), a situação vivida pelo Brasil no final da década de 1950 e início de 1960 exigia uma nova concepção na arquitetura, com prédios educacionais que aplicassem as novas técnicas construtivas, como os elementos pré-fabricados. Para Buffa e Pinto (2002), nos anos 1960, as referências arquitetônicas estavam consolidadas com os preceitos da arquitetura moderna. O processo construtivo dos edifícios era o de estrutura de concreto independente, com destaque aos pilotis, que originavam pavimentos sem fechamentos, para funcionarem como pátios de recreação. Os fechamentos dos demais pavimentos eram do tipo alvenaria de tijolos, com coberturas de telhas de fibrocimento sobre lajes pré-fabricadas, ora aparentes, ora posteriores à platibanda. Na falta do telhado, a laje era impermeabilizada e se estendia em forma de marquise de acesso e proteção de entradas e circulações externas (FDE, 1998a).

Nos ambientes internos, os pisos eram tacos de madeira; ladrilhos cerâmicos para os sanitários e circulações; escadas de concreto revestidas de granilite; o galpão era cimentado; as janelas eram de caixilhos metálicos (ferro) e, para a ventilação cruzada nas salas de aula, tubos circulares de cimento amianto embutidos nas paredes, do lado oposto às janelas; as portas eram de madeira do tipo embuia envernizadas (FDE, 1998a). Um exemplo de escola paulista é a Escola de Guarulhos, projeta por Vilanova Artigas e Carlos Cascaldi, em 1962 (atual EE Conselheiro Crispiniano).

A Lei de Diretrizes e Bases (n. 5.692, de 11 de agosto de 1971) atribuiu ao Estado a responsabilidade pelo ensino fundamental (Brito Cruz; Carvalho, 2004). A questão da demanda escolar era cada vez mais crítica em muitos Estados. No Estado de São Paulo em especial, não era tarefa simples pensar numa rede de escolas, definir quantas e onde seriam e a quem atenderiam. Também era preciso saber quanto custariam, pois a verba era limitada. Para vencer esses desafios, o novo sistema de construções escolares era simplificado, distribuído em um grande corredor que dá acesso às dependências escolares, com paredes de alvenaria de blocos aparentes de concreto; o teto de laje pré-moldada, com cobertura de telhas de fibrocimento. A modéstia dos materiais empregados é consequência da política governamental de diminuir custos e prazos de construção (Xavier; Lemos; Corona, 1983).

Em 1976, foi criada a Companhia de Construções de São Paulo (Conesp), cuja proposta era sintetizar e elencar as principais informações necessárias aos projetistas para a elaboração dos projetos. Para tanto, foram elaboradas normas para cada etapa, baseadas em catálogos de componentes de serviços, conjuntos funcionais e seus ambientes, além das normas para apresentação dos projetos e para a composição da estrutura funcional das escolas.

Os escritórios de arquitetura eram contratados para esse tipo de prestação de serviços, para agilizar a implementação das edificações, mediante concorrências públicas (Ornstein; Borelli, 1995). A racionalização era, de fato, a única maneira de suprir a demanda. Em vez de optar pela aplicação de um "projeto padrão", os responsáveis da Conesp preferiram seguir o caminho do processo de projeto com a normatização de componentes e geometrias do prédio e seus ambientes: uma modulação de 90 cm x 90 cm em planta baixa, para facilitar a articulação entre os módulos; para a modulação vertical, um multimódulo de projeto com 20 cm. Os programas arquitetônicos definem a quantidade dos ambientes e as respectivas áreas construídas, múltiplas de 0,81 m. O dimensionamento das salas foi estabelecido em 51,84 m^2 de área construída para as salas de aula comuns ou multiúso, e de 77,76 m^2 para as salas de aula prática. As dimensões em planta para as salas comuns eram de 7,20 m x 7,20 m, de eixo a eixo (Conesp, 1985). O pé-direito mínimo dava condições adequadas de iluminação natural em toda a sala, de modo a garantir as condições de leitura e estudo em seu interior. Os arquitetos procuravam soluções adequadas a cada local e a cada situação, pelo sistema de padronização, que definia dimensões, processos e materiais.

Além de racionalizar a construção escolar, criou-se o módulo "embrião" (composto de duas a seis salas de aula; direção e administração; sanitários e quadra de esportes) e espaço previsto para futuras ampliações. Simplificava-se o padrão construtivo para um atendimento mais rápido à constante demanda de novas escolas, ampliações ou reformas (Soares, 1995).

As especificações descrevem o ambiente escolar com mais detalhes: caracterizam os usuários por faixas etárias, os currículos a serem adotados, e os objetivos e conceitos do prédio escolar, com aspectos das exigências funcionais e operacionais, flexibilidade no uso dos espaços, a possibilidade de ampliações e recomendações para uma simplicidade de projeto racional no sistema construtivo e o aproveitamento da industrialização. As especificações incluíam o conforto ambiental, a avaliação do clima local em relação à insolação e ventilação, sem o detalhamento para o conforto ambiental, posteriormente padronizado pela FDE (Fundação para o Desenvolvimento da Educação), mostrado na Tab. 3.1.

Tab. 3.1 Padronização de indicadores de conforto ambiental para construções escolares administradas pela FDE em São Paulo

Ambiente	Pé-direito (m)	Nível de iluminação (lux)	Instalações
Administração	2,40	300	Interruptor, tomada, telefone, luminárias
Professores	2,40	300	Interruptor, tomada, luminárias
Sala de Aula	3	300	Tomadas, luminárias
Sala de Leitura	3	500	Interruptor, tomada, luminárias, telefone, FM /TV
A capacidade do número de salas de aula varia de 2 a 23			
Forro obrigatório (exceto no galpão)			
Iluminação fluorescente			
Pintura semi-impermeável até a altura do peitoril			
Iluminação mínima: 1/5 da área do piso			
Ventilação mínima: 1/10 da área do piso			
Ventilação cruzada obrigatória nas áreas pedagógicas			

Fonte: FDE (1997).

Essas recomendações mínimas referentes ao conforto ambiental escolar têm como base a legislação vigente (Quadro 3.1), com dados de dimensões de ambientes, de aberturas, recomendações para circulação, escadas e rampas, número de sanitários e alguns níveis de conforto lumínico, embora sem indicações de conforto acústico, fator essencial ao processo de aprendizagem.

As especificações escolares consideram importantes os fatores de acessos e fluxos do entorno e no interior da escola em relação à infraestrutura urbana e às vias de trânsito, e recomendam estudos especiais para a implantação de um projeto e da topografia do local. O programa de necessidades proposto pela atual FDE em São Paulo é composto de conjuntos funcionais: pedagógicos, de serviço de vivência, apoio técnico e administrativo (FDE, 2003a, 2003b). Há critérios para o dimensionamento de uma unidade escolar em função das áreas úteis e de circulação e dos elementos construtivos. O dimensionamento baseia-se em uma modulação de 90 cm x 90 cm no eixo das paredes, que resulta em uma sala de aula padrão de 51,84 m² (7,20 m x 7,20 m). Os atuais editais de concursos para obras de novas escolas ainda são orientados por essas especificações. Portanto, o prédio escolar do ensino público, principalmente no Estado de São Paulo, é controlado e, em relação ao programa de necessidades, as edificações são padronizadas por programas fixos e fechados, determinados pela Secretaria de Educação do Estado. O Quadro 3.2 apresenta os programas arquitetônicos atualmente em vigor no Estado de São Paulo. Os projetos escolares ainda devem basear-se nas configurações dos ambientes. A Fig. 3.15 apresenta desenhos de ambientes e *layout* entregues aos profissionais para o desenvolvimento de projetos escolares.

QUADRO 3.1 RESOLUÇÃO SS-493 DE 8/9/1994: NORMA TÉCNICA QUE DISPÕE SOBRE A ELABORAÇÃO DE PROJETOS DE EDUCAÇÃO DE 1° E 2° GRAUS NO ESTADO DE SÃO PAULO. SECRETARIA DE ESTADO DA SAÚDE. PUBLICADO NO D.O.E., SEÇÃO 1, SÃO PAULO

Ambiente	Conforto térmico	Conforto lumínico	Conforto funcional
Sala de aula	Pé-direito médio de 3 m, com o mínimo em qualquer ponto de 2,50 m; área de ventilação natural no mínimo igual à metade da superfície iluminante; recomenda-se ventilação cruzada. Uso obrigatório de forro, preferencialmente em laje.	Obrigatória iluminação natural unilateral, preferencialmente à esquerda; admitida iluminação zenital, desde que sem ofuscamento. Iluminação artificial obrigatória com nível mínimo de 500 lux; superfície iluminante igual ou superior a 1/5 da área do piso.	Área mínima de 1 m² por aluno; dimensão mínima de 20 m²; salas de aula das escolas de 1° grau não poderão estar em piso acima de 10 m da soleira do andar térreo; distância máxima de salas de aula às escadas (degrau superior) de 25 m a partir do ponto mais distante da sala.
Auditórios / Anfiteatros	Ventilação natural no mínimo igual à metade da superfície iluminante, ou renovação mecânica, conforme a ABNT; pé-direito médio de 3 m e mínimo de 2,50 m em qualquer ponto.	Iluminação natural de 1/8 da área do piso; também aceita a iluminação artificial conforme as normas da ABNT.	Área útil não inferior a 1 m² por pessoa; para área menor de 120 m², no mínimo uma saída de 1,50 m com porta dupla e abertura em sentido da fuga; para área maior de 120 m², no mínimo duas saídas de 1,50 m com porta dupla e abertura em sentido da fuga.
Recreio	Pé-direito de 4 m no mínimo sob viga de 3 m; proteção contra chuvas e ventos, com paredes ou beirais, onde necessário.		É obrigatório em escolas de 1° grau, com área mínima de 1/3 da soma das áreas das salas de aula; são obrigatórias instalações sanitárias: uma bacia sanitária e um mictório para 200 alunos; uma bacia para 100 alunas e um lavatório para 200 alunos ou alunas; bebedouros de jato inclinado: um para 100 alunos; comunicação com o logradouro público para o escoamento rápido dos alunos em caso de emergência.
Refeitório	Pé-direito mínimo de 2,70 m		Área de 1 m² por aluno, calculada para 1/3 do número de alunos usuários.
Cozinha	Pé-direito mínimo de 2,70 m com forro obrigatório; ventilação com 2/3 da área de iluminação.	Nível de iluminação artificial de 250 lux; abertura para iluminação de 1/5 da área do piso.	Área mínima de 20 m²
Despensa	Ventilação com metade da área de iluminação, e um mínimo de 0,60 m².	Iluminação natural de 1/8 da área do piso; nível de iluminação artificial de 150 lux.	Anexa à cozinha.

QUADRO 3.1 RESOLUÇÃO SS-493 DE 8/9/1994: NORMA TÉCNICA QUE DISPÕE SOBRE A ELABORAÇÃO DE PROJETOS DE EDUCAÇÃO DE 1° E 2° GRAUS NO ESTADO DE SÃO PAULO. SECRETARIA DE ESTADO DA SAÚDE. PUBLICADO NO D.O.E., SEÇÃO 1, SÃO PAULO (continuação)

Ambiente	Conforto térmico	Conforto lumínico	Conforto funcional
Grêmio	Pé-direito mínimo de 2,70 m com forro obrigatório; ventilação com metade da área iluminante.	Nível de iluminação artificial de 300 lux; iluminação natural de 1/8 da área do piso.	
Sala de saúde	Ventilação com 1/2 da área iluminante, e um mínimo de 0,60 m².	Nível de iluminação de 300 lux; iluminação de 1/8 da área do piso.	Área mínima de 6 m²; próxima ao sanitário.
Centro de leitura ou Biblioteca	Pé-direito mínimo de 3 m com forro obrigatório; ventilação com metade da área iluminante.	Nível de iluminação de 500 lux; iluminação natural de 1/5 da área do piso.	Quando a área for maior de 120 m², deverá ter duas saídas, no mínimo, com abertura no sentido da fuga.
Cantina	Ventilação com 1/2 da área iluminante e mínimo de 0,60 m²; pé-direito de 2,70 m.	Iluminação de 1/5 da área do piso; nível de iluminação de 250 lux.	Área mínima de 10 m²; porta com proteção contra roedores.
Quadra de esportes	Orientação preferencial norte-sul.	Quando iluminada artificialmente, nível de iluminamento de 100 lux.	É recomendado ter alambrados de proteção lateral.
Sanitários	Pé-direito mínimo de 2,50 m; ventilação com metade da área iluminante.	Área de iluminação natural mínima de 1/10 da área do piso; nível de iluminamento artificial de 100 lux.	Separados por sexo, em todos os pavimentos; no mínimo, uma bacia sanitária para 25 alunas; uma para 60 alunos; um mictório para 40 alunos e um lavatório para 40 alunos ou alunas, calculados para o período de maior lotação; os compartimentos das bacias sanitárias com dimensões mínimas de 0,90 m entre os eixos das paredes; as portas deixam vãos livres de 0,15 m de altura na parte inferior e 0,30 m, no mínimo, na parte superior; instalações sanitárias para professores por sexo: uma bacia sanitária e um lavatório para 10 salas de aula; divididos por sexo para a administração e funcionários: uma bacia sanitária, um mictório, um lavatório e um chuveiro para 20 funcionários; um sanitário adaptado para deficientes físicos, conforme as normas da ABNT e instalado em local com acesso.

QUADRO 3.1 RESOLUÇÃO SS-493 DE 8/9/1994: NORMA TÉCNICA QUE DISPÕE SOBRE A ELABORAÇÃO DE PROJETOS DE EDUCAÇÃO DE 1° E 2° GRAUS NO ESTADO DE SÃO PAULO. SECRETARIA DE ESTADO DA SAÚDE. PUBLICADO NO D.O.E., SEÇÃO 1, SÃO PAULO (continuação)

Ambiente	Conforto térmico	Conforto lumínico	Conforto funcional
Vestiários	Pé-direito mínimo de 2,50 m; ventilação com metade da área iluminante.	Área de iluminação natural de 1/10 da área do piso.	Compartimentos separados por sexo, com área de 5 m² para cada 100 alunos; chuveiros: no mínimo um para cada sexo e um para 100 alunos.
Corredores			Menor largura: 1,50 m para até 200 alunos; acrescidos de 0,007 m/aluno de 201 a 500; acrescidos de 0,005 m/aluno de 501 a 1.000; acrescidos de 0,003 m/aluno excedente de 1.000;
Escadas e Rampas			Seguem o dimensionamento dos corredores para a lotação dos pavimentos; o cálculo da lotação será a resultante da soma da lotação do pavimento mais a metade da lotação dos pavimentos imediatamente superiores; a escada ou rampa deverá ter altura livre igual ou superior a 2 m; dimensionamento dos degraus: 0,60 m < 2 a + L < 0,65 m, piso mínimo de 0,30 m e espelho máximo de 0,17 m. Escadas sem trechos em leque; lances retos, não ultrapassando 16 degraus: acima desse número deve haver patamar com extensão não inferior a 1,5 m. Rampas com inclinação máxima de 12% e, para cadeiras de rodas, com 6% de inclinação máxima; é obrigatório elevador de passageiros nos prédios com piso de pavimento a uma distância vertical de 10 m contada a partir do nível da soleira do andar térreo. Cada segmento de rampa deverá ter, no máximo, 12 m de extensão, patamar de 1,80 m, e a rampa, na totalidade, com no máximo quatro segmentos.

Quadro 3.2 Programas Arquitetônicos da FDE – Ensino fundamental – Ciclo 1 (1ª a 4ª séries) – Módulos 1 a 3

Ambientes	M1 - 4 a 7 salas		M2 - 8 a 11 salas		M3 - 12 a 15 salas	
	Quant.	Área unit. (m²)	Quant.	Área unit. (m²)	Quant.	Área unit. (m²)
Direção/Administração						
Diretor	1	9,72	1	12,96	1	12,96
Secretaria	1	16,20	1	32,40	1	45,36
Almoxarifado	1	6,48	1	12,96	1	16,20
Coord. pedagógico	1	9,725	1	9,72	1	9,72
Professores	1	12,96	1	19,44	1	25,92
Sanit. administração	2	3,24	2	6,48	2	6,48
Pedagógico						
Sala de aula	4/7	51,84	8/11	51,84	12/15	51,84
Sala de reforço	1	25,92	2	25,92	2	25,92
Uso múltiplo	1	77,76	1	77,76	1	77,76
Depósito	1	12,96	1	12,96	1	12,96
Vivência						
Cozinha	1	19,44	1	25,92	1	25,92
Despensa	1	6,48	1	10,53	1	10,53

Quadro 3.2 Programas Arquitetônicos da FDE – Ensino fundamental – Ciclo 1 (1ª a 4ª séries) – Módulos 1 a 3 (continuação)

Ambientes	M1 - 4 a 7 salas		M2 - 8 a 11 salas		M3 - 12 a 15 salas	
	Quant.	Área unit. (m²)	Quant.	Área unit. (m²)	Quant.	Área unit. (m²)
VIVÊNCIA						
Refeitório	1	38,88	1	58,32	1	58,32
Sanit. alunos	2	16,20	2	28,35	2	32,40
Dep. mat. ed. física	1	9,72	1	9,72	1	12,96
Quadra de esportes	1	600,00	1	600,00	1	600,00
Galpão	1	129,60	1	191,60	1	259,20
SERVIÇOS						
Dep. mat. limpeza	1	6,48	1	9,72	1	9,72
Sanit. funcionários	1	6,48	1	6,48	1	6,48

CÁLCULO DE ÁREAS												
Nº de salas de aula	4	5	6	7	8	9	10	11	12	13	14	15
Subtotal*	505,44	557,28	609,12	660,96	835,11	886,95	938,79	990,63	1011,69	1128,33	1180,17	1222,01
Área de circulação %	(25%) 126,36	(25%) 139,32	(30%) 182,74	(30%) 198,29	(30%) 250,53	(30%) 266,09	(30%) 281,64	(30%) 297,19	(30%) 303,51	(30%) 338,50	(30%) 354,05	(30%) 369,60
Galpão	129,60	129,60	129,60	129,60	191,60	191,60	191,60	191,60	259,20	259,20	259,20	259,20
Área total construída (m²)	761,40	826,20	921,46	988,85	1277,24	1344,64	1412,03	1470,42	1574,40	1726,03	1793,42	1860,81

Somatório das áreas dos ambientes, exluindo o galpão

Fonte: FDE (2003a).

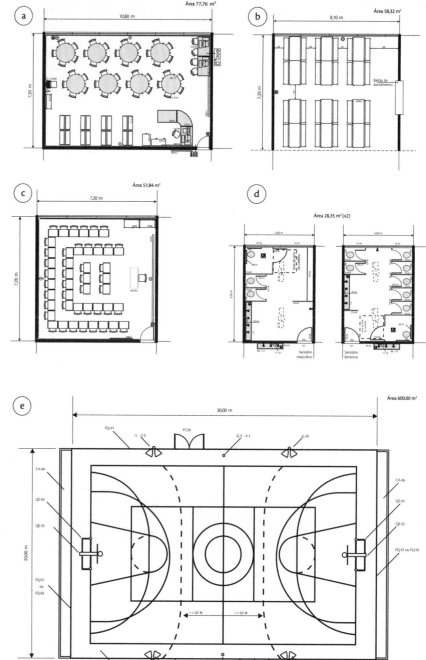

Fig. 3.15 Esquemas de alguns ambientes para os projetos escolares administrados pela FDE: (a) Biblioteca; (b) Refeitório; (c) Sala de aula com *layout* "centralizado"; (d) Sanitários de alunos; (e) Quadra de esportes
Fonte: FDE (1997).

3.4.3 Período de 1990 a 2010

As edificações escolares dos últimos trinta anos, na maioria dos Estados, apresentam arquitetura bastante padronizada. Em São Paulo predomina a edificação de três pavimentos, em um bloco monolítico. Como foram desenvolvidas por escritórios terceirizados, há alguma originalidade no tratamento das fachadas. A inclusão da quadra influencia o volume da edificação escolar e, em alguns casos, interfere no desempenho acústico da escola, porque o isolamento das vibrações de atividades esportivas exige detalhamento e qualidade construtiva, nem sempre atingida em contratos de obras públicas. A crítica dos projetistas refere-se ao processo de obras pela lei de licitação e pela contratação do menor preço. A escola do EE Conjunto Habitacional Campinas F1 exemplifica essa arquitetura escolar atual: o espaço interno apresenta fechamentos de alvenaria e elementos vazados de concreto; a topografia do terreno, constituída de pequeno desnível, contribui para a criação de dois grandes pisos: um para o convívio e a administração, inclusive com quadra esportiva, e outro para salas de aula. Os demais itens foram distribuídos pelo piso intermediário. O programa com oito salas de aulas foi acomodado em dois setores de modulação padrão (cinco módulos de 7,20 m por um vão de 10,80 m), separados por um vazio central da quadra de esportes coberta, envolta pela circulação de acesso às salas de aula do piso superior. Dessa forma, têm-se as salas de aula comuns de formato quadrado, com dimensões em planta de 7,05 m x 7,05 m e pé-direito de 3,10 m.

Alguns projetos escolares contemporâneos do Estado de São Paulo apresentam aspectos arquitetônicos que fogem do convencional estabelecido, com a proposta de novos fechamentos por venezianas industriais translúcidas e telas metálicas. Pela leitura dos projetos, identificam-se quatro tipos de tipologia predominantes: escolas compactadas e verticais; escolas horizontais com a quadra em seu centro; escolas dispostas em mais de um volume, e escolas longitudinais (Ferreira; Mello, 2006). Foram experimentadas estruturas metálicas que, atualmente, demonstram ser menos econômicas, mas, em alguns casos, são indispensáveis, por reduzirem o impacto dos componentes estruturais do projeto, principalmente em prédios em terrenos muito pequenos. A incorporação da sala de informática e da quadra de esportes amplia as funções do prédio e incentiva uma maior utilização. No caso das quadras, quando ligadas ou próximas aos ambientes de vivência/recreio, cozinha, refeitório, cantina e sanitários, permite-se que atividades de jogos, festas e reuniões sejam constantes, o que gera uma mudança significativa do partido arquitetônico nos projetos apresentados, dando novo valor a esse espaço (Sousa, 1991). Outra característica desses projetos é a incorporação da quadra de esportes coberta, que coincidiu com a utilização dos espaços escolares aos fins de semana pela comunidade (Projeto Escola da Família) e a inserção das salas de informática (Serapião, 2004).

No âmbito nacional, as escolas das grandes cidades mostram outras propostas. Em São Paulo, os Centros Educacionais Unificados (CEUs) foram criados prioritariamente em regiões na capital paulista desprovidas de infraestrutura (Brito Cruz; Carvalho, 2004). Com a finalidade de integrar a escola com a comunidade, reúnem-se as ações educativas em um só local, otimizando equipamentos e serviços. O conceito pedagógico tem como referência o modelo escolar idealizado pelo educador baiano Anísio Teixeira, da década de 1950, com a construção de escolas-parque (Melendez, 2003).

A ideia desses projetos escolares, como centros educacionais, é acompanhada de programas pedagógicos bastante abrangentes. Os centros atendem a todos os níveis de ensino, da pré-escola até o ensino profissionalizante. São incluídas as necessidades da comunidade, como bibliotecas públicas, teatro, piscinas e áreas de lazer e de estímulo cultural da população. O ensino é inicialmente programado para ser em período integral, e a criança passa o dia todo na escola, com refeições saudáveis, atendimento médico e atividades culturais e sociais após as aulas.

Os serviços oferecidos ficam nos blocos de edifícios, para atender à educação infantil e fundamental, e são complementados por blocos para instalação de creches, telecentros, padarias, centro comunitário, teatros, bibliotecas, salas de música e de dança, rádio comunitária, orquestras, ginásio coberto, quadras poliesportivas, pista de *skate* e piscinas (Brito Cruz; Carvalho, 2004). A Fig. 3.16 mostra a vista aérea do CEU Rosa da China, localizado no bairro de Sapopemba, zona leste paulistana, desenvolvido pela Divisão de Projetos de Edificações (Edif) da Prefeitura Municipal (Melendez, 2003). Percebe-se a semelhança das propostas arquitetônicas com as "escolas-parque" da década de 1940.

Além do Centro Brasileiro de Construções e Equipamentos Escolares (Cebrace), subordinado ao Ministério da Educação e Cultura, e dos cadernos técnicos da década de 1970, há o trabalho desenvolvido pelo atual Ministério da Educação (MEC), por intermédio do Programa "Fundo de Fortalecimento da Escola" (Fundescola), que publicou os *Cadernos Técnicos: Subsídios para a Elaboração de Projetos e Adequação de Edificações Escolares*, vols. 1-4 (MEC, 2002a), com as diretrizes e recomendações técnicas para construções e adequações de escolas públicas.

Essas recomendações foram inicialmente elaboradas para atender às regiões Norte, Nordeste e Centro-Oeste do País, consideradas mais carentes quanto à qualidade do ensino público (segundo pesquisas realizadas pelo próprio MEC), e com a finalidade de se estenderem para as demais regiões do País (MEC, 2002a). O trabalho foi sintetizado em fichas técnicas, nas quais se determinou o "Padrão Mínimo" para aplicar na avaliação das escolas existentes e as adequações possíveis, bem como recomendações para a elaboração de novos projetos de estabelecimentos de ensino.

As fichas (Fig. 3.17) apresentam alguns condicionantes de projeto, como a área útil por aluno, as dimensões mínimas e alguns parâmetros ambientais,

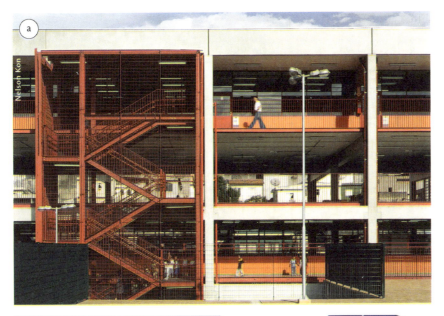

Fig. 3.16 Exemplos de CEU no Município de São Paulo. Autores de projeto: Alexandre Delijaicov e Andre Takiya: (a) Vista da fachada do CEU Rosa da China com corredor lateral; (b) CEU Cidade Tiradentes; (c) CEU Vila Rubi

para assegurar o mínimo de conforto térmico, lumínico, acústico e funcional. As ações pertinentes ao Programa Fundescola concentram-se em estabelecer diretrizes para a execução e assistência financeira suplementar aos projetos educacionais, considerando-se a situação de Estado/Município, por meio do FNDE - Fundo Nacional de Desenvolvimento da Educação (MEC, 2005).

3.5 Os projetos padrão: experiências e significados

Muitas edificações escolares seguem um projeto padrão. Entretanto, a padronização nem sempre leva em conta situações locais específicas, resultando em ambientes escolares desfavoráveis, com problemas de conforto ambiental. O projeto padrão necessita de flexibilidade, para permitir ajustes a condições peculiares de implantação.

O projeto padrão para instituições como escolas, hospitais e creches é uma prática comum em projetos públicos de interesse social, que usam programas de necessidades padronizados das atividades estipuladas pelos órgãos administrativos de equipamentos urbanos. O partido arquitetônico procura atender aos objetivos econômicos, à racionalidade construtiva e à funcionalidade, conforme as especificações da Conesp. Os argumentos

Ambiente: sala de aula

FUNDESCOLA ED – 01/U

Localização	Urbano
Segmento	1ª a 8ª séries
Número de usuários	36 alunos e 1 professor

Observação de funcionalidade

Local principal de desenvolvimento de aulas dos componentes do ensino fundamental, de aulas ou atividades de reforço e recuperação e de aulas de aceleração da aprendizagem. É recomendável, para criar opções de prática pedagógica, que se obtenha solução arquitetônica que possibilite diversas formas de arranjo do mobiliário, de modo a permitir organização em pequenos grupos, em círculo, fileiras e outras mais, com desembaraçada movimentação dos alunos. Os parâmetros de visibilidade e acústica condicionam o tamanho e a forma da sala.

Condicionantes ambientais	Parâmetros	
	Recomendados – escolas novas	Mínimo – escolas existentes
Área útil por aluno	1,32 m² ou mais	1,15 m²
Largura útil	7,50 m ou mais	5,10 m
Comprimento útil máximo	8,10 m	9,50 m
Vão livre portas	1,20 m com visor	0,9 m sem visor
Pé-direito livre (teto plano)	3,00 m livre sob viga	2,60 m livre sob viga
Abertura para iluminação natural	1/4 da área do piso ou mais	1/5 da área do piso ou mais
Abertura para ventilação natural	1/8 da área do piso ou mais	1/10 da área do pico ou mais
Negociação	Evitar insolação direta	Evitar insolação direta
Ilumação artificial	Fluorescente/eletrônica	Fluorescente
Nível de iluminamento	500 lux	300 lux
Tempo para uma troca de ar	2 min	6 min
Nível máximo de ruído externo	40 dB	45 dB
Laje/forro	Obrigatório	Obrigatório
Ventilação cruzada	Obrigatória	Obrigatória
Paredes	Semi-impermeáveis e claras	Semi-impermeáveis e claras
Piso	Lavável e antiderrapante	Antiderrapante
Carga acidental prevista	500 kgt/m²	300 kgt/m²

Observações técnicas do ambiente

Situar as aberturas para iluminação do lado esquerdo, em relação ao quadro de giz. Evitar reflexos no quadro de giz ou de caneta (quadro branco).

Aberturas de iluminação e ventilação devem ser guarnecidas de persianas, venezianas, treliças e de vidros ou lâminas que permitam a abertura.

Impedir a entrada de radiação solar direta em qualquer orientação.

Em teto inclinado, considerar o pé-direito livre pelo ponto mais baixo, obdesenco, nesse ponto, ao parâmetro recomendado ou mínimo.

Fig. 3.17 (a) e (b) Exemplos de fichas técnicas da Fundescola
Fonte: MEC (2005).

a favor da padronização são a economia pela produção em massa, a redução de custo de projeto e o tempo de elaboração. Defende-se que o produto (projeto e obra) pode alcançar uma qualidade superior em relação às obras não padronizadas, em virtude da mão de obra especializada em construções

(b)

Ambiente: sala de aula

FUNDESCOLA
ED – 01a/U

Localização	Urbano
Segmento	1ª a 8ª séries
Número de usuários	36 alunos e 1 professor

Equipamento
E1 – quadro de giz

Mobiliário
M1 – cadeira fixa para aluno
M2 – mesa simples para aluno
M3 – cadeira fixa para professor
M4 – mesa para professor
M5 – armário de aço

Instalações
Energia: tomadas aterradas e protegidas
Lógica: tomadas aterradas, com três pinos, em circuito próprio para computador e periféricos.
TV/FM: tomada para antena.
Luminárias com duas lâmpadas fluorescentes, no mínimo, de modo a cortar o efeito estroboscópico

Simulação do ambiente
Área total: 41,31 m² (1,15 m²/alunos)
Área dos alunos: 32,13 m² (0,89 m²/aluno)
Área livre frontal: 9,18 m²

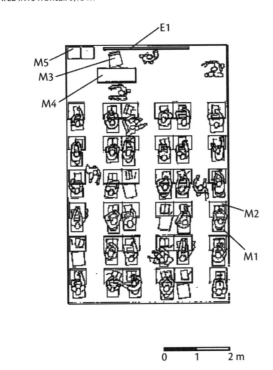

repetidas. Essa prática deve resultar em menos falhas na execução, principalmente porque a equipe recebe treinamento para serviços iguais. Outro argumento é que a repetição de obras permite introduzir correções quando o projeto padrão é construído, testado e avaliado. A possibilidade de montagem rápida de módulos pré-fabricados, como as salas de emergência portáteis ou contêineres e as chamadas "escolas de lata", é outro argumento para defender a padronização em projeto.

Outro fator para a utilização de projetos padrão nas edificações públicas é o desejo de que sejam identificadas a uma determinada administração, ou a um determinado momento político. O reconhecimento da tipologia construtiva é considerado importante, como uma assinatura ou um símbolo da gestão. Essa prática é especialmente comum no prédio escolar, a exemplo da

Arquitetura escolar | 103

"era" do Presidente Fernando Collor, na década de 1990, identificada pelos CIACs (Centros Integrados de Apoio à Criança) projetados pelo arquiteto João Filgueiras Lima (Fig. 3.18) (Lima, 1999). Esse projeto seguiu o programa de outro projeto padrão, associado ao governo de Leonel Brizola, no Estado do Rio, identificado pelos CIEPs (Centros Integrados de Educação Pública), com projeto de Oscar Niemeyer, em 1985. Na administração municipal da Prefeita Marta Suplicy, na cidade de São Paulo, foram construídos outros projetos padrão, os CEUs (Centros Educacionais Unificados), projetados por Alexandre Delijaicov, André Takiya e Wanderley Ariza. Várias dessas propostas são iniciativas isoladas e, muitas vezes, desvinculadas de um projeto político pedagógico mais amplo, razão pela qual não têm continuidade nem conseguiram atingir os seus objetivos declarados (Ribeiro, 2004).

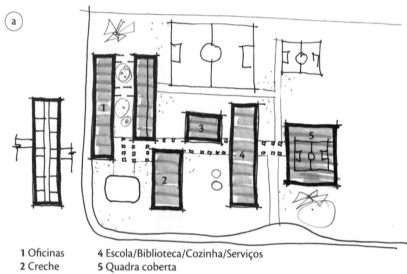

1 Oficinas   4 Escola/Biblioteca/Cozinha/Serviços
2 Creche   5 Quadra coberta
3 Posto médico

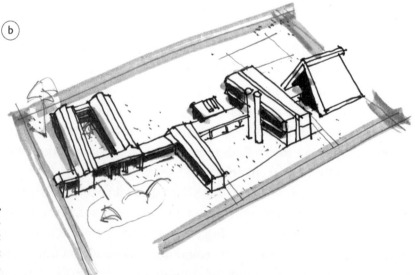

Fig. 3.18 Exemplo de projeto CIAC, de João Filgueiras Lima (1999): (a) Implantação; (b) Esboço do projeto

O projeto dos CIACS tem uma técnica construtiva de argamassa armada em componentes pré-fabricados na própria obra, com um sistema construtivo econômico e leve e, portanto, elogiado pelos avanços tecnológicos na construção civil. Contudo, o fato de ter como base uma técnica construtiva não convencional mostrou ser um problema para a manutenção dessas obras, pelas patologias, como rachaduras em elementos construtivos, que necessitavam de reposição das peças inteiras. Com a entrega da obra, as fábricas de pré-fabricação foram desmontadas, dificultando as reparações. As ampliações também são complicadas, por não aceitarem o uso de técnicas construtivas convencionais.

Como mencionado, um dos objetivos dos projetos padrão era criar marcos pela forma facilmente identificada e, em muitos casos, também pela implantação que otimiza a visibilidade dessas obras. Grosso modo, é como se a arquitetura se transformasse em uma marca de determinado governo, responsável pela implantação desse conjunto de obras. No caso dos CEUs, da administração da prefeita Marta Suplicy, o projeto apresenta uma composição formal de volumes. Além da preocupação pedagógica e de pretender servir como praça e ponto de encontro nos finais de semana, os CEUs acumulam a função de "catalisador" urbano, por estarem em áreas de construções precárias. Espera-se que sua presença exerça uma marca positiva no bairro, favorecendo melhorias gerais na região (Bastos, 2009).

A construção é um grande bloco de três andares e de quase 200 m lineares; um outro bloco menor, com fachadas cegas e altura maior, abriga um teatro, uma quadra de esportes coberta e salas de ginástica e administração. O volume cilíndrico sustentado em um fuste cilíndrico representa, de acordo com os arquitetos da obra, uma árvore, e abriga uma creche e o jardim de infância. Essa configuração dos espaços para a educação infantil cria problemas, principalmente em relação às áreas internas e externas, por ser rompida e dificultar o acesso das crianças às áreas de recreio e ao parquinho. Na administração municipal subsequente ao projeto dos CEUs, esse problema foi detectado e hoje os ambientes da creche e do jardim de infância ficam no térreo. Esse tipo de problema poderia ser evitado, principalmente em projetos padrão, por meio de processos de projeto mais participativos, que incluem etapas de avaliação para impedir a repetição de erros em construções subsequentes.

Os projetos dos CEUs incluem piscinas e áreas de lazer e esportes. Na entrada do complexo educacional, há dois cilindros altos para as caixas de água. Os volumes são considerados importantes para a composição formal do projeto. Mesmo em casos em que era possível substituir a construção dessas caixas de água por reservatórios mais econômicos, em morros adjacentes ao CEU, os cilindros não foram retirados dos projetos. A preservação do projeto padrão, como marco ou símbolo, era considerada mais importante do que a lógica construtiva, adaptada a uma situação específica. Os CEUs são estruturas de grande porte, para 2.400 alunos, com uma modulação bem marcada.

Embora elaborados como protótipos, há muitos problemas e críticas a esses projetos, e que se repetem quase na totalidade de suas unidades. Cada vez que são implantados, esses projetos padrão deveriam ser constantemente melhorados para que se tornassem projetos ótimos e mais afinados, principalmente em função do retorno de avaliações pós-ocupação.

Nos CIEPs do Rio de Janeiro, são levantados, além da questão do abandono dessas instituições nas administrações pós-Brizola, os problemas das condições acústicas: o espaço das salas de aula é definido com divisórias que não alcançam o teto e que, portanto, não criam barreiras acústicas entre ambientes.

Os CIEPs (Fig. 3.19) foram criados na década de 1980 por Darcy Ribeiro, que era Secretário da Educação do governo Leonel Brizola. Trata-se de instituições idealizadas no Brasil para a experiência de escolarização em tempo integral, voltadas para as crianças das classes populares, buscando atender às suas necessidades e interesses. Foram construídas quase 500 escolas desse tipo durante as duas gestões de Leonel Brizola (Bastos, 2009). O objetivo era proporcionar educação, esportes, assistência médica, alimentos e atividades culturais variadas, em instituições fora da rede educacional regular. Além disso, essas escolas deveriam obedecer a um projeto arquitetônico uniforme. Alguns estudiosos acreditam que, para criar os CIEPs, Darcy Ribeiro havia se inspirado no projeto Escola-Parque, implementado em Salvador por Anísio Teixeira, em 1950.

A ideia dos CIEPs considerava que todas as unidades deveriam funcionar de acordo com um projeto pedagógico único e com uma organização escolar padronizada, para evitar a diferença de qualidade entre as escolas. Recebeu muitas críticas, algumas referentes ao custo dos prédios, à qualidade de sua arquitetura, sua localização, e até quanto ao sentido de um período letivo de oito horas. Muitos acreditam que o projeto arquitetônico tinha primazia sobre o pedagógico, sobretudo pela ausência de equipes de educadores qualificados para esse projeto educacional.

Pela concepção de Niemeyer, cada CIEP é composto de três construções distintas: o Prédio Principal, o Salão Polivalente e a Biblioteca. O Prédio Principal tem três pavimentos ligados por uma rampa central: no térreo, há um refeitório com capacidade para 200 pessoas e uma cozinha para cozinhar desjejum, almoço e lanche para até mil crianças; no outro extremo do pavimento térreo, fica o centro médico e, entre este e o refeitório, um amplo recreio coberto. Nos dois pavimentos superiores estão as salas de aulas, um auditório, as salas especiais (Estudo Dirigido e outras atividades) e as insta-

Fig. 3.19 Exemplos de projetos de CIEPs, concepção de Oscar Niemeyer, 1985: a) Cesar Pernetta; b) Ulysses Guimarães

lações administrativas. No terraço, uma área é reservada para atividades de lazer e dois reservatórios de água. O Salão Polivalente é um ginásio desportivo coberto, com arquibancada, vestiários e depósito para guardar materiais. A Biblioteca para atender os alunos serve para consultas individuais, em grupos supervisionados, e também para a comunidade. Sobre a Biblioteca, há uma residência, com alojamentos para doze crianças (meninos ou meninas), que podem morar na escola em caso de necessidade, sob os cuidados de um casal (que dispõe de quarto próprio, sala comum, sanitário exclusivo e cozinha). Em terrenos onde não é possível instalar as três construções do Projeto Padrão, foi elaborada uma alternativa, denominada CIEP compacto, composto apenas pelo Prédio Principal, com a quadra coberta, os vestiários, a Biblioteca e as caixas d'água no terraço. A implantação dos CIEPs necessitava de terrenos de dez mil metros quadrados. A dificuldade de contar com grandes terrenos nas áreas urbanas do Rio de Janeiro levou a uma solução mais compacta, com quadra esportiva na cobertura do edifício escolar, que compromete as condições acústicas, principalmente nas salas de aula (Bastos, 2009).

A definição tecnoconstrutiva dos CIEPs contemplava o uso de estrutura de concreto pré-moldada em usina, solução justificada pela escala do programa e rapidez da execução, em apenas seis meses. Segundo Oscar Niemeyer, da ideia de construir escolas em série surgiu naturalmente a utilização do pré-fabricado, para torná-las multiplicáveis, econômicas e rápidas de construir: nesses casos, é a economia que exige a repetição e o modulado. Mas, a despeito de toda a lógica, surgiram diversas críticas ao Programa Especial de Educação, com base em uma ideia equivocada de que o CIEP é uma escola suntuosa e muito cara.

Nos CEUs, questiona-se o projeto de salas de aula agrupadas no centro do volume principal. A circulação vertical, nas extremidades e no centro do bloco principal do projeto, distribui-se nos andares em dois corredores laterais, como varandas. Os grandes caixilhos de vidro das salas de aula abrem para esses corredores, com evidentes conflitos acústicos e de privacidade. Faltam também condições mínimas de ventilação cruzada nas salas de aula, uma exigência da maioria das normas para salas de aula no Brasil.

Nos CIACs, também há um problema com aberturas, pois o projeto das esquadrias é pivotante. Essas janelas são controladas em conjuntos de vários painéis, montados na altura das mesas da sala de aula. O projeto dessas esquadrias cria problemas de segurança física, podendo causar acidentes, principalmente quando as crianças tentam abrir ou fechar a janela. Outro problema desse tipo de esquadria é a interferência no espaço funcional da sala, pois dificulta a disposição de mesas e a colocação de cortinas e persianas.

Muitos dos projetos padrão mencionados foram construídos próximo a corredores de transporte de grande movimento. Mais uma vez, essa decisão sobre o local de implantação deve-se a fatores políticos: o local é escolhido em função da sua visibilidade, o que nem sempre significa que é adequado a uma escola, devido à poluição sonora das avenidas, além de não permitir aos alunos o acesso seguro.

Os CEUs ocupam áreas nas partes mais carentes do município de São Paulo, com a proposta de oferecer um programa educacional amplo, que inclui esportes e áreas artísticas. Mas, por falta de terrenos nesses bairros populares, a maioria dos CEUs localiza-se em fundos de vale, perto de córregos. Essa implantação foi defendida conceitualmente como uma maneira de valorizar os cursos de água da Grande São Paulo, mas a ocupação é criticada por ocupar áreas que deveriam servir para o escoamento de águas pluviais e para a preservação de áreas permeáveis no tecido urbano. Em centros urbanos bastante consolidados, muitas vezes os fundos de vale são os únicos vazios urbanos disponíveis para novas construções públicas. Por causa de falhas no planejamento urbano, as áreas para escolas, postos de saúde, estações de tratamento de água, esgoto etc. não são previamente reservadas, surgindo necessidades de emergência nem sempre adequadamente solucionadas.

Os argumentos contra a utilização de projetos padrão são pouco divulgados nas discussões sobre arquitetura escolar no Brasil. Em outros países, são chamados de *stock plans*, *prototypes*, *rubberstamp* ou *cookie cutter architecture*. A estandardização de projetos é criticada por não levar em conta as peculiaridades do local e do momento da construção, além de faltar uma adequação às situações específicas. Os dados mostram que o projeto padrão desencadeia a proliferação de falhas, quando deveria ocorrer exatamente o processo inverso. Na verdade, o que se observa é um processo no qual faltam correções no processo da repetição e avaliações pós-ocupação comprometidas e responsáveis, o que garantiria implantações futuras com índices de satisfação e qualidade cada vez maiores.

O principal aspecto ignorado pelos projetos padrão é a implantação (Barros, 2002). A orientação solar e de ventos dominantes é peculiar a cada situação e demanda ajustes para a proteção solar das aberturas, sem prejuízo à captação de ventos desejáveis. O formato do lote, a topografia e as condições geológicas nunca são iguais. São necessários ajustes dos acessos à edificação, afastamento de fontes de ruído, sistema estrutural, drenagem e conexões das infraestruturas. A adaptabilidade do projeto a situações variáveis de topografia e formato de lote nem sempre é simples ou eficiente, pois os ajustes, muitas vezes, indicam modificações substanciais, que tiram a vantagem da redução do custo do projeto como protótipo.

Outro fator que deve ser levado em conta é que cada oportunidade de uma nova construção é também um momento importante para questionar antigas premissas. A comunidade pode participar na definição do programa de necessidades, na metodologia de ensino de uma escola, no seu tamanho e no melhor lugar para a sua implantação. Argumenta-se que o projeto padrão tem a obsolescência embutida. Muitas vezes, em virtude das formas e técnicas construtivas, esse projeto demanda fornecedores específicos e mão de obra especializada, que criam dificuldades nas licitações e aumentam os custos de uma obra.

Há também o problema da monotonia das repetições. O carimbo estampado na área urbana, como uma produção em série, é considerado inadequado para servir à sociedade e não contribui positivamente para a paisagem urbana. A padronização construtiva não é uma prática nova, pois desde a época romana havia uma sistematização da construção, imposta pelo governo. Na renascença italiana, essa prática foi reforçada por uma padronização estilística. Após o grande incêndio de Londres, em 1666, normas foram criadas, e promulgou-se a padronização de projetos de moradias, com o objetivo de aumentar a segurança de usuários de edificações urbanas (Kostof, 1995).

A modernidade estabeleceu para a arquitetura deste século várias premissas. A produção industrial influenciou a construção civil com a aplicação intensa da tecnologia, racionalidade e aumento de produção, implicando uma padronização de projeto e de seus elementos, o que levou a uma arquitetura de massas, com normas universais para acomodações mínimas (Rowe, 1995). O resultado arquitetônico dessas premissas nem sempre atende às aspirações reais de satisfação, deixando de lado as particularidades do tempo, do espaço e da cultura.

Nos países em desenvolvimento, a padronização do projeto e o funcionalismo na sua forma mais pura foram aplicados aos projetos de interesse social, como habitação e instituições, que nunca deveriam ostentar riquezas ou estética diferenciada e manter uma imagem institucional (Newman, 1972). Os projetos de conjuntos habitacionais e seus equipamentos comunitários refletem a imposição dessa filosofia, pelas edificações despidas de todo e qualquer elemento que não reflita a funcionalidade e objetividade do programa do projeto. Nos anos 1970, o funcionalismo perdeu força, simbolizado pela implosão do conjunto habitacional Pruitt-Igoe, pela inadequação da arquitetura de massas, projetada para servir a todos e, ao mesmo tempo, a ninguém (Rowe, 1995). Apesar dessa discussão e da evidência dos resultados, a implantação de projetos padrão continua nos programas da maioria das instituições do Brasil.

Neste capítulo, situou-se a arquitetura escolar como componente importante no planejamento educacional do País. As políticas governamentais para a educação devem, portanto, considerar que fazem parte do currículo, além de conteúdos escolares e práticas desenvolvidas nos espaços da escola, o aspecto da arquitetura escolar. A história da arquitetura escolar, principalmente no Brasil, retrata as preocupações dos órgãos responsáveis pelo planejamento do ensino na elaboração de diretrizes básicas de projeto, porém essas diretrizes nem sempre se baseiam em pesquisas técnicas e científicas para determinar as especificações. Utilizam-se experiências reais, implantando-se as escolas para só depois verificar o retorno quanto aos recursos técnicos utilizados e o comportamento da comunidade. As avaliações do desempenho dos espaços de ensino, apresentadas no próximo capítulo, são importantes para melhorar o ambiente escolar e devem influenciar o processo de projeto para uma arquitetura escolar de qualidade.

Desempenho e conforto no ambiente escolar

A arquitetura escolar e a satisfação do usuário em relação à qualidade do ambiente estão diretamente ligadas ao conforto ambiental, que inclui os aspectos térmico, visual, acústico e funcional proporcionados pelos espaços externos e internos. Esses aspectos devem ser avaliados tecnicamente e por meio de opiniões e observações do uso de ambientes escolares, por metodologias específicas de APO – Avaliação Pós-Ocupação (Romero; Ornstein, 2003). Essas características são discutidas no programa escolar, pois as pesquisas desenvolvidas na área demonstram a relação entre o desempenho acadêmico e os elementos arquitetônicos dos ambientes de ensino.

As questões de conforto abordam diversos fatores, tais como a qualidade do ar, as condições de ventilação, de comunicação verbal, os níveis de iluminação, a disponibilidade de espaço, os materiais de acabamento. Os elementos construtivos podem ser avaliados em relação às patologias e às questões de manutenção e higiene. Ambientes escolares são ricos em informações e podem ter avaliações em relação à satisfação dos usuários e à aprendizagem dos alunos, medindo-se a produtividade do ambiente. Muitas avaliações são realizadas nos prédios escolares no Brasil, com resultados divulgados em congressos como ENCAC (Encontro Nacional sobre Conforto no Ambiente Construído) e ENTAC (Encontro Nacional de Tecnologia no Ambiente Construído), entre outros. A maioria dos trabalhos demonstra quadros nem sempre ideais das condições ambientais das escolas.

Observa-se que, nos países onde há normas e rigorosos códigos de obras, as condições de con-

4

forto atingem níveis mínimos na maioria das suas construções, e as pesquisas do ambiente escolar concentram-se em detalhes que contribuem para a aprendizagem. Estudam-se elementos específicos, como: tipo de projeto arquitetônico e de configuração de sala de aula; porte da escola e lotação das salas de aula; agrupamentos de estudantes; lotação e arranjo físico do mobiliário; espaços alternativos; tipo de janelas; luminárias e aspectos da composição da luz; ruídos externos (do bairro), entre outros (Gifford, 1997). Existem estudos que definem com mais precisão os níveis de parâmetros de conforto ambiental, como a temperatura do ar interno, que pode propiciar melhor desempenho escolar, ou a economia e o gerenciamento de prédios escolares, que implicam gastos com manutenção, eficiência energética da edificação e sustentabilidade dos projetos escolares (Gifford, 1997; Yannas, 1995).

Afirma-se que o conforto ambiental é uma parceria entre ambiente físico (características do local, arquitetura da edificação e uso dos ambientes) e usuários do espaço, cujo comportamento também deve ser estudado. Há poucos estudos que relacionam o comportamento humano com o conforto ambiental, mesmo na literatura específica da área (Bernardi, 2001). O componente humano e as reações dos usuários às condições do ambiente influenciam os ajustes dos níveis de conforto. A percepção do espaço ocupado pode influenciar a escolha voluntária da posição que o usuário ocupa no ambiente, a vestimenta que utiliza e as interferências que realiza no espaço físico. Estudos mostram que o desempenho insatisfatório do conforto térmico altera a percepção do usuário sobre os demais itens (acústico, luminoso e ergonômico), o que confirma a importância do conforto ambiental em seus vários aspectos (Araújo, 1999). Portanto, são essenciais as pesquisas das condições do conforto ambiental e a possibilidade de introduzir melhorias, para propiciar um ambiente adequado ao ensino.

A importância do conforto ambiental em relação à produtividade no trabalho ou na aprendizagem depende, em primeiro lugar, do projeto do edifício e de seus ajustes às atividades do usuário. A literatura sobre projetos de prédios escolares é vasta e, em sua maioria, discute a arquitetura em relação a fatores como a teoria e as tendências educacionais. Os estudos de Barnard (1854) enfatizaram a importância do conforto ambiental, com recomendações para melhorias nas escolas públicas dos Estados Unidos.

O desempenho das escolas pode ser relacionado a questões socioeconômicas dos estudantes, à idade da edificação, aos métodos de ensino, ao currículo, aos materiais didáticos e à infraestrutura disponível na escola (Lackney, 1994; Lackney; Long, 2006). A organização EFL (Educational Facilities Laboratories) relaciona a aprendizagem a fatores como condições internas e qualidade do ar, temperatura e umidade, ventilação e iluminação, e acústica de salas de aula. A maioria dos estudos sobre conforto e ambiente escolar demonstra que edifícios mais novos proporcionam iluminação natural de boa qualidade, e o conforto térmico e a qualidade do ar também são melhores se comparados aos prédios mais antigos (Schneider, 2002). As cores das paredes e do teto das salas de aula influenciam a qualidade construtiva, pois atuam nas condições de iluminação e, indiretamente, ampliam a legibilidade. Vários estudos comprovam a importância da luz do dia em salas de aula para o bem-estar dos ocupantes de espaços escolares. Pela necessidade de economizar energia, melhorar as condições de salubridade das crianças e a qualidade espacial dos edifícios escolares, alguns estudos com métodos científicos bastante rigorosos foram desenvolvidos para comprovar o impacto da iluminação natural no bem-estar dos alunos e sua influência na capacidade de aprendizado das crianças (Dudek, 2007). O Heschong Mahone Group (1999) demonstrou que os estudantes em salas de aula com mais iluminação natural (adequadamente filtrada) trabalhavam de maneira 20% mais eficiente nos testes de matemática e 26% nos testes de leitura. Observou-se que as salas de aula com maior área de abertura, claraboias e janelas que poderiam ser operadas pelos usuários resultavam em níveis melhores de desempenho dos alunos do que os ambientes desprovidos dessas características (Dudek, 2007).

A qualidade funcional dos espaços educacionais também é importante. O acesso a laboratórios mais sofisticados e a bibliotecas reflete os indicadores de desempenho escolar. Schneider (2002) pesquisou a questão do tamanho das escolas e demonstrou que escolas menores são um lugar mais seguro para estudantes, criam um ambiente positivo e mais desafiante, têm poucos problemas de disciplina e dão maior satisfação às famílias dos estudantes. A população total da escola pode afetar o papel individual do estudante no ambiente educacional, oferecendo mais ou menos oportunidades e responsabilidades.

Outro critério é a acústica, que afeta diretamente a comunicação verbal, aspecto inerente ao processo de ensino e aprendizagem. Nas escolas de áreas urbanas, inclusive em países com normas rigorosas de conforto ambiental, um problema comumente enfrentado é o ruído externo, que atrapalha o desenvolvimento das atividades no interior dos ambientes. As escolas próximas a vias de trânsito intenso ou nas rotas de aviões são as mais prejudicadas. A densidade ocupacional das salas de aula é outro fator que afeta diretamente as condições de comunicação verbal. A inteligibilidade da fala é relacionada aos níveis de aprendizagem dos alunos. A alta densidade ocupacional afeta a qualidade da educação, pela redução das possibilidades de atividades diversificadas que se desenvolvem em ambientes escolares. A falta de espaço reduz as experiências variadas e a possibilidade de agrupamentos desejáveis para atividades educacionais específicas.

As Avaliações Pós-Ocupação (APOs) de prédios escolares são importantes para medir a qualidade ambiental, identificar patologias, observar as respostas humanas e as condições construtivas, e devem fazer parte do processo de projeto, para evitar a repetição de erros. Nos países com bons padrões de conforto ambiental, tais estudos indicam que nem todos os problemas são eliminados por normas, e os projetos e as obras necessitam de avaliações regulares para o aprimoramento das condições de uso.

4.1 DESEJOS E PREFERÊNCIAS

Os estudos para identificar elementos que estruturam a satisfação do indivíduo com o prédio escolar evidenciam relações complexas (Araújo, 1999; Chvatal et al., 1997; Lee, 1977; Monteiro; Loureiro; Roazzi, 1993). A questão de o usuário atingir um nível de conforto esperado foi destacada por Hawkes (1997), que descreve duas situações de controle do conforto térmico do ambiente construído: o exclusivo e o seletivo. A função do usuário no controle ambiental é essencial ao controle seletivo, que define a necessidade e a função dos usuários da edificação no processo ambiental, porque construções com controle mecânico automático têm causado grande insatisfação. A manipulação dos controles oferece uma resposta clara ao clima externo e permite antecipar os efeitos da condição climática antes que esta se manifeste no interior do ambiente. O estudo de Hawkes sugere que o conforto assume uma dimensão espacial e temporal.

Muitos prédios utilizam o controle centralizado, sem a menor possibilidade de participação do usuário em interferir no ajuste dos níveis de conforto, mesmo em edificações sem condicionamento central. Tal situação é muito comum nos projetos de escolas públicas no Brasil, em que não há interruptores nas salas de aula e, em alguns casos, os mecanismos de abrir ou fechar janelas estão fora do alcance do usuário ou ajustáveis apenas com ferramentas especiais de funcionários da manutenção. Em outras situações, as aberturas são fixas, pelo tipo de caixilho utilizado ou pela própria definição construtiva. Essas condições são comuns especialmente em relação ao ajuste de ventilação. Quando os elementos vazados são incorporados nas paredes, para permitir a ventilação cruzada permanente, a interferência dos usuários ocorre de maneira improvisada e imprópria para obter um conforto momentâneo (Kowaltowski et al., 2001).

Gifford (1976) considera que o homem é o grande modelador do ambiente natural na busca pelo conforto, mas também é modelado pela sua criação. Gifford (1997) e Sommer (1972) recomendam que os usuários de um novo empreendimento devam ser consultados durante a evolução do processo do projeto, para que a relação complexa do ambiente e do usuário seja adequadamente incorporada às soluções do projeto. Os conceitos de *environmental numbness* x *environmental awareness* foram criados para demonstrar as possíveis reações dos usuários às condições dos espaços de permanência. *Environmental numbness*, ou a apatia causada pelo ambiente físico, cria uma espécie de paralisação no indivíduo, como em ambientes públicos e semipúblicos, nos quais ele raramente se manifesta em relação às situações desagradáveis, a sons indesejáveis ou a arranjos do mobiliário incompatíveis com o local (Gifford, 1997).

No *environmental awareness*, ou percepção ativa do ambiente físico, ocorre o oposto (Gifford, 1976), pois o ambiente possui atrativos, configurações próprias para a sua manipulação, e a participação do usuário é considerada importante para o eficiente funcionamento do espaço. Ações em prol das características da funcionalidade, da adequação dos indivíduos ao local, do conforto ambiental e da potencialidade dos elementos arquitetônicos geram comprometimentos entre usuário e ambiente. Os conceitos de consciência (*awareness*) e de interferência são precursores da ação ambiental do indivíduo, que passa a atuar na solução de problemas em relação ao espaço, inserindo conhecimentos, experiências e as próprias emoções, para humanizar o ambiente ocupado.

Sommer (1969) mostra a importância da ação dessa consciência em seus estudos e propõe o estímulo à interação com o ambiente desde a infância, como forma de apreciação cognitiva e afetiva em relação ao local. Recomenda também a utilização do espaço com ética ambiental, e sua aplicação no espaço educacional pode motivar a participação e a integração, estimular decisões e questionamentos acerca do ambiente social, com uma base de conhecimento para que alcance os seus objetivos de conforto e satisfação.

Os estudos de psicologia ambiental em escolas demonstram que a individualização do uso de espaços é importante na busca por uma satisfação psicológica com o ambiente físico. Sommer (1969, 1972) e Hall (1986) valorizam o espaço pessoal e o sentimento de territorialidade, que dependem tanto do detalhamento físico do espaço quanto do comportamento e do tipo de ocupação do usuário. O sentimento de segurança relaciona-se à configuração arquitetônica e à participação do usuário no controle do espaço, conforme demonstrado por Newman (1972).

Em um estudo realizado em escolas estaduais da região de Campinas, no Estado de São Paulo, foram levantados aspectos de preferência e rejeição junto aos alunos, para demonstrar que o ambiente físico nem sempre é criticado ou percebido em primeiro lugar (Kowaltowski et al., 2001). Na maioria das APOs de escolas no Brasil, alunos, professores e funcionários apontam, principalmente, problemas de manutenção e limpeza da escola, pois o aspecto geral dos ambientes influencia a percepção do usuário. Quando indagados sobre o que falta na escola, raramente os alunos citam itens de importância no ensino, como biblioteca, laboratório, material didático. A origem dessa falta de interesse em um ambiente escolar mais rico demanda pesquisas adicionais e aprofundadas. Especula-se que essa falta de interesse deva-se à convivência com ambientes escolares pobres e ao desconhecimento de elementos que poderiam enriquecer esses espaços.

Alunos alfabetizados indicam as suas preferências por algumas atividades escolares, como a educação física, e também acham que a escola é o lugar para amizades e relacionamentos sociais. Esse fator é considerado um dos pontos mais positivos do ambiente escolar, enquanto os aspectos de conforto são negligenciados. Na visão dos alunos, os pontos positivos da escola concentram-se principalmente em atividades escolares, relações pessoais e sociabilidade, locais externos, atividades de lazer. Os pontos negativos da escola são, principalmente, problemas de cunho pessoal ou de falta de disciplina, falta de limpeza e conservação dos ambientes. Várias atividades escolares, principalmente as aulas de matemática, são consideradas negativas por muitos alunos. Problemas de conforto em geral não são percebidos por eles, quando indagados sobre pontos negativos do ambiente escolar (Kowaltowski et al., 2001).

Muitas pesquisas de avaliação do ambiente escolar utilizam o desenho para conhecer os desejos das crianças. No Brasil, os estudos mostram que as crianças dividem-se em três categorias: as que podem ser consideradas em situação de risco social (por exemplo, as crianças de rua); as de escolas públicas e as de escolas particulares (Oliveira; Bührer, 2000). As crianças de rua sentem falta de parques e brinquedos, e a casa aparece como lugar de brincar que, no entanto, só existe em seu imaginário. As crianças da escola pública desenham muitas crianças, vegetação e brinquedos. O dormitório destaca-se como lugar de brincar para crianças do ensino privado, e os brinquedos sempre presentes são: aparelho de som, bichos de pelúcia e televisão. A televisão aparece como companhia na falta de amigos. Nos desenhos de crianças de escolas particulares, em vez de crianças brincando na rua, aparece o sítio e os parques temáticos. O lugar de brincar é, portanto, esporádico, e não sequencial. Em geral, as crianças anseiam por mais amigos e creem que, em espaços fechados, tipo dormitório, quadra de esportes ou parque de diversões, poderiam brincar.

Ao analisar os desenhos de alunos em fase de alfabetização, em pesquisa de campo realizada em Campinas, SP, nota-se que aparecem desejos momentâneos e fortes da criança, independentemente do contexto em que é realizado o questionamento. Assim, constatou-se que, quando indagados sobre o lugar preferido na escola, os meninos predominantemente representam uma quadra de esportes e as áreas livres, que permitem o jogo com bola (Fig. 4.1). As meninas apontam a sala de aula como lugar preferido, que é desenhada com níveis de detalhamento variado (Fig. 4.2). Em alguns poucos casos, destacam-se elementos arquitetônicos com referência ao conforto ambiental, como um ventilador de teto (Fig. 4.3). Nos desenhos do lugar preferido na escola, as crianças expressam as suas preocupações específicas e momentâneas, tais como questões pessoais com os colegas ou alguma amizade especial (Fig. 4.4).

Quanto aos desenhos que expressam desejos de itens que a criança gostaria de ter na escola, as meninas indicam o parquinho com maior frequência e os meninos, principalmente nas escolas onde falta o campo de futebol, desejam uma quadra de esportes ou um campo oficial (Fig. 4.5). Aparecem nos desenhos de desejos objetos que exercem atração forte para a criança, como a piscina (Fig. 4.6). São raros os desenhos que expressaram desejos com objetos importantes para o ambiente escolar, como um globo terrestre ou uma estante repleta de livros (Fig. 4.7).

A maioria das crianças expressa fantasias nos seus desejos, com pouca relevância para o ambiente escolar, mas de grande importância pessoal, como um caminhão repleto de coca-cola e *fast food*, doces e alimentos não essenciais (Fig. 4.8). Enquanto algumas crianças sonham com objetos muitas vezes inatingíveis, outras apresentam sonhos mais realistas e adequados ao ambiente escolar, como a criação de um pomar ou frutas na escola. Os bichos de pelúcia aparecem, bem como o desejo de ter um guarda-chuva ou um rádio, ou ser um super-herói ou um robô. Os desejos incluem atividades como a capoeira e o grupo de samba, e até a prática da religião da família do aluno leva a criança a imaginar um templo ou igreja como parte da escola (Fig. 4.9). Dessa forma, constata-se que os desejos pessoais ilustrados nos desenhos expressam a influência da mídia, valores familiares e modismos, pouco relacionados com o ambiente escolar real da criança.

As avaliações dos alunos revelam grande riqueza e diversidade de informações. Os alunos alfabetizados representam os objetivos da escola pelas atividades sociais e escolares, em primeiro lugar, e o ambiente físico aparece pouco nas suas considerações. As crianças em fase de alfabetização mostram nos desenhos anseios e interferências, muitas vezes além do alcance e contexto de uma pesquisa sobre o ambiente construído.

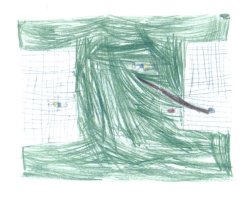

Fig. 4.1 Lugar preferido = quadra
Fonte: Kowaltowski et al. (2001).

Fig. 4.2 Lugar preferido = sala de aula
Fonte: Kowaltowski et al. (2001).

Fig. 4.3 Lugar preferido = sala de aula
Fonte: Kowaltowski et al. (2001).

Fig. 4.4 Lugar preferido = expressão de sentimento pessoal (amiga Gislaine)
Fonte: Kowaltowski et al. (2001).

Fig. 4.5 Desejo = parquinho
Fonte: Kowaltowski et al. (2001).

Fig. 4.6 Desejo = piscina
Fonte: Kowaltowski et al. (2001).

4.2 Avaliação do ambiente escolar

Para se obter dados e informações específicos sobre funcionalidade, e níveis de conforto ambiental no ambiente escolar, aplicam-se APOs. Muitos autores discutem a esse respeito, em busca de métodos mais apropriados para objetivos específicos. Os trabalhos mais recentes de Preiser, Rabinowitz e White (1988); Sanoff (1991); Ornstein e Romero (1992); Gray et al. (1995); Bechtel (1997a; 1997b); Faccin (2001); Kowaltowski et al. (2001); Zimring (2002); McDougall et al. (2002); Gann, Salter e Whyte (2003); Van Der Voordt e Van Wegen (2005); Turpin-Brooks e Viccars (2006) descrevem ferramentas de avaliação mais robustas de APO. São imprescindíveis as observações, as medições técnicas e a aplicação de questionários que levem em consideração a idade das crianças e a sua capacidade de leitura. Devem-se elaborar questionários para professores, funcionários e diretoria com objetivos específicos. Os questionários direcionados aos alunos podem compreender aspectos de conforto ambiental: ergonomia, funcionalidade, térmico, visual e acústico, para apurar sua satisfação com o ambiente físico da sala de aula, por exemplo. A escala adotada para essa avaliação pode incluir quatro níveis: ótimo, bom, ruim, péssimo; ou cinco níveis, com um ponto neutro na avaliação. As escalas com níveis de número par indicam as tendências da avaliação; as escalas com níveis de número ímpar devem ser usadas com cautela, para evitar que os usuários escolham apenas o ponto neutro.

Os questionários aos alunos em fase de alfabetização podem substituir as perguntas por desenhos para representar as diversas condições de conforto para cada aspecto, com uma escala de avaliação de péssimo, ruim, bom e ótimo, ou similar. Há necessidade de testes para verificar a adequação da linguagem e o conteúdo da avaliação e realizar os ajustes para alcançar os objetivos das APOs. As pesquisas sobre o ambiente escolar têm como objetivo principal avaliar o conforto ambiental observado e percebido no momento da aplicação do questionário ao usuário. Com as crianças da primeira série do ensino fundamental, é necessário elaborar recomendações e instruções para os professores das classes, para que orientem os alunos antes da aplicação dos questionários, a fim de assegurar a confiabilidade dos resultados.

Para o registro das observações e medições técnicas dos parâmetros de funcionalidade e conforto, recomenda-se elaborar rotinas para o levantamento. Esse tipo de registro deve incluir detalhes sobre os aspectos de:

- funcionalidade da sala de aula: comportamento dos usuários, tipo de mobiliário e de equipamentos, arranjo físico do mobiliário (possíveis *layouts* apresentados na Fig. 4.10), lotação, dimensionamento do ambiente e avaliação do pesquisador dos aspectos de conforto (visibilidade da lousa, adequação do mobiliário e organização da sala);
- funcionalidade de outros espaços internos, como laboratórios, salas de música e arte, biblioteca, auditório, quadra de esportes coberta, refeitório, cozinha, sanitários, vestiários e administração, entre outros;
- adequação dos espaços externos da escola: acessos e entradas à escola, pátio coberto, *playground*, quadras de esporte descobertas, piscina, teatro de arena, áreas para aulas ao ar livre, implantação das edificações, conexões entre edificações, caminhos de circulação externa, paisagismo, áreas de sombra, horta, estacionamento e fechamento da escola;
- detalhamento construtivo da edificação: materiais e técnicas construtivas, manutenção e limpeza, estado da manutenção de equipamentos e ambientes, sanitários, depósitos de material didático, condições de segurança física, equipamentos contra incêndio e segurança das instalações de gás, fechamento da escola, segurança de taludes, drenagem das áreas externas;
- condições de acessibilidade: existência de barreiras físicas, detalhamento de rampas e banheiros para deficientes físicos (os banheiros especiais não devem estar no espaço dos sanitários comuns, mas com acesso direto das áreas de circulação geral, para facilitar o atendimento), piso tátil e sinalizações em Braille;
- descrição do entorno da escola: sistema viário e segurança no acesso de pedestres, infraestrutura urbana, vizinhança e caracterização do bairro, bem como proximidade de transporte público;

Fig. 4.7 Desejo = material didático – globo na sala de aula
Fonte: Kowaltowski et al. (2001).

Fig. 4.8 Desejo pessoal = *fast food*
Fonte: Kowaltowski et al. (2001).

Fig. 4.9 Desejo pessoal = igreja
Fonte: Kowaltowski et al. (2001).

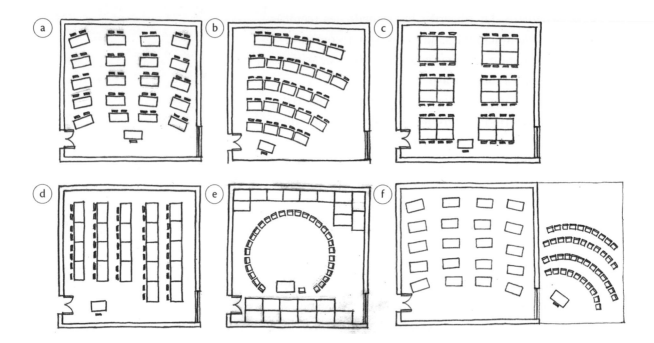

Fig. 4.10 Tipos de arranjo do mobiliário em salas de aula, representando atividades variadas de ensino
Fonte: adaptado de Neufert (1981).

- conforto visual: existência de ofuscamento, condições do céu, características das janelas, tipo de iluminação natural e artificial, níveis de iluminação em lux, presença de cortinas ou protetores nas janelas, interferência de vegetação perto das aberturas;
- conforto térmico: elementos de sombreamento e condições de sombra nas áreas externas, condições de ventilação (cruzada ou não), existência de mofo, radiação solar refletida, velocidade do ar, temperaturas (bulbo seco, úmido e radiante), presença de ventiladores mecânicos;
- conforto acústico: condições das aberturas, existência de equipamentos de ventilação (ventiladores e exaustores) ligados, ruídos percebidos, níveis sonoros, reverberação sonora, materiais de acabamento (piso, teto e paredes), interferências sonoras de outros espaços, principalmente do pátio e das quadras (cobertas e descobertas).

A rotina para as medições e observações estipula três horários: para os parâmetros ambientais de conforto térmico, acústico e iluminação: de manhã (8h), ao meio-dia e à tarde (16h), por representarem diferentes condições ambientais em função da trajetória solar e para que haja uma interrupção mínima das atividades escolares. Em escolas com turnos noturnos, indicam-se medições simultâneas às observações da noite.

O dimensionamento de pesquisas de campo deve ser determinado por análises estatísticas, com base em dados das Delegacias Regionais de Ensino.

Deve-se identificar o número de escolas do município ou da região da avaliação e a distribuição dos tipos de escolas de ensino fundamental ou médio. O dimensionamento estatístico necessita de amostras-piloto e recomenda-se incluir, no mínimo, 10% da totalidade das escolas localizadas na região. A escolha das escolas incluídas na pesquisa deve ser aleatória da lista total de escolas da região e hierarquizada de acordo com o tipo de escola da área. Para validar a amostragem, aplicam-se testes estatísticos.

As pesquisas de APO de prédios escolares no Brasil abrangem, na sua maioria, as condições construtivas das edificações, o estágio de manutenção, a satisfação dos usuários com as condições ambientais oferecidas e as constatações do observador em relação aos aspectos de conforto (MEC, 2002b). As condições ambientais raramente são avaliadas em relação ao conforto do usuário para desempenhar atividades específicas. Em relação ao prédio escolar, principalmente da rede pública, predomina uma arquitetura simples, implantada em terrenos com configurações exíguas e sem acompanhamento de projeto paisagístico. As edificações consistem de salas de aula tradicionais, com pouca diversidade de arranjo do mobiliário, uso restrito de equipamentos didáticos e atividades acadêmicas bastante padronizadas. Pela evolução histórica da educação fundamental e do ensino médio, nota-se que a preocupação principal é o atendimento quantitativo da demanda. Assim, o projeto pedagógico da escola e as necessidades da comunidade escolar em geral não ocupam lugar de destaque na configuração dos ambientes escolares.

4.2.1 Funcionalidade do ambiente escolar

No âmbito nacional, são raras as avaliações funcionais quanto aos aspectos de adequação dos espaços e equipamentos apropriados às atividades previstas pela metodologia de ensino adotada. A maioria dos estudos analisa, como índice de funcionalidade, a disponibilidade de área por aluno, mas não são avaliados a satisfação do usuário, o desempenho escolar ou as possibilidades de uso flexível do espaço físico para acomodar atividades variadas (Ornstein; Borelli, 1995; Kowaltowski et al., 2001).

Internacionalmente, o desempenho escolar é periodicamente pesquisado em relação aos fatores socioeconômicos, metodológicos, pedagógicos, educacionais e ambientais (Clark; Watson; Mineka, 1994; Hamaty; Lines, 1999; Kowaltowski, 1980; Monteiro; Loureiro; Roazzi, 1993; Moore, 1997; Sanoff, 1994; Valiant, 1996). Pesquisas nos EUA mostram, por exemplo, que a aplicação de testes como o SAT (*Scholastic Aptitude Test*) apresenta relações conflitantes, como pontuações mais altas em escolas grandes, com instalações sofisticadas, equipamentos e corpo docente especializado; enquanto escolas pequenas mostram um clima psicológico mais favorável para a comunicação e o controle das atividades educacionais (Andrews; Duncombe; Yinger, 2002; Durán-Narucki, 2008).

As pesquisas que relacionam o desempenho escolar a fatores ambientais, como tamanho da escola ou níveis de conforto, nem sempre são conclusivas. O conceito de *behavior seetings* foi desenvolvido por Barker e Gump (1964), especificando os agrupamentos de usuários e suas atividades no espaço, apoiadas em elementos arquitetônicos. Na década de 1960, foram desenvolvidas pesquisas acerca da relação entre o desempenho escolar e a riqueza dos *settings* em escolas, que são citadas em muitos estudos sobre as atividades escolares que o ensino de qualidade deve ter. Outros estudos sobre o tamanho ideal de uma escola confirmam algumas relações recomendadas de área útil por aluno, acima de 1,50 m², agrupamentos máximos de 13 a 20 alunos por atividade escolar e restrição a 500 estudantes em uma unidade escolar por período (Knatz, 1970; Kowaltowski, 1980). Raramente se encontram essas condições nas escolas públicas urbanas do Brasil.

Para o ensino fundamental, recomenda-se no mínimo 1,50 m² por aluno em sala de aula comum, com ensino tradicional, e uma lotação máxima de 30 alunos por professor. As salas de aula devem ter formato e dimensões que permitam arranjos variados das carteiras e mesas, para atividades de ensino como trabalhos individuais, em pequenos grupos ou em conjunto. A característica do uso das salas de aula pouco se modificou nos últimos 20 ou 30 anos na maioria das escolas públicas do Brasil.

Teoricamente, pode-se relacionar a funcionalidade de uma escola aos aspectos do dimensionamento dos ambientes, do equipamento e mobiliário e a sua adequação às atividades desenvolvidas, ou ao número suficiente e à variedade de ambientes disponíveis para atender à especificidade das atividades para o nível de ensino. A circulação lógica dos fluxos de usuários na edificação também deve ser incluída como um dos parâmetros da funcionalidade arquitetônica, a qual inclui verificar detalhes, como o sentido das portas, para otimizar os fluxos de saída de ambientes como auditórios, salas de aula e ginásios de esportes. As portas de salas de aula devem abrir para fora do ambiente com um detalhamento que evite problemas de fluxo nas áreas de circulação. O projeto arquitetônico deve adequar-se ao local e à população escolar atendida.

A teoria arquitetônica sobre a funcionalidade estende os aspectos do projeto às necessidades dos usuários. A flexibilidade do uso dos espaços também é um fator importante. A flexibilidade do projeto possibilita o desenvolvimento das atividades educacionais na sua diversidade, exigindo, na maioria dos casos, um aumento de área útil. O conforto e a segurança dos usuários são outros fatores a serem considerados em um projeto para a inclusão de aspectos da psicologia ambiental, como a privacidade e a territorialidade.

Os aspectos mínimos de funcionalidade examinados por uma APO de ambiente escolar são: a densidade populacional, a disponibilidade de ambientes para atividades variadas e específicas, a existência de locais de armazenamento e exposição de materiais didáticos, os ambientes, a adequação do projeto ao usuário com dificuldade de locomoção e a adequação do mobiliário e dos equipamentos às características do usuário e às atividades desenvolvidas. É ainda imprescindível verificar o enquadramento da edificação nas normas de saúde, segurança e desempenho de cada região do país.

Nas escolas de ensino fundamental e médio, os ambientes para atividades específicas devem incluir biblioteca, laboratórios, sala de educação artística e espaço projetado especificamente para educação física. A definição do número de ambientes específicos deve seguir as recomendações do tamanho da escola. Para uma avaliação funcional, aplica-se a análise da utilização dos espaços em relação às necessidades de horário e da distribuição das turmas por professor. Uma ferramenta específica para esse tipo de avaliação foi desenvolvida no Brasil com o nome de SPATE (2004), e serve para o planejamento e a administração do uso do tempo e do espaço em edifícios educacionais. O SPATE é um *software* para questões quantitativas, que determina os índices de uso de salas de aula, laboratórios, espaços administrativos etc., e pode ser aplicado para otimizar o uso dos espaços disponíveis ou para o planejamento de novas edificações escolares.

Na entrada de dados do SPATE, há o cadastro de cada ambiente da instituição em análise, com sua descrição, turnos, matrizes de funcionamento, tipos de ambientes e elementos da edificação, e o horário escolar. Com esse cadastro, o SPATE fornece dados para o processo decisório e de planejamento do uso do potencial físico instalado para uma utilização racional, e identifica oportunidades de ampliação da oferta de serviços educacionais, com a infraestrutura já disponível. Também são fornecidos dados para o planejamento de novos espaços necessários para atender à demanda da instituição.

O SPATE compara o Índice de Ocupação (IO) – relação entre os horários ocupados e os horários disponíveis – com o Índice de Utilização (IU) – relação entre os lugares utilizados e os lugares disponíveis – de um ambiente educacional. Verifica-se a quantidade de espaços ociosos e de ambientes que faltam para atender a um plano de aulas. O produto é o Índice de Capacidade (IC) – relação, em metros quadrados, necessária e suficiente para o administrador escolar desenvolver adequadamente as atividades acadêmicas da instituição. O número de postos de trabalho define o índice de capacidade (e o número de usuários). Dessa forma, o SPATE pode atuar também como um apoio na fase de planejamento de novos espaços escolares e indicar as necessárias dimensões.

A otimização do uso dos edifícios é um objetivo fundamental para reduzir e racionalizar investimentos em obras e custeio com a área física (SPATE, 2004). Além do próprio custeio do edifício, há os custos em relação aos seus serviços, como vigilância, energia elétrica, água, esgoto, conservação de elementos e componentes construtivos como cobertura, banheiros, esquadrias, luminárias e depreciação natural.

Como a funcionalidade de uma escola se relaciona não apenas com as áreas para o desenvolvimento das atividades educacionais, mas também com locais para o armazenamento e a exposição de materiais didáticos, os projetos das edificações devem atender adequadamente ao uso crescente de equipamentos e materiais didáticos variados. No entanto, são frequentes as situações de improvisação de espaços nas escolas públicas para depósito do material didático e até de sucata, o que prejudica o aproveitamento do espaço útil. Recomenda-se que cada sala de aula e ambiente tenha no seu espaço físico um lugar para guardar o material didático e a escola, depósitos apropriados para estocar material de manutenção, limpeza e consumo, bem como material, mobiliário e equipamento em desuso, além de um programa de reaproveitamento e descarte de sucata. A permanência de material em desuso reduz o espaço útil e deteriora a imagem de organização de um estabelecimento de ensino.

Para a exposição de material didático, recomendam-se vitrines e painéis no *hall* de entrada e nos espaços de circulação da escola, bem como quadros de aviso nas salas de aula. A criação de um ambiente rico em estímulos com a exposição de material didático deve valorizar os trabalhos da comunidade escolar e ampliar os temas abordados nas várias áreas de ensino.

O relacionamento entre ambientes deve atender aos acessos e fluxos de usuários de forma eficiente, com orientação clara para os usuários. Linhas de circulação hierarquizadas devem ser priorizadas na planta baixa do projeto, pois a organização dos fluxos principais de circulação propicia situações positivas de comunicação e amplia a sociabilidade da comunidade escolar, além de evitar conflitos (Sommer, 1974). A distribuição de ambientes de serviço e das atividades recreativas ou esportivas em relação às salas de aula e à biblioteca deve ser otimizada, para diminuir trajetórias longas e complicadas. O relacionamento dos ambientes deve levar em conta as interferências e incompatibilidades das atividades, principalmente em relação às perturbações acústicas vindas de ambientes de lazer ou de educação física, por exemplo.

Na maioria das edificações escolares do Brasil, falta o enquadramento às normas de acessibilidade (ABNT, 2004; MEC, 1997), com obras para tornar as escolas adequadas à circulação e ao uso de pessoas com dificuldades de locomoção. As reformas na estrutura física de um prédio devem ser cuidadosas, para evitar interferências indesejáveis e prejuízos aos acessos gerais. As rampas para desníveis de um pavimento para outro ocupam grande área física, e o custo das obras deve ser analisado em relação à diminuição da área livre disponível e às interferências ao uso das áreas úteis da escola. Em muitos casos, instalar um elevador responde melhor às necessidades de acessibilidade, o qual deve ter um sistema de manutenção para garantir seu funcionamento, o que geralmente não acontece nas escolas públicas brasileiras.

Melhorar a qualidade de locomoção e ampliar o potencial de inclusão social é dever e desafio para o projetista de espaços construídos. Segundo dados do IBGE (2006), 14,5% da população brasileira enfrentam algum tipo de barreira que dificulta o acesso a residências, ruas, meios de transporte, mobiliário urbano, escolas, empresas etc. O conceito arquitetônico de Desenho Universal propõe o espaço com uso democrático para diferentes perfis de usuários, inclusive aqueles com limitações físicas (temporárias ou permanentes), todos com condições igualitárias na qualidade de uso de uma casa ou de um ambiente construído, seja interno ou no âmbito da cidade. São diversas as barreiras que a população encontra, e os indivíduos portadores de algum tipo de deficiência sofrem desvantagens que poderiam ser supridas com melhorias do ambiente construído, seja em um espaço aberto (praças, ruas, calçadas) ou edificado (Bernardi, 2007).

Os sete princípios do Desenho Universal são (ADC, 2005):

1 Uso equitativo: o projeto não pode criar desvantagens ou estigmatizar qualquer grupo de usuários.

2 Flexibilidade de uso: o projeto deve ser adaptado a um largo alcance de preferências e habilidades individuais.

3 Uso intuitivo: fácil entendimento, independentemente de experiência, conhecimento, linguagem e grau de concentração dos usuários.

4 Informação perceptível: o projeto comunica informações efetivas ao usuário, independentemente das condições do ambiente e das habilidades sensoriais do usuário.

5 Tolerância ao erro: o projeto minimiza os riscos e as consequências adversas de acidentes.

6 Baixo esforço físico: o projeto deve ser usado eficiente e confortavelmente.

7 Tamanho e espaço para acesso e uso: apropriados para acesso, manipulação, uso, independentemente do tamanho do corpo, postura ou mobilidade do usuário.

Acessibilidade significa garantir e oferecer igualdade de condições a todas as pessoas, independentemente de suas habilidades individuais. Segundo Sassaki (2004), a acessibilidade pode ser classificada em sete segmentos:

1 arquitetônico: eliminar as barreiras ambientais que dificultem ou impeçam a locomoção e o acesso dos indivíduos a um ambiente;

2 de comunicação: eliminar barreiras à comunicação interpessoal, escrita ou virtual;

3 metodológico: eliminar barreiras nos métodos e técnicas de estudo, trabalho, ação comunitária;

4 instrumental: eliminar barreiras aos instrumentos e às ferramentas de ensino, trabalho e lazer;

5 programático: eliminar barreiras invisíveis embutidas em políticas públicas;

6 atitudinal: eliminar preconceitos, estigmas, estereótipos;

7 discriminatório: que afete o pleno desenvolvimento social e moral de um indivíduo.

No Brasil, a questão da acessibilidade foi regulamentada pela Lei n. 7.853, de 24 de outubro de 1989, por meio de uma Política Nacional para a Integração da Pessoa Portadora de Deficiência, consolidando normas de proteção e outras providências. O Decreto n. 3.298, de 20 de dezembro de 1999, regulamenta essa lei e define o conjunto de orientações normativas para assegurar o pleno exercício dos direitos individuais e sociais das pessoas portadoras de deficiências, classificadas em categorias, de acordo com o grau de comprometimento da função física. Também estabelece os princípios e diretrizes para a Política Nacional; promove a equiparação de oportunidades, o acesso à educação e ao trabalho, a habilitação e reabilitação profissional, entre outras questões (Corde, 2005).

No setor da construção civil, existem normas brasileiras que tratam da questão da acessibilidade plena para pessoas com deficiências ou dificuldade de locomoção, como a NBR 9050 – Acessibilidade a edificações, mobiliário, espaços e equipamentos urbanos; a NBR 13994 – Elevadores de passageiros para transporte de pessoa portadora de deficiência, e a NBR 12892 – Projeto, fabricação e instalação de elevador unifamiliar. Os exemplos da Fig. 4.11 mostram vários detalhes de projeto para a acessibilidade física no ambiente construído (ABNT, 2004, 2005c, 2005d).

A norma NBR 9050 não trata apenas do acesso para pessoas com deficiência, mas de todo e qualquer acesso à edificação, estendido às pessoas com locomoção temporariamente reduzida, idosos, gestantes e à população. As normas brasileiras colocam a acessibilidade plena como premissa fundamental para a construção de novas edificações. Para avaliar a acessibilidade, devem ser verificadas as recomendações e dimensões de detalhes para a inserção do Desenho Universal no ambiente escolar. Alguns exemplos são apresentados na Fig. 4.11.

Ocupação			Capacidade da U de passagem		
Grupo	Divisão	População	Acessos/ descargas	Escadas/ rampas	Portas
A	A-1, A-2	Duas pessoas por dormitório	60	45	100
	A-3	Duas pessoas por dormitório e uma pessoa por 4 m² de área de alojamento			
B		Uma pessoa por 15 m² de área			
C		Uma pessoa por 4 m² de área			
D		Uma pessoa por 7 m² de área	100	60	100
E	E-1 a E-4	Uma pessoa por 1,50 m² de área de sala de aula			
	E-5, E-6	Uma pessoa por 1,50 m² de área de sala de aula	30	22	30
F	F-1, F-10	Uma pessoa por 3 m² de área			
	F-2, F-5, F-8	Uma pessoa por m² de área			
	F-3, F-6, F-7 F-9	Duas pessoas por m² de área (1:05 m²)	100	75	100
	F-4	Uma pessoa por 3 m² de área			

Fonte: São Paulo (2004).

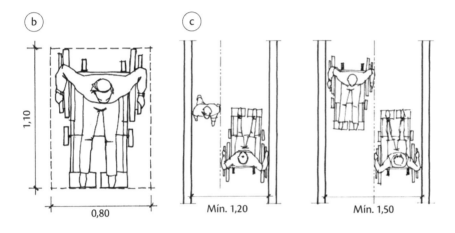

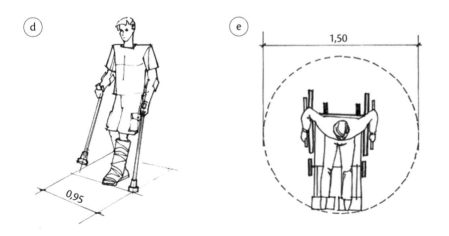

Fig. 4.11 Exemplos de recomendações e dimensões de detalhamento à acessibilidade plena: (a) Dados para o dimensionamento das saídas de emergência – Ocupação para escolas = Grupo E; N = (P/C), N = número de unidades de passagem; P = população; C = capacidade da unidade de passagem. (b) Dimensões de cadeira de rodas. (c) Espaço mínimo para a circulação de cadeira de rodas. (d) Espaço mínimo para a circulação de pessoas com muletas. (e) Espaço mínimo para girar uma cadeira de rodas *Fonte: Sehab (2002).*

Desempenho e conforto no ambiente escolar

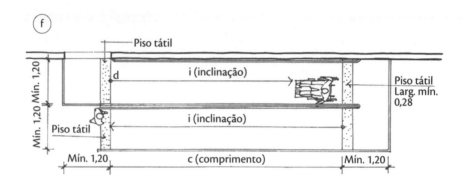

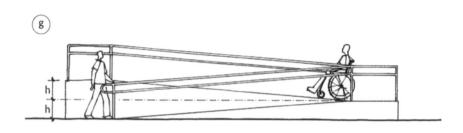

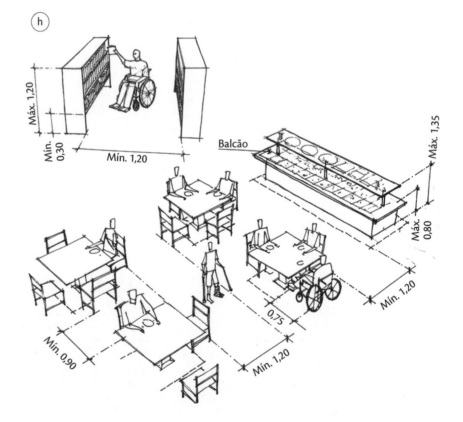

Fig. 4.11 Exemplos de recomendações e dimensões de detalhamento à acessibilidade plena: (f) Rampa em planta para circulação vertical com desníveis. (g) Rampa em corte para circulação vertical com desníveis; Cálculo de rampa: $C = \frac{h \times 100}{i}$; C = comprimento da rampa em metros; h = altura a vencer em metros; i = % de inclinação (máxima 8,33%; recomendada 6%); h máxima sem patamar para inclinações de 6% a 8% = 0,80 m; h máxima sem patamar para inclinação de até 5% = 1,50 m. (h) Dimensões para acessibilidade de deficiente em biblioteca e restaurante Fonte: Sehab (2002).

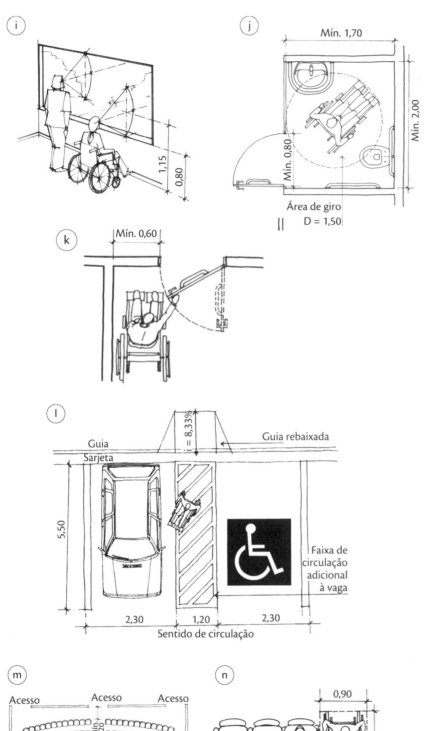

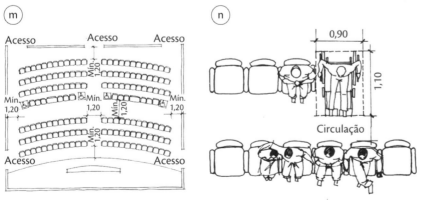

Fig. 4.11 Exemplos de recomendações e dimensões de detalhamento à acessibilidade plena: (i) Altura para a visão de pessoas em pé e sentadas em cadeira de rodas. (j) Banheiro para deficiente físico. (k) Localização de portas para deficiente físico. (l) Vaga para deficiente em estacionamentos. Número de vagas: até 10 vagas = 0; de 11-100 vagas = 1; acima de 100 vagas = 1% das vagas totais. (m) Projeto de auditório com adequação para cadeiras de rodas. (n) Espaço para cadeiras de rodas em auditório
Fonte: Sehab (2002).

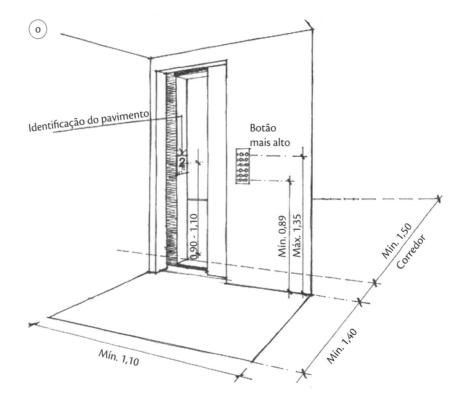

Fig. 4.11 Exemplos de recomendações e dimensões de detalhamento à acessibilidade plena: (o) Espaço mínimo de elevador para comportar cadeira de rodas
Fonte: Sehab (2002).

As condições gerais do prédio dão uma imagem da escola, que reflete a valorização da educação pela sociedade, e contribuem para a segurança (física e psicológica) e higiene dos usuários. A técnica construtiva da obra e a sua manutenção são fatores importantes, que influenciam na qualidade do ambiente de ensino. No Brasil, as especificações escolares estipulam padrões econômicos de construção e equipamentos, bem como robustez dos acabamentos. A maioria das escolas públicas funciona de manhã, à tarde e à noite, e também nos fins de semana, com lotação muitas vezes no limite da capacidade e com usuários que esbanjam energia, o que significa que os elementos construtivos da edificação escolar precisam ser resistentes.

Nem sempre esse condicionante orienta o projetista na busca da forma, dos materiais e das técnicas mais adequados, em relação ao conforto, funcionalidade, estética e durabilidade. A orientação econômica prioriza o projeto com base em planta baixa, com circulação central e salas de aula distribuídas com orientação oposta ao longo desse corredor. O projeto deve otimizar as fundações com apenas três linhas de elementos estruturais, que criam corredores com pilares no centro, prejudicando a ventilação cruzada e a circulação dos usuários.

As reformas introduzidas na maioria dos prédios escolares necessitam de atenção especial. As obras de ampliação e transformação de uso de alguns ambientes podem prejudicar a lógica da circulação e dificultar o acesso, com interferências indesejáveis em outros ambientes. Além disso, os aspectos de conforto ambiental podem se deteriorar ou agravar, em consequência de adaptações sem o devido planejamento.

Além dos espaços de uma instituição educacional, o mobiliário escolar, os equipamentos e o material didático afetam a funcionalidade do ambiente escolar. A antropometria do mobiliário deve atender à anatomia da população escolar. O mobiliário e os equipamentos de uma escola também devem propiciar conforto e segurança, inclusive para pessoas portadoras de deficiência física.

No Brasil, o mobiliário recomendado para o ensino fundamental consiste em mesa e cadeira separadas. As dimensões do mobiliário relacionam--se com a estatura e a faixa etária da população de cada estabelecimento de ensino. A disponibilidade do mobiliário escolar em diversos tamanhos acomoda a variação de estaturas e idades de cada série. Recomendam-se móveis ajustáveis e anatomicamente corretos no seu projeto para atender às variações usuais e às necessidades especiais. Atividades específicas, como arte ou experimentos em laboratórios, exigem o formato apropriado de equipamento e mobiliário para a otimização do desempenho. Algumas medidas antropométricas são apresentadas na Fig. 4.12 e as dimensões dos exemplos podem ser aplicadas para avaliar a funcionalidade do ambiente escolar.

Os resultados da avaliação da funcionalidade em edificações escolares no Brasil são resumidos de acordo com suas características específicas:

- Muitos prédios escolares, mesmo em estado de conservação adequado internamente, apresentam cores inadequadas nas paredes, em relação à claridade desejada e ao aspecto estético recomendado. Frequentemente são cores escuras, e essa opção é defendida pela facilidade de limpeza. Paredes com cores claras, de acordo com funcionários da manutenção, sujam mais e necessitam de novas pinturas com maior frequência.

- Os espaços para serviços, como sanitários, em geral apresentam maiores problemas de manutenção e conservação. Há, por exemplo, um número insuficiente de sanitários em relação à real ocupação da edificação.

- As avaliações evidenciam a falta de espaços para o armazenamento de material de limpeza e de móveis em desuso. A grande maioria das escolas possui depósitos em cantos espalhados pela área da edificação, ou materiais armazenados em salas de aula, junto à parede posterior, o que confere um aspecto de desorganização. Verifica-se que há poucos funcionários para a manutenção e a limpeza na maioria das escolas e que a APM (Associação de Pais e Mestres) muitas vezes é responsável pela contratação de funcionários terceirizados para a execução dos serviços.

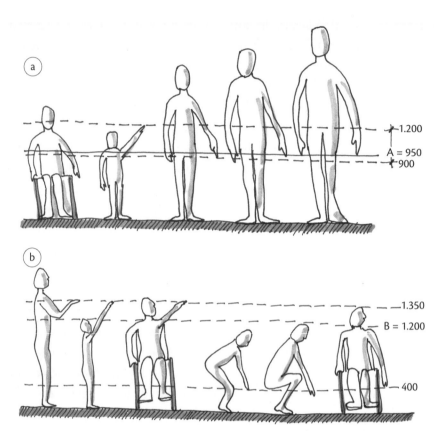

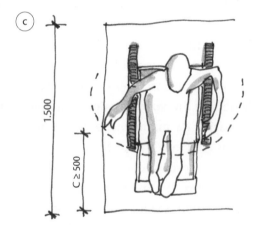

Fig. 4.12 Exemplos de distâncias e dimensões (em mm) para alcançar objetos: (a) Altura (A = altura ideal) para alcance de interruptores, maçanetas etc.; (b) Altura (B = altura ideal) de alcance para estantes, armários, ganchos etc.; (c) Distância mínima (C = espaço livre) para um cadeirante alcançar objetos em cantos
Fonte: baseado em Wijk, Drenth e Van Ditmarsch (2000).

- Em geral, a área livre dos terrenos das escolas recebe pouca atenção. São raras as escolas com um projeto paisagístico específico para aproveitar adequadamente o espaço livre. Algumas escolas ainda não têm quadras de esporte, e utilizam áreas demarcadas provisoriamente para aulas de educação física. Essa demanda é suprida pelas reformas das escolas feitas pelos órgãos públicos.
- Nos espaços externos da maioria das escolas, encontram-se obras de infraestrutura, especialmente para a coleta de águas pluviais, sem o devido detalhamento, que resultam em pátios impróprios

para as atividades infantis e apresentam, em muitos casos, falta de segurança aos usuários. Escadarias e pequenas áreas pavimentadas são introduzidas aleatoriamente nos terrenos, para resolver problemas de acesso ou drenagem. Essas obras dão um aspecto de improvisação e desorganização. As escadas e rampas introduzidas dessa maneira também não seguem as normas técnicas de conforto ou acessibilidade e causam acidentes.

◩ Quanto à satisfação com o ambiente escolar, a opinião da população escolar levantada com os usuários – Diretor, Funcionário, Professor, Aluno (alfabetizado e não alfabetizado) – apresenta resultados contraditórios. Os alunos alfabetizados expressaram-se de maneira bastante neutra em relação aos aspectos de ergonomia (conforto da cadeira e altura da mesa), funcionalidade (espaço na sala, organização e conservação dos móveis), disponibilidade e qualidade do material didático utilizado. No entanto, numa apuração mais detalhada, percebe-se, em todos os itens relacionados à funcionalidade, uma tendência à avaliação negativa. A cadeira e a altura da mesa são consideradas ruins; muitas salas de aula não têm área suficiente e o arranjo dos móveis é insatisfatório. Os mais baixos níveis de satisfação são encontrados na avaliação do material didático, principalmente em relação à quantidade e qualidade.

◩ Para a maioria dos diretores, os problemas mais graves referem-se à lotação das classes e às dimensões impróprias dos ambientes em relação às suas atividades e ao número de pessoas. A distribuição dos espaços no prédio também é apontada como um problema grave pelos diretores, por dificultar a supervisão; além da falta de espaços específicos, como laboratórios e biblioteca. Essas condições levam alguns diretores a soluções adaptadas, como a transformação de ambientes, mas que, na maioria das vezes, não resolvem os problemas.

4.2.2 Conforto acústico

As condições acústicas das salas de aula precisam ser consideradas com responsabilidade, por sua real influência no processo de ensino e aprendizagem e, consequentemente, na vida das pessoas. Em uma sala de aula, a comunicação entre alunos e professores é necessária para o aluno ouvir e entender o que é dito, sem níveis elevados de ruído, que prejudicam o desempenho do aluno e aumentam o desgaste dos professores. Para avaliar as condições de conforto acústico de um ambiente, é necessário verificar a qualidade interna do ambiente e a influência do meio externo.

A qualidade interna refere-se à geometria do espaço, à absorção sonora e à potência e localização das fontes sonoras. A influência do meio externo associa-se a fontes de ruído e à qualidade do isolamento das aberturas, e esses ruídos provêm de trânsito, atividades industriais, atividades comercias e atividades de lazer, muitas vezes da própria escola. Os ruídos internos referem-se a impactos, vozes e reverberação de som. Ambos, ruídos externos e internos, resultam em falta de privacidade e dificuldade de comunicação verbal em salas de aula (Kowaltowski et al., 2001).

Os parâmetros utilizados para a avaliação acústica de salas podem ser de caráter objetivo ou subjetivo, e alguns deles indicam a inteligibilidade da fala, como a Relação entre Sinal e Ruído (SNR), o Tempo de Reverberação (TR) e o Nível de Pressão Sonora (NPS ou Leq). A relação entre Sinal e Ruído é a diferença entre o sinal acústico da fonte sonora e o nível de pressão sonora do ambiente. Para se atingir um grau adequado de inteligibilidade, é preciso uma diferença mínima entre o sinal da fala e o ruído de fundo. No caso da sala de aula, em que o sinal (S) principal é a voz do orador (professor), quanto maior o valor dessa relação, melhor escuta será oferecida aos alunos (Amorim, 2007; Bentler, 2000; Dreossi; Momensohn--Santos, 2005).

O Tempo de Reverberação é o tempo necessário para que a curva de decaimento energético caia de 60dB após cessada a fonte, e tende a ser uniforme na sala, isto é, o seu valor independe da posição do ouvinte. O tempo de reverberação depende do volume da sala, da área de absorção dos materiais que compõem as superfícies internas (paredes, teto e piso), da ocupação da sala (pessoas, móveis e objetos), com seus respectivos coeficientes de absorção para as faixas de frequência consideradas.

Segundo a NBR 10151 (ABNT, 1987a), o nível de pressão sonora ambiental, ou ruído ambiental ou de fundo, é o ruído em um determinado local e que não diz respeito ao objeto de apreciação ou medição. É representado em dB.

Souza, Almeida e Bragança (2006) apontam as principais etapas do projeto que devem levar em conta a questão acústica:

- seleção do local, integração e verificação do impacto no entorno urbano;
- implantação do edifício;
- escolha da forma do edifício e sua relação com as edificações adjacentes;
- distribuição dos espaços internos do edifício;
- escolha da forma dos espaços internos;
- escolha das soluções construtivas;
- escolha dos materiais;
- detalhes construtivos.

De acordo com Kowaltowski et al. (2001), em projetos escolares, as falhas acústicas apontam para algumas medidas simples que amenizam as condições desfavoráveis, como a introdução de revestimento interno adequado nas salas de aula para diminuir a reverberação. A mudança da localização da quadra de esporte é recomendada em outros casos, apesar de ser uma medida complexa, mas é possível durante as obras de ampliação ou reforma de uma escola. A incorporação da quadra no complexo construído é uma prática recomendada pela FDE nos projetos de escolas do Estado de São Paulo, mas cria problemas de interferência acústica nos projetos em que a quadra é o centro da escola e também funciona como pátio. Recomenda-se uma clara separação entre ambientes didáticos, como salas de aula, biblioteca e laboratórios, e as áreas recreativas e de atividades esportivas. Há edificações escolares com a quadra no último andar, acima das salas de aula, o que prejudica as atividades das salas, principalmente pelo impacto das atividades esportivas. Muitas vezes, essa solução está relacionada à área exígua do lote do prédio escolar, que não permite um zoneamento das atividades em relação às interferências acústicas. Nesses casos, indicam-se barreiras acústicas entre pisos e um planejamento cuidadoso dos horários das atividades escolares.

Às vezes, a interferência de ruídos externos nas atividades escolares está ligada ao planejamento da rede física escolar, pela localização do estabelecimento educacional. Esse problema é de difícil solução. Recomenda-se orientar o projetista de edificações escolares a adotar recuos mínimos às condições acústicas adequadas, aberturas apropriadas em relação às fontes de ruído, tipo de esquadrias com possibilidade de fechamento adequado e escolha de materiais de acabamento que amenizam as múltiplas reflexões com baixa absorção (Paixão; Santos, 1995; Santos; Slama, 1993; Serra; Biassoni, 1993; Ura; Bertoli, 1998).

Ruídos externos à escola e de classes adjacentes, assim como ruídos gerados (ou transmitidos) por aparelhos de ventilação são parte do problema do conforto acústico de muitas salas de aula. Ruídos internos gerados pelos estudantes também representam uma contribuição significativa. A introdução de microfones e caixas de som nas salas de aula, ou treinar os professores para falarem mais alto e de maneira mais inteligível são algumas medidas possíveis, que devem ser vistas com cautela, para não causar interferências em ambientes vizinhos. Observa-se que, aparentemente, não existem soluções simples para reduzir o ruído em salas de aula, sendo necessário o esforço coletivo de arquitetos, engenheiros, educadores e fonoaudiólogos, além da disciplina dos alunos e da diminuição da lotação das salas de aula.

O tempo de reverberação está associado à inteligibilidade da palavra no ambiente, e existem tempos ótimos de reverberação indicados para cada uso, os quais dependem do volume e da absorção do ambiente e podem ser medidos ou estimados. No Brasil, não existe recomendação específica a respeito dos valores de tempo de reverberação (TR) para salas de aula. A Norma Brasileira NBR 12179 – Tratamento acústico em recintos fechados (ABNT, 1992a) recomenda valores de TR ótimos para salas de conferência em função do volume. Em termos de legislação sobre conforto em escolas, existe a indicação de níveis de conforto na norma NBR 10152 (ABNT, 1987b), que estabelece o intervalo de 40 a 50 dB(A) como valores confortáveis.

As pesquisas demonstram que a condição acústica de uma sala de aula é uma variável importante que contribui para as atividades escolares das crianças, tanto as que têm audição normal quanto aquelas com algum problema de audição. Por exemplo, a condição acústica de uma sala de aula foi identificada como um fator crítico nos desenvolvimentos psicoeducacional e psicossocial das crianças com problemas de audição. Os níveis impróprios de ruídos nas salas de aula, e/ou a reverberação, têm efeito nocivo não só na percepção oral, como também na leitura, pronúncia, conduta, atenção e concentração das crianças (Asha, 2003; Crandell; Bess, 1997; Crandell; Smaldino; Flexer, 1995; Finitzo-Hveber; Tillman, 1978).

É muito difícil definir os critérios de qualidade que devem orientar o projeto das salas dos interiores dos edifícios, por ser o ponto menos prescritivo dos padrões e modelos (Dudek, 2007). Para efeito de análise, 0,4 segundos é considerado o valor ideal de tempo de reverberação para escolas, conforme recomendação da Asha (2003) (American Speech and Hearing Association). Dos resultados encontrados para os TRs em avaliações de salas de aula no Brasil, nota-se que a maioria apresenta TR maior do que o recomendado, porque a grande dificuldade na sua estimativa é encontrar o coeficiente de absorção correto para os diferentes materiais utilizados como revestimento das salas. Nas APOs de condições acústicas de salas de aula, recomendam-se os coeficientes de absorção das referências da literatura, como os de Egan (1975).

As avaliações de escolas no Brasil mostram que os CIEPS, no Rio de Janeiro, apresentam níveis muito baixos de desempenho educacional em relação às escolas com condições acústicas mais adequadas, por não haver isolamento acústico entre salas de aula (Soares ; Berta; Mello Franco, 2008). Amorim (2007) relata que, em vários estudos sobre o processo de aprendizagem, o espaço da sala de aula deve favorecer o desenvolvimento de atividades individuais, em pequenos grupos ou em grupo único com formas variadas. Em relação ao desempenho acústico, o projeto de salas de aula com formas diferentes requer estudos específicos, para garantir a qualidade.

Pode-se obter uma melhoria na acústica de salas de aula ao transferir parte da absorção do forro para as paredes e manter a região central do teto sem revestimento, a fim de favorecer a reflexão da voz do professor na direção do fundo da sala. Como o teto absorve e reflete parcialmente, pode ser facilmente construído com uma grade de sustentação padrão; assim, colocam-se as placas acústicas ao redor do perímetro do teto e as placas de gesso no centro da modulação. Para refletir ainda mais o som para o fundo da sala, o teto pode ser chanfrado acima da posição do professor, na frente da sala de aula. Essa superfície refletora deve ser construída com material duro, como compensado ou placa de gesso, com a mesma tinta da sala. Ao colocar materiais absorventes nas paredes, reduz-se simultaneamente o tempo de reverberação e os ecos.

As pesquisas mais recentes sobre inteligibilidade da fala mostram a imprecisão e a subjetividade da avaliação dos parâmetros acústicos de referência. Em geral, há maior probabilidade na identificação das palavras quando o orador usa frases comuns e palavras do vocabulário conhecido pelos ouvintes, do que quando as palavras são incomuns, como nomes próprios, técnicos, originários de outras línguas (Amorim, 2007). O grau de facilidade para identificar a palavra foi denominado "previsibilidade" do discurso e, a partir desse parâmetro, os autores desenvolveram uma pesquisa baseada na previsibilidade (baixa ou alta) de palavras, associando-as aos parâmetros quantitativos que mais influenciam na inteligibilidade da fala (TR, SNR, NPS ou Leq).

Os danos causados pela acústica precária em uma sala de aula são grandes e os professores sofrem: e ficam menos dispostos a falar ou falam por períodos mais curtos quando os níveis de ruído são altos. Alguns professores têm o poder limitado para falar ou têm problemas de audição, e as salas de aula com deficiências acústicas aumentam essas limitações. As deficiências na leitura e na linguagem dos alunos decorrentes das más condições acústicas são cumulativas e devastadoras ao desenvolvimento educacional. Muitas crianças tornam-se adultos menos capazes pelo descaso às suas necessidades de audição.

Para efeito de avaliação do conforto acústico de ambientes, deve-se adotar como base a norma NBR 10152 (ABNT, 1987b), que estabelece valores entre 40 e 50 dB(A) como nível de conforto em escolas, lembrando que o limite menor é mais confortável e o limite maior é aceitável.

Ao comparar os resultados das medições de nível de pressão sonora (NPS) com as características construtivas e de distribuição espacial de salas e pátios das escolas no Brasil, nota-se a influência da orientação das janelas, do ruído do pátio e do corredor, e da disposição das salas no corredor. Salas de aula com janelas voltadas para ruas ruidosas apresentaram NPS elevado; e próximas ao pátio ou localizadas em corredores largos e extensos, também apresentam níveis mais elevados de pressão sonora. Nota-se que as fontes de ruído interno (alunos, aparelho de ventilação) e externo (ruas ruidosas, pátio, corredores) são semelhantes em muitas escolas, e a influência que elas exercem no aumento do NPS tem valores aproximadamente iguais.

A diferença entre as medições de salas vazias com ventilador ligado e sem ventilador ligado é muito grande, mas sofre um "efeito de mascaramento" quando a sala está cheia ou no horário do recreio. Os maiores níveis de pressão sonora são obtidos quando as salas estão cheias, e o uso do ventilador provoca um aumento no tom da voz do professor e dos alunos.

O conforto acústico depende das distâncias entre a fonte e o receptor para um determinado NPS, assim como do uso da voz nessas diferentes condições. Por exemplo, se a distância entre quem fala e quem ouve for de 30 cm, e o nível de ruído de fundo for de 65 dB(A), a pessoa pode falar de forma normal, mas se a distância for de 1,2 m, a pessoa precisa fala muito alto. Se considerarmos a distância entre professor e aluno de aproximadamente 3,6 m, com um nível de ruído de fundo de 61 dB(A), a pessoa que fala, para ser entendida, precisa gritar. Ao aplicar esses dados às avaliações de salas de aula típicas do País, é necessário que o professor "grite" para ser entendido pelos seus alunos, pois as salas de aula têm dimensões bem maiores de 3,6 m, e os níveis de ruído de fundo, em geral, são maiores que 61 dB(A).

Muitas vezes, as medidas físicas de parâmetros associados ao conforto ambiental não refletem a expectativa e a satisfação do usuário do ambiente. Do ponto de vista dos alunos, as avaliações da grande maioria das salas de aula têm uma acústica boa, porém, muitas vezes, as avaliações de alunos e professores são contraditórias. Isso indica que o incômodo depende da atividade do receptor, lembrando que, para o professor, a sala de aula é um local de trabalho (Kowaltwski et al., 2001).

Os resultados das condições acústicas das escolas mostram que há necessidade de maior conscientização por parte dos órgãos responsáveis pelo projeto, construção e implantação das edificações escolares no quesito acústico, que não é considerado nas fases iniciais de projeto. Acredita-se que esse aspecto resulta apenas das definições dos materiais de acabamento, o que não é correto, porque os fatores que determinam as condições acústicas são bem mais complexos e também resultam das definições da forma espacial do edifício e das salas. A percepção da qualidade acústica também é um reflexo das experiências sensoriais dos indivíduos que irão utilizar os espaços, como mostrado nas recentes pesquisas neurológicas que a Medicina desenvolve. Entretanto, os fatores de qualidade acústica devem ser definidos em função dos valores dos usuários e do tipo de uso que terá o edifício (Dudek, 2007). Em países de clima quente como o Brasil, os parâmetros acústicos se chocam com os parâmetros térmicos. Salas com aberturas e ventilação natural sofrem com a falta de inteligibilidade.

4.2.3 Conforto térmico

Uma das funções dos espaços construídos é atender ao bem-estar do ser humano, para que este possa desenvolver suas atividades com conforto em todos os aspectos sensoriais. A melhoria das condições térmicas do ambiente construído deveria ser uma preocupação constante, tanto por parte dos projetistas quanto dos usuários da edificação. Apesar da adequação do ambiente construído ao clima ser um assunto pesquisado em todo o mundo, há muitos ambientes inadequados, e eles representam um custo social pelo desconforto térmico, que compromete a saúde e a disposição para realizar as atividades, além de onerar com equipamentos mecânicos de condicionamento térmico.

Para produzir uma arquitetura adaptada ao clima, tanto interna quanto externamente, são necessários alguns conhecimentos específicos. O ambiente físico consiste de diversos elementos inter-relacionados, descritos por Olgyay (1973), como: a luz, o som, o clima, o espaço e os seres vivos. As reações físicas e psicológicas resultam da combinação desses elementos para um equilíbrio biológico representado nas cartas bioclimáticas e de zoneamento de conforto térmico (Givoni, 1969).

A aplicação de princípios para obter um ambiente saudável, no qual o ser humano encontre conforto sensorial, deve ser coerente com a atividade a ser realizada, para proporcionar o bem-estar desejado. A adequação da arquitetura ao clima beneficia o ser humano em diversos aspectos, proporcionando-lhe conforto térmico, saúde e melhor desempenho das atividades cotidianas, diminuição do consumo de energia para obtenção de conforto térmico por meios ativos.

O corpo humano funciona como uma máquina térmica: consome combustível (alimento) para gerar calor, em equilíbrio com as perdas e ganhos de calor para o ambiente. O sistema de regulação térmica mantém relativamente estável a temperatura interna do corpo, em torno de $37°C \pm 1°C$, o que torna o ser humano homeotérmico. Para que a temperatura corporal interna permaneça equilibrada e constante, é preciso que todo o calor em excesso seja dissipado para o ambiente.

O sistema de regulação térmica é controlado pelo cérebro, mais exatamente pelo hipotálamo, que integra as informações recebidas dos diversos nervos sensitivos do corpo e regula a perda de calor. Esse sistema, chamado de termorregulador, comanda, pela vasodilatação e vasoconstrição, a quantidade de sangue que circula no corpo, possibilitando uma maior ou menor troca de calor com o meio. O sistema termorregulador atua também sobre as glândulas sudoríparas, aumentando ou diminuindo a produção de suor em função da necessidade de perda de calor para o meio pela transpiração (Ruas, 1999).

A sensação de conforto térmico está relacionada ao esforço realizado pelo organismo para manter o equilíbrio térmico. As trocas de calor entre o corpo humano e o ambiente ocorrem por vários processos: há trocas de calor por convecção com o ar ambiente e, por radiação, com as superfícies circundantes. Além desses processos, o organismo sempre perde calor para o exterior por evaporação do suor e da água dos pulmões. Para que o equilíbrio térmico seja mantido, há mecanismos fisiológicos que possibilitam ao organismo regular as taxas de produção e dissipação de calor: por meio da taxa de distribuição do fluxo sanguíneo, do nível de calor metabólico, da taxa de sudação etc., além da adaptação consciente pelo vestuário.

As trocas de calor entre o corpo humano e o ambiente podem ser representadas de forma simplificada pela equação:

$$C_{met} + C_{conv} + C_{rad} - C_{ev} = \pm Q$$

na qual:

C_{met} = taxa de transformação de parcela da energia metabólica em calor (W/m^2);

C_{rad} = taxa de trocas de calor por radiação;

C_{cov} = taxa de trocas de calor por convecção;

C_{ev} = taxa de perda de calor por evaporação;

Q = taxa de troca de calor total no organismo.

Para o equilíbrio do corpo humano com o ambiente térmico, é preciso que o valor de Q seja próximo de zero. A taxa metabólica relaciona-se à produção de calor metabólico. O metabolismo é o processo pelo qual o alimento se combina com o oxigênio para gerar a energia necessária ao funcionamento dos órgãos do corpo humano e ao desenvolvimento de suas atividades (trabalho mecânico). Mas, como "máquina térmica", o corpo humano tem um rendimento muito baixo: cerca de 20% da energia são utilizados, e os 80% restantes transformam-se em calor e dissipam-se para o exterior. No metabolismo basal – repouso completo em posição deitada –, o calor dissipado pelo corpo no ambiente é de cerca de 75 W. Em atividade, a taxa metabólica depende da idade, sexo, tamanho e peso do corpo. Em geral, toma-se a taxa metabólica em relação à área superficial, para a qual se adota um valor de 1,82 m^2, correspondente a uma pessoa média, com 70 kg de peso (massa) e 1,73 m de altura. Os valores de C_{rad}, C_{conv} e C_{ev} dependem tanto das condições do ambiente – temperatura do ar, umidade relativa, velocidade do ar e temperatura radiante média – como de fatores do próprio organismo, como a temperatura e umidade da pele. Vale lembrar que temperatura radiante média é a temperatura superficial uniforme de um ambiente imaginário, negro sob o aspecto da radiação, no qual uma pessoa trocaria a mesma quantidade de calor por radiação que no ambiente real, não uniforme.

Ocorrem perdas de calor por radiação e convecção quando a temperatura do ar for menor do que a temperatura do sangue. Para temperaturas ambientes próximas às do sangue, as glândulas sudoríparas se expandem. O calor é rejeitado unicamente por evaporação. Daí decorre a importância da umidade relativa nas condições ambientes, porque se a umidade relativa for alta, fica difícil a evaporação do suor. Portanto, umidade relativa elevada com temperatura elevada torna a vida difícil. O movimento do ar também tem influência na perda de calor do organismo por evaporação do suor. Daí a importância da ventilação dos ambientes, não só para higiene (remoção de ar viciado), como para o conforto térmico de seus usuários.

Situações de desconforto causadas seja por temperaturas extremas, falta de ventilação adequada, umidade excessiva combinada com temperaturas elevadas ou por radiação térmica de superfícies muito aquecidas podem ser prejudiciais e causar sonolência, alteração nos batimentos cardíacos, aumento da sudação. Psicologicamente, provoca apatia e desinteresse pelo trabalho. Essas situações são extremamente desfavoráveis num ambiente escolar.

Os fatores que influenciam o conforto térmico são classificados em ambientais e individuais. Os ambientais dependem das condições climáticas e são: temperatura do ar, temperatura radiante média, umidade relativa e velocidade do ar (Ruas, 1999). Os individuais são a energia do metabolismo, que depende da atividade desenvolvida, e a vestimenta. Fatores pessoais, como idade, sexo e estado de saúde, também influem na sensação de conforto térmico.

Os parâmetros para a avaliação térmica de um ambiente são:

- ▣ temperatura do ar;
- ▣ temperatura radiante;
- ▣ ventilação e troca de ar;
- ▣ exposição à radiação solar;
- ▣ umidade relativa;
- ▣ presença de superfícies muito aquecidas;
- ▣ paredes expostas à radiação solar direta ou coberturas sem a resistência térmica adequada;
- ▣ mofo e deterioração de materiais construtivos.

Na maioria das zonas climáticas do Brasil (Clima, 2005), as recomendações visam oferecer condições adequadas de conforto térmico, sem necessidade de recorrer a equipamentos mecânicos, nem de sujeitar alunos, professores e funcionários de uma escola a situações de desconforto, com os consequentes prejuízos que esse ambiente pode causar.

Cada Estado tem recomendações próprias para o projeto bioclimático de edificações. A Quadro 4.1 apresenta as estratégias e recomendações para projetos bioclimáticos residenciais de interesse social. Para cada zona devem ser aplicadas estratégias específicas. Na maioria das regiões do Brasil, e na maior parte do ano, o clima é quente e o conforto térmico em espaços internos depende, principalmente, do sombreamento das paredes externas, da dimensão e localização das aberturas e da possibilidade de ventilação cruzada na altura dos usuários sentados. É importante detalhar a cobertura com um forro e o ático (espaço entre cobertura e forro) ventilado. Recomenda-se a pintura com cores claras para todas as superfícies externas, inclusive a cobertura. Nos climas das regiões do sul do País e com alturas elevadas, recomenda-se haver, nas estações mais frias do ano, o controle da ventilação

QUADRO 4.1 DETALHAMENTO DAS ESTRATÉGIAS DE CONDICIONAMENTO TÉRMICO PASSIVO

Estratégia	Detalhamento
A	Para melhorar as sensações térmicas em relação às condições de desempenho térmico da edificação durante o período mais frio do ano, é necessário o uso de roupas quentes, tanto pessoais quanto de cama. O uso de aquecimento artificial pode amenizar a eventual sensação de desconforto térmico por frio.
B	A forma, a orientação e a implantação da edificação, além da correta orientação de superfícies envidraçadas, podem contribuir para otimizar o seu aquecimento no período frio, pela incidência de radiação solar. A cor externa dos componentes desempenha papel importante no aquecimento dos ambientes pelo aproveitamento da radiação solar.
C	Paredes internas pesadas contribuem para manter o interior da edificação aquecido.
D	Caracteriza a zona de conforto térmico (com umidades baixas).
E	Caracteriza a zona de conforto térmico.
F	As sensações térmicas são melhoradas com a desumidificação dos ambientes, obtida pela renovação do ar interno por ar externo com a ventilação dos ambientes.
G e H	Em regiões quentes e secas, a sensação térmica no verão pode ser amenizada com a evaporação da água. O resfriamento evaporativo pode ser obtido com o uso de vegetação, fontes de água ou outros recursos que permitam a evaporação da água diretamente no ambiente que se deseja resfriar.
H e I	Temperaturas internas mais agradáveis podem ser obtidas com o uso de paredes (externas e internas) e coberturas com maior massa térmica, de forma que o calor armazenado em seu interior durante o dia seja devolvido ao exterior durante a noite, quando as temperaturas externas diminuem.
I e J	A ventilação cruzada é obtida com a circulação de ar pelos ambientes da edificação. Se o ambiente tiver janelas em apenas uma fachada, a porta deverá ser mantida aberta para permitir a ventilação cruzada. Deve-se atentar para os ventos predominantes da região e para o entorno, que altera significativamente a direção dos ventos.
K	Para melhorar as sensações térmicas em relação às condições de desempenho térmico da edificação durante o período mais quente do ano, é necessário o uso de roupas leves. O resfriamento artificial pode amenizar a eventual sensação de desconforto térmico por calor.
L	Quando a umidade relativa do ar for muito baixa e a temperatura do ar estiver entre 21 e 30°C, a umidificação do ar proporciona sensações térmicas mais agradáveis. Essa estratégia pode ser obtida com a utilização de recipientes com água e o controle da ventilação, indesejável por eliminar o vapor proveniente de plantas e atividades domésticas.

Fonte: NBR 15220-3 (ABNT, 2005b).

e áreas ensolaradas nos pátios. Deve-se instruir os alunos a respeito da vestimenta mais adequada para cada clima.

Na maioria dos ambientes de trabalho ou estudo, recomendam-se temperaturas em torno de 23°C, com uma boa ventilação cruzada na altura das pessoas sentadas. É necessário que as áreas de vidro (janelas) não estejam orientadas para leste ou oeste. Aberturas que recebem insolação direta devem ter proteção solar em forma de beiral e *brise* (tipo de persiana externa) horizontal ou vertical, instalado externamente ao ambiente. Esses elementos externos de proteção solar são recomendados em ambientes com fechamento de vidro, para se evitar o chamado "efeito estufa", mas os dispositivos necessitam de um detalhamento técnico para serem eficientes.

As construções devem privilegiar os materiais cerâmicos e as cores claras nas superfícies externas. A cor branca reflete os raios solares, minimizando a absorção de calor pela parede. Assim, evita-se o acúmulo de calor que atravessa a parede. Atualmente existem tintas de cores variadas, com resultados similares à cor branca.

O forro é essencial nos ambientes com atividades de longa duração, por aumentar significativamente a resistência térmica da cobertura e atenuar a intensidade do calor transmitido do telhado para o interior da edificação. O conforto térmico aumenta com a colocação de um isolamento térmico abaixo do telhado, ou como camada extra de material específico em cima do forro existente. O espaço entre o forro e o telhado pode ser ventilado para reduzir ainda mais o ganho de calor através das telhas. Recomenda-se evitar o uso de telhas de fibrocimento em prédios com atividades de longa duração.

O sombreamento de paredes com um generoso beiral de telhado, ou áreas avarandadas, é outro fator a ser considerado para melhorar o conforto térmico e, ao mesmo tempo, preservar as paredes externas de uma edificação.

O controle da ventilação e o aumento das correntes de ar na altura dos usuários, recomendados para climas quentes e úmidos, nem sempre são simples, por envolverem a troca de tipologia de esquadrias e a introdução de novas aberturas. Nos dias frios, recomenda-se haver o controle do fechamento das aberturas e o uso de vestuário apropriado. No pátio coberto, devem-se evitar as correntes de ar, por meio do fechamento do lado sul, com possibilidade de abertura no verão.

O entorno do prédio escolar merece um projeto paisagístico. A distribuição de arbustos e árvores, e o cultivo de uma horta no terreno e pátio da escola podem amenizar as condições térmicas no calor (Kowaltowski et al., 2001).

Para as avaliações térmicas de ambientes escolares, observam-se os seguintes elementos:

- de sombra: cortinas, persianas, *brises* externos, edificações no entorno, vegetação;

- de ventilação: janelas abertas e em que proporção, portas abertas, elementos vazados, ventilação cruzada;
- tipo de ventilador: de teto ou de parede, móvel ou fixo, ligado ou desligado;
- existência de mofo: em que local;
- reflexão de raios solares nas superfícies vizinhas: grama, piso de cimento, paredes, *brises* etc.
- medições dos parâmetros ambientais: temperatura de bulbo seco (TBS), temperatura do bulbo úmido (TBU), temperatura de globo (TG), velocidade do ar (Var).

A partir dos dados de TBS e TBU, calcula-se a umidade relativa (UR) e, a partir da velocidade do ar e de TG, a temperatura radiante média. Os dados da atividade desenvolvida (metabolismo) e da resistência térmica da roupa estão em tabelas, de acordo com a norma ISO 7730 (1994), segundo a observação no momento das medições. Com as informações, é possível calcular o Voto Médio Estimado (VME) e a Porcentagem Estimada de Insatisfeitos (PEI), para analisar o desempenho térmico a partir dos parâmetros de conforto. O Voto Médio Estimado (Fanger, 1972) é apresentado como uma escala de conforto, para a qual são definidas as seguintes sensações:

-3: muito frio

-2: frio

-1: ligeiramente frio

 0: confortável (neutralidade térmica)

+1: ligeiramente quente

+2: quente

+3: muito quente.

De acordo com as normas ISO 7730/1994, um ambiente é considerado termicamente confortável quando pelo menos 90% dos usuários estão satisfeitos, isto é, o valor da PEI deve ser de, no máximo, 10%, o que corresponde a valores do VME entre -0,5 e 0,5 (neutralidade térmica).

Na maioria das avaliações do conforto térmico em escolas no Brasil, observam-se duas situações: nos períodos frios, as salas são frias ou ligeiramente frias pela manhã. Em zonas com grande radiação solar no inverno, o conforto nas salas melhora ao meio-dia e à tarde, quando se tornam confortáveis. Situações de frio são detectadas com frequência em pátios com grande exposição ao vento frio. Nas medições realizadas no período de verão, observam-se situações confortáveis no primeiro horário da manhã, passando para ligeiramente quente ao meio-dia, e situações bastante desconfortáveis à tarde, observadas principalmente pela falta de forro e uso de telhado com telhas de fibrocimento. Nesse caso, a temperatura radiante se eleva bastante, assim como a sensação de desconforto localizado (principalmente na cabeça). Nos pátios, as situações de desconforto pela sensação de calor devem-se à falta de proteção contra a insolação, ou à cobertura com telhas de fibrocimento, sem forro, com intensa radiação térmica.

Para uma proposta de melhoria do conforto térmico, indicam-se soluções viáveis, sem modificações na arquitetura dos prédios. Nas avaliações de escolas da região de Campinas, no Estado de São Paulo, a maioria dos ambientes das escolas estudadas tem orientação para leste ou oeste, o que indica que o problema da insolação nos edifícios não é levado em conta na fase de projeto (Kowaltowski et al., 2001). Os fatores culturais influem na noção de que uma fachada com orientação leste é saudável, pois recebe o "sol da manhã". No entanto, muitas escolas começam as atividades acadêmicas cedo de manhã e, assim, expõem os alunos à insolação direta nas salas com orientação leste. É preciso encontrar soluções alternativas para os edifícios existentes, como dispositivos externos às janelas, para proteger a área interna da insolação direta, porque não é possível alterar a orientação de prédios ou as suas aberturas.

Nesses casos, a solução indicada é instalar dispositivos de proteção solar, que podem ser internos (cortinas) ou externos (*brises*), constituídos de diversos materiais, diferentes formas geométricas e cores. Deve-se evitar a pintura nos vidros, imprópria por não resolver o problema de ganho de calor solar e dificultar o aproveitamento da iluminação natural. Os protetores externos são mais indicados para a radiação solar direta, enquanto os internos podem ser usados em casos de controle da radiação difusa (que incide em várias direções). O detalhamento de *brises* externos necessita de cálculos precisos, em função da orientação das aberturas, latitude da implantação da edificação, horário de utilização do ambiente e projeto do elemento protetor. Indicam-se simulações por computador, pela precisão em garantir seu correto funcionamento.

A vegetação pode ser uma solução adequada, principalmente no caso do controle da radiação solar refletida por superfícies próximas, como pavimentos ou outras edificações, que pode ser controlada pela redução da refletividade das superfícies próximas. Como a vegetação utiliza a energia solar para seu próprio desenvolvimento (fotossíntese), o calor absorvido e reirradiado para o meio é significativamente menor do que com superfícies de cimento, cerâmica ou até camadas de asfalto. A refletividade também é baixa, o que atenua a componente. Assim, é importante dispor de árvores para o sombreamento da edificação e de vegetação mais rasteira em lugar de pavimentos, para contribuir à melhoria do ambiente térmico.

Existem outras soluções práticas para melhorar o conforto térmico, com o aproveitamento da ventilação natural, que pode influenciar no conforto tanto no frio como no calor. Os elementos de vedação nas aberturas do ambiente devem controlar a ventilação natural no inverno, deixando-se apenas um mínimo, ou algumas horas do dia, para a ventilação higiênica, mas evitando-se o movimento de ar, que contribui para a sensação de frio. A abertura desses elementos e a ajuda de ventilação artificial podem melhorar o ambiente quanto à sensação de calor.

4.2.4 Conforto visual

O Brasil é um país com ótimo potencial de luminosidade. Entretanto, em muitos ambientes, existe a necessidade da luz acesa o dia inteiro, pela falta de aproveitamento da iluminação natural. Durante a década de 1970, com a crise do petróleo, havia a preocupação em poupar energia, que começou a se esboçar nos projetos de escolas e, na década de 1980, a discussão sobre as vantagens da utilização de iluminação natural voltou à tona, sempre relacionada com a questão de economia de energia. A partir dos anos 1990, uma série de pesquisas foi desenvolvida para determinar a influência da iluminação na saúde e no desempenho dos estudantes. Pela necessidade de economizar energia e melhorar as condições de salubridade das crianças e a qualidade espacial dos edifícios escolares, alguns estudos com métodos científicos bastante rigorosos comprovaram o impacto da iluminação natural no bem-estar dos alunos e sua influência na capacidade de aprendizado (Dudek, 2007). Um deles, desenvolvido pelo Heschong Mahone Group (1999), demonstrou que os estudantes em salas de aula com mais iluminação natural (adequadamente filtrada) trabalhavam de maneira 20% mais eficiente nos testes de matemática e 26% nos testes de leitura. Também se observou que as salas de aula com maior área de abertura, claraboias e janelas que poderiam ser operadas pelos usuários resultavam em níveis melhores de desempenho dos alunos do que em ambientes desprovidos dessas características (Dudek, 2007).

Em três grandes áreas, a iluminação interage com os seres humanos e afeta o seu desempenho: visibilidade, saúde e bem-estar. A visibilidade de um objeto também é afetada pelo ofuscamento, do qual existem dois tipos: um deve-se a uma fonte de luz muito forte no campo visual, que tende a causar "cegueira"; o outro é provocado por uma situação mais branda, sem "cegueira", mas com desconforto, irritação ou distração visual. Essa situação ocorre em ambientes com iluminação malplanejada, que prejudica o trabalho desenvolvido nesses locais (Iida, 1990).

O conforto visual é importante para a saúde e a produtividade das pessoas, principalmente em edifícios educativos, por seu uso diurno e pelo tipo de função realizada. A maioria das atividades desenvolvidas em sala de aula demanda percepção visual adequada, o que depende, necessariamente, de luz em quantidade suficiente e com qualidade (Alvarez, 1995). Uma adequada estratégia de iluminação natural nas escolas deve proporcionar uma quantidade de luz suficiente onde necessário, para assegurar que não haja desconforto visual (Dudek, 2007). Uma das grandes queixas dos alunos quanto à iluminação em salas de aula é a reflexão veladora, um tipo de ofuscamento que dá a sensação de que a imagem está apagada em alguns trechos do quadro-negro e que provém da radiação direta no objeto. Em uma avaliação pós-ocupação em escolas municipais da cidade de Bauru, no Estado de São Paulo, constatou-se que, do total de alunos que responderam sobre conforto visual na sala de aula, pelo menos 13% relataram sentir os efeitos da reflexão veladora parcial (enxergam apenas um dos lados da lousa) e 2%, da reflexão veladora total (não enxergam nada na lousa por conta de ofuscamentos) (Pizarro, 2005).

A iluminação natural e artificial, na maior parte dos ambientes escolares, é usada de modo combinado, para oferecer ambientes condizentes com o tipo de atividade desenvolvida. As literaturas nacional e internacional demonstram a superioridade da luz emitida no espectro total (lâmpadas *daylight*) ou da luz natural vinda das janelas.

No estudo inicial das avaliações pós-ocupação em escolas, as condições de trabalho são, muitas vezes, insatisfatórias em relação às recomendações de iluminância prescritas por normas brasileiras, e os problemas de ofuscamento são comuns. Um estudo pós-ocupação realizado na cidade de Campinas verificou uma distribuição não uniforme da iluminância na maior parte das salas, com nível fora das recomendações, e condições inadequadas de manutenção das lâmpadas, sem padronização de número, independentemente do tamanho das salas de aula (Graça; Scarazzato; Kowaltowski, 2001). Esses problemas têm implicação no conforto visual dos ambientes de ensino, característica fundamental em espaços em que a atividade visual é constantemente exigida.

Para uma análise e avaliação da qualidade da iluminação de um ambiente, Labaki e Bueno-Bartholomei (2001) apontam parâmetros construtivos para os seguintes aspectos:

– Níveis de iluminação recomendados para uma tarefa visual:

- Quantidade mínima de luz no plano de trabalho, para a realização das atividades com um esforço visual que não comprometa a saúde. Os níveis são estabelecidos pela NBR 5413 Iluminância de interiores – Especificação, da ABNT (1992b), para cada ambiente em que se desenvolvem atividades educacionais, como salas de aula, bibliotecas, laboratórios, áreas esportivas.

– Uniformidade entre níveis de contraste:
- ▣ Distribuição uniforme dos níveis mínimos de iluminância pelo ambiente, que depende da forma, das dimensões e posições das aberturas.

– Distância entre os usuários e os objetos.

– Uso de cores nas superfícies.

– Elementos externos e internos de proteção da insolação direta:
- ▣ Evitar ofuscamentos. Em relação à luz natural, implica evitar a incidência de luz solar direta nos planos de trabalho, como lousas, carteiras, brinquedos e monitores de computador.

– Iluminação artificial suplementar.

Um aspecto da avaliação construtiva de um ambiente é que alguns parâmetros, mesmo quando analisados separadamente, se complementam. Como observa Graça (2002a), o formato do ambiente e a orientação das aberturas influenciam, ou seja, uma boa orientação das aberturas pode ser prejudicada pelo formato da sala de aula e vice-versa. Aliada a esses aspectos, salienta-se a forma das aberturas como fator influenciador. Assim, um dos fatores que contribuem para o conforto visual e modifica a forma do projeto refere-se à orientação de implantação e ao formato das aberturas dos ambientes.

Os fatores de desempenho levados em consideração quanto às condições de iluminação em ambientes educacionais estão nas recomendações, leis e manuais para orientação do projeto de ambientes escolares. Bertolotti (2007) cita os manuais da Iesna (2000), MEC (2002a), ABNT (1992c, 2005a), CHPS (2009) e FDE (2003a), além das Normas NBR 5413 Iluminância de interiores – Especificação, da ABNT (1992b) e NB-57 (Tab. 4.1).

Na sua última edição, o manual da Iesna (2000) recomenda a iluminação natural em escolas, mas não especifica os níveis mínimos de iluminação para tarefas visuais ou aplicações específicas.

Pelo manual, as principais recomendações são:
- ▣ Iluminância: como os ambientes educacionais apresentam tarefas visuais variadas, cada uma é avaliada em termos de variação de tamanho, contraste e tempo para determinar um nível de iluminância ótimo. Em seguida, deve-se eleger como nível de iluminância para o ambiente a tarefa que exige o maior nível de iluminância. No caso dos ambientes de aprendizagem, geralmente é o nível necessário para a leitura de um texto escrito a lápis. Às vezes, esse critério

Tab. 4.1 Níveis de iluminação para ambientes escolares

Tipo de ambiente	Níveis de iluminância recomendados (lux)
Salas de aula	300 – 500
perto da lousa	500 – 750
Sala de trabalhos manuais	300 – 500
Laboratórios	200 – 300
Sala de desenho	500 – 700
Biblioteca	
área de leitura	500 – 750
área de estantes do acervo	300 – 500
fichário	300 – 500
Área para esportes	
local de jogos	300 – 500
locais recreativos	150 – 200
sala de ginástica	200 – 300
quadra coberta	200 – 300
Secretarias (área administrativa)	500
Auditório	
plateia	200 – 300
palco ou tribuna	500 – 750

Fonte: NB-57 (ABNT, 1992c).

resulta em um nível muito alto de iluminância, o que não é economicamente recomendável; então, deve-se eleger um nível geral apropriado à tarefa menos solicitada e providenciar níveis altos de iluminância somente nos locais onde seja necessário. É o caso, por exemplo, de ambientes com lousas e mesas de desenho.

- ☑ Refletância: devem-se evitar diferenças entre os níveis de refletância da superfície da tarefa visual e os das superfícies mais significativas da sala de aula. As paredes, cortinas e venezianas devem ter cores claras e mesma refletância. Paredes próximas às janelas devem ter alto nível de refletância, para evitar contraste com as janelas, o que pode causar ofuscamento. Os tetos devem ter superfícies altamente refletivas, de preferência brancas, para refletir a luz para as superfícies horizontais. O piso deve ser de material opaco, com refletância em torno de 30%.

- ☑ Luminância: a diferença entre os brilhos das diversas superfícies de uma sala de aula é fundamental para a visualização de uma tarefa e deve ser mantida em determinados limites, porque, quando o olho muda de uma tarefa visual para outra, tem de se adaptar à

Desempenho e conforto no ambiente escolar

luminância da nova tarefa. Se a diferença for muito grande, haverá desconforto visual. Para evitar diferenças acentuadas, diminui-se a luminância de luminárias e janelas e aumenta-se a das superfícies interiores, aumentando sua refletância ou a quantidade de luz incidente nelas.

- ◉ Ofuscamento: para evitar o ofuscamento em salas de aula, impede-se a incidência direta de radiação solar sobre as superfícies das tarefas a serem desenvolvidas, com *brises*, cortinas, venezianas e prateleiras de luz. As luminárias também devem ter dispositivos que atenuem o ofuscamento. Utilizam-se, de preferência, materiais opacos para as superfícies, móveis e equipamentos da sala de aula. Evitam-se altos contrastes de sombra sobre a superfície da tarefa visual, exceto em ambientes em que seja importante para a definição de rostos e objetos, como em ginásios de esportes e salas de arte, nas quais a visibilidade de superfícies tridimensionais é fundamental (Iesna, 2000).

- ◉ Em outro manual (NBPM-BHPS, 2002), as recomendações sobre a disposição de *layouts* são: como a iluminação natural varia bastante em um espaço, é importante planejar as atividades de acordo com a disponibilidade de luz em cada porção desse espaço. Tarefas visuais devem ser alocadas de modo a evitar ofuscamento, de preferência de forma que a iluminação venha lateralmente ou de cima. A localização frontal a uma janela pode causar ofuscamento direto, enquanto uma janela localizada atrás pode causar sombra ou brilhos refletidos.

As pesquisas em iluminação natural em escolas, nos últimos anos, não se detiveram apenas na necessidade de encontrar um nível quantitativo ao desempenho das tarefas visuais, mas para entender os aspectos qualitativos da iluminação. Para a avaliação das condições do conforto visual, é preciso verificar:

- ◉ a existência de ofuscamento: horário, local e origem;
- ◉ as condições atmosféricas: para cada horário, se o céu está claro, parcialmente encoberto ou encoberto;
- ◉ as características da janela: se há visão externa, tipo de vidro (liso, texturizado, pintado);
- ◉ o tipo de iluminação natural: se lateral ou zenital, com os dados referentes a cada caso;
- ◉ o tipo de iluminação artificial: se é lâmpada fluorescente ou incandescente, ligada ou desligada, posição do controle na sala ou fora dela;
- ◉ as medições dos níveis de iluminância, realizadas com luxímetro, cujo sensor é colocado sobre as carteiras, sobre a mesa do pro-

fessor e junto à lousa: anota-se na folha de observações a localização das janelas, portas e lousa;

- as medições das condições reais de uso, em relação à iluminação artificial;
- os resultados das medições devem ser comparados com as recomendações da NB-57, norma brasileira referente aos níveis adequados de iluminação de interiores.

Os principais problemas detectados em avaliações de ambientes escolares com baixos níveis de iluminação são: mau funcionamento das lâmpadas, cortinas fechadas em condições de céu encoberto, baixa reflexão da luz pela pintura escura ou muito suja das paredes. As avaliações de salas de aula no Brasil mostram que muitas salas apresentam problemas de ofuscamento na lousa, em alguns ou em todos os horários. Observam-se problemas de insolação e alto nível de claridade nas áreas da sala de aula próximas às janelas. O uso adequado das cortinas pode evitar o excesso de insolação e de claridade na sala, mas interfere muitas vezes com a ventilação do ambiente. O ofuscamento da lousa é mais bem solucionado com dispositivos externos às janelas, como toldos de material claro ou com o plantio de árvores nas proximidades das aberturas. Recomenda-se um projeto específico para cada sala de aula, com um *"brise-soleil"* móvel no exterior das aberturas envidraçadas.

Com frequência, há salas de aula com vidros pintados de cor escura, uma solução imprópria em aspectos, como:

- visual: dificulta o aproveitamento da iluminação natural;
- térmico: não resolve o problema de ganho de calor solar;
- funcional: impede a visão do exterior, desumanizando o ambiente.

Os *brises* fixos requerem estudos específicos para evitar que escureçam o interior das salas e impeçam a vista do exterior, e, em alguns casos, gerem insolações por faixa nas aberturas entre as lâminas do *brise*, principalmente em orientação leste e oeste. Essa situação obriga a escola a reintroduzir cortinas internas, que interferem na iluminação e na ventilação.

Outro problema é a falta de uniformidade da luz: do centro de uma sala de aula até a parede oposta às janelas, os níveis de iluminação são baixos. No lado das janelas, a claridade excessiva afeta o conforto visual. Nos pátios, há problemas de ofuscamento no chão, devido à claridade excessiva, e falta de uniformidade, com pontos bem ou mal-iluminados, pela ausência de elementos de proteção. Essa situação mostra-se mais prejudicial quando o espaço é utilizado como refeitório. Possíveis soluções para os problemas dos pátios relacionam-se ao plantio de árvores, para evitar o excesso de insolação.

Em relação à iluminação artificial, recomenda-se a troca de lâmpadas queimadas ou com mau funcionamento; redimensionar a quantidade e disposição das luminárias; providenciar a manutenção periódica dos reatores, das luminárias e da rede elétrica; colocar lâmpadas em pontos que evitem sombreamento provocado por vigas, por exemplo. Como a iluminação artificial é utilizada como complemento quase constante da iluminação natural, a preocupação com seu dimensionamento correto e a manutenção adequada resolvem, em muitos casos, os problemas detectados.

4.2.5 Avaliações e registros dos aspectos de conforto

Os dados das condições de conforto de muitas escolas no Brasil mostram que há necessidade de avaliar os projetos para evitar falhas. Recomendam-se avaliações pré-ocupação durante a contratação de projetos, para combinar os vários aspectos de conforto, já que foi constatado que há interferências entre esses aspectos. Para isso, Graça (2002a) criou uma metodologia de avaliação/otimização de projetos de escolas, especificamente para a rede estadual de São Paulo, que pode ser aplicada a outros projetos escolares, por ter como base configurações tradicionais de projeto e conceitos da otimização.

Tradicionalmente, a seleção da melhor alternativa é chamada de otimização de projeto, cujos modelos caracterizam-se pelo critério de avaliação de "melhor" projeto selecionado, dito projeto ótimo, que é o objetivo do modelo (Papalambros; Wilde, 1991). O propósito principal da otimização é ajudar o projetista na seleção de um projeto com um conjunto de soluções viáveis ao problema, proporcionando um direcionamento ao processo de decisão, pela comparação entre os projetos e a seleção do "melhor" (Stadler; Dauer, 1992).

A maioria das aplicações de otimização multicritério refere-se a problemas de engenharia mecânica, elétrica e questões estruturais (Stadler; Dauer, 1992). Há exemplos na área de planejamento de recursos e problemas ambientais. Especificamente em arquitetura, existem exemplos de dimensionamento de planta baixa (Balachandra, 1996), de análise de custo/benefício com o objetivo de maximizar o espaço de residências multifamiliares para a população de baixa e média renda (Chakrabarty, 1996), de planejamento urbano (Matsuashi, 1997) e de dimensionamento de aberturas (Alucci, 2000).

A otimização prescreve um conjunto de decisões de projeto de forma a encontrar um conjunto específico de desempenhos. Estabelecem-se os valores das variáveis que satisfaçam os requisitos e otimizem o conjunto de objetivos. Na prática, a garantia de encontrar o melhor projeto é ilusória, pois o melhor projeto está em um conjunto de projetos (Stadler; Dauer, 1992).

Raramente os projetistas podem identificar todas as soluções de um problema, e as decisões são tomadas de forma a satisfazer um requisito em um dado momento. Essas decisões podem ser vistas como subótimas ou satisfatórias (Rowe, 1992).

Na aplicação do método de otimização, desenvolvido por Graça (2002a), projetos de edificações escolares foram analisados, em primeiro lugar, quanto à influência do terreno em relação à síntese da forma da edificação. Procurou-se delimitar os terrenos da amostra pelo tamanho mínimo da largura e do comprimento e pela relação dessas duas medidas, de modo a permitir certa flexibilidade de decisões no projeto. Delimitado o terreno, formularam-se parâmetros de conforto ambiental para a fase de anteprojeto. Para o conforto visual, a orientação das salas com disposição das aberturas; para o conforto térmico, a orientação das salas e a ventilação; para o conforto acústico, a proximidade entre ambientes ruidosos (pátio e sala de aula); e para o conforto funcional, a proximidade entre ambientes que afetam diretamente a rotina da escola (sala de aula e banheiro). Definidos os parâmetros de conforto ambiental para a fase de anteprojeto, analisaram-se as variáveis encontradas nas soluções de projeto adotadas pela FDE, no Estado de São Paulo.

Para o conforto térmico, foram qualificadas configurações típicas de salas de aula de acordo com as posições das aberturas. Essas configurações podem se apresentar em oito tipos de orientação solar e ventilação predominante. Para qualificar essas variáveis de projeto, foram realizadas entrevistas com três especialistas da área de conforto térmico, por meio de questionário, considerando uma escala de cinco valores, de péssimo a ótimo.

Para o conforto acústico, os três especialistas qualificaram as configurações de projetos escolares com base na relação entre os blocos de salas de aula e os espaços de recreação e prática de esportes, ou seja, com base nas interferências acústicas das atividades escolares. Consideraram: portas das salas de aula fechadas e voltadas para o corredor, janelas na parede oposta ao corredor e abertas, e área de recreação no pavimento térreo. Os especialistas verificaram que não há diferença na qualificação de cada variável quanto ao pavimento de localização das salas de aula (térreo, primeiro ou segundo andar).

Para o conforto visual, foram qualificadas variáveis de projeto em função da posição das aberturas nas salas de aula. A Fig. 4.13 apresenta algumas dessas configurações para cada aspecto de conforto e a avaliação dos especialistas.

Para o conforto funcional, foi realizada uma análise com medições em planta dos projetos. Observou-se que a distância entre sala de aula e banheiro variou de 10,80 m a 111 m. Não se verificou relação entre o número de salas de aula e as distâncias percorridas para o deslocamento entre os ambientes. Nessa análise, não foi necessária a avaliação de especialistas, pois foram con-

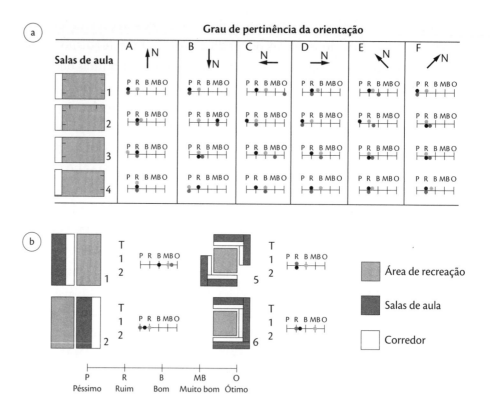

Fig. 4.13 Qualificação das configurações de implantação de salas de aula feita por especialistas: (a) Conforto visual; (b) Conforto acústico; (c) Conforto térmico
Fonte: Graça (2002a).

sideradas medidas físicas que foram transformadas em dados qualitativos. Para mensurar a distância entre o banheiro e a sala de aula, foram feitas duas considerações: a distância percorrida pelas escadas foi convertida para rampa com inclinação de 10%, e considerou-se a média das distâncias do centro de cada sala de aula ao banheiro e o caminho realizado pelo usuário. Para transformar essas medidas em grau de pertinência, considerou-se a relação do tempo gasto para a locomoção de um ambiente para outro e o tempo de permanência no ambiente. O tempo gasto para a locomoção varia de acordo o tamanho da pessoa, o modo de andar, a idade etc. Para a conversão, considerou-se uma velocidade de 6,5 km/h, ou seja, 108,33 m/min, que corresponde a um adulto caminhando em passo apressado (Fixx, 1977).

Quanto ao tempo de permanência no ambiente, as escolas de ensino médio mantêm atividades em sala de aula com a duração de 50 minutos.

Elaborado o modelo matemático de cada conforto ambiental, avaliaram-se os projetos em função do conforto e da funcionalidade. Definiu--se a função "objetivo" da metodologia de avaliação/otimização, ou seja, o que seria considerado para a seleção de um conjunto de projetos ótimos. Determinou-se que, nessa fase, essa função "objetivo" do modelo se faz pela maximização do conforto ambiental; portanto, os projetos considerados não inferiores apresentam pelo menos uma variável de projeto superior em comparação a outros. Com a elaboração dessa metodologia, foi possível formar o conjunto de soluções de compromisso (não inferiores). Esses projetos podem ser considerados soluções ótimas do conjunto de projetos avaliados.

Com a aplicação desse método, há uma melhoria no processo de projeto em dois pontos importantes: na metodologia de projeto e na avaliação pós--ocupação. O projetista que utiliza o conceito de otimização em sua metodologia de projeto soluciona o problema de uma maneira mais racional, uma vez que tende a selecionar variáveis de projeto que já passaram pelo processo de qualificação. A metodologia de projeto com o conceito "ótimo" também permite ao projetista uma argumentação coerente de suas decisões, o que melhora a comunicação com o usuário na explanação de sua proposta de projeto.

Além das ferramentas que apoiam as avaliações de projeto e das APOs, são necessárias ferramentas para armazenar os resultados, como bancos de dados, para fornecer subsídios às retroalimentações de projetos futuros. Para atingir níveis mais altos nos indicadores da educação no Brasil, é importante incluir nas avaliações gerais dos níveis de aprendizagem os componentes das condições físicas e dos sistemas de registros dos níveis de conforto.

O sistema SIGAE – Sistema Informatizado de Gerenciamento do Ambiente Escolar – foi desenvolvido por Faccin (2001), para arquivar as respostas de avaliações em um banco de dados que pode combinar fatores físicos com respostas dos usuários por ambiente da escola. O objetivo do SIGAE é dispor de um sistema de avaliação das condições físicas de escolas que a própria escola possa aplicar e analisar, para facilitar as avaliações mais frequentes e analisar os resultados anteriores dos níveis de satisfação dos usuários. A Fig. 4.14 apresenta uma tela do sistema SIGAE.

Ao consultar o banco de dados, o responsável pela escola obtém o diagnóstico do desempenho do edifício pelo assunto pesquisado, como conforto ambiental, opinião dos usuários, dados sobre diversos materiais. Identificado(s) o(s) problema(s), a direção da escola poderá procurar alternativas no acervo de soluções técnicas propostas pelo sistema. As funcionalidades desse sistema incluem a organização e o relacionamento das informações a respeito de questões:

- pedagógicas: dados quantitativos (número de alunos, professores e assistentes) e dados descritivos do material didático existente;
- físicas: pé-direito, dimensões das janelas, especificação de mobiliário e cores do ambiente;
- opiniões do usuário sobre as condições acústica, térmica e de visibilidade no ambiente;
- medições técnicas: acústica, térmica e de iluminação.

Segundo Kowaltowski et al. (2001), esse sistema de consulta é um recurso ágil, que facilita o tratamento da complexidade das condições de conforto e funcionalidade de escolas, pela síntese e o cruzamento de dados quantitativos. Essa agilidade para múltiplas e diferenciadas perguntas resulta em informações difíceis de obter por meios tradicionais e que permitem conclusões seguras e consistentes. Acredita-se que a aplicação das ferramentas de avaliação de projetos e de edificações em uso e o armazenamento de dados possam contribuir para a melhoria do ambiente escolar.

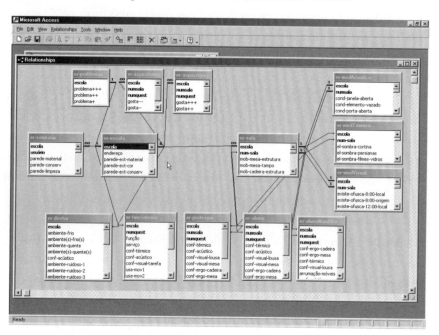

Fig. 4.14 Estrutura e conteúdo do sistema SIGAE

4.3 Considerações sobre o desempenho do ambiente escolar

Uma análise dos estudos de ambientes físicos de escolas públicas no Brasil demonstra que os prédios escolares apresentam qualidade arquitetônica pouco expressiva e nível de conforto mínimo. Em relação aos aspectos específicos, os ambientes escolares estão aquém do desejável, com destaque para a superlotação das salas e a impossibilidade de criar arranjos diferenciados dos móveis escolares para atender às necessidades de eventuais atividades não tradicionais.

As intervenções de melhoria são possíveis nos casos de problemas de conforto ambiental encontrados na maioria dos estudos, com a possibilidade de soluções simples em muitas escolas. As reformas e ampliações, por sua vez, necessitam de avaliações de custo/benefício e planejamento cuidadoso, para evitar inadequações, comuns nas escolas públicas. As modificações simples podem trazer melhorias significativas para um aspecto, porém, se mal planejadas, podem trazer prejuízos em outros aspectos.

O planejamento de áreas externas também é importante e pode contribuir para melhorar o aspecto geral da escola e evitar a imagem típica de colcha de retalhos encontrada em quase todos os estudos de avaliação de escolas públicas no Brasil. Mesmo que a maioria dos terrenos de escolas não tenha muitas árvores, as quais, de alguma forma, humanizam o ambiente construído, um projeto paisagístico pode melhorar a qualidade de vida que se espera de uma instituição de ensino.

O bom funcionamento de um ambiente de estudo ou trabalho depende da qualidade da construção, da disposição dos seus equipamentos e da cooperação e conscientização do público que frequenta, trabalha e estuda nele. Entre os instrumentos para aumentar essa conscientização estão os manuais de conforto ambiental e um processo de projeto mais participativo, com maior responsabilidade em relação aos impactos sobre o conforto e a funcionalidade dos espaços que são propostos. É também importante despertar um contínuo olhar crítico para o ambiente construído.

Conceitos e tendências da arquitetura escolar

As pesquisas em arquitetura escolar mostram uma grande variedade de partidos que os projetos podem adotar. Os mais comuns no cenário local são as edificações com a planta tradicional: salas de aula enfileiradas dos dois lados de um corredor central (Fig. 5.1); ou uma versão mais simplificada de salas voltadas para um corredor lateral (Fig. 5.2). A segunda planta oferece maior conforto ambiental em clima quente e úmido, pela ventilação cruzada, orientação solar otimizada e diminuição de interferências acústicas entre salas de aula.

Nos últimos cinquenta anos, experimentaram-se novos *layouts* para projetos de escolas, mas a sala ideal ainda é pesquisada e discutida. Para acomodar o ensino com informática e uma variedade de equipamentos audiovisuais, a sala de aula necessita de novas adaptações e projetos. Há centros de estudos que propõem configurações inovadoras para o espaço de ensino, como *DesignShare*, EFL (Educational Facilities Laboratories), NCEF (National Clearing-house for Educational Facilities), dos Estados Unidos, e Cabe (Commission for Architecture and the Built Environment), da Inglaterra.

No Brasil, a sala de aula do futuro é amplamente discutida, mas ainda dentro de um formato bastante tradicional e algumas variações na disposição dos móveis, com a inclusão de equipamentos, principalmente para projeção de imagens, ou alterações simples para trabalhos em grupo.

Uma das discussões é a configuração física apropriada para acomodar equipamentos audiovisuais, que estão entre as novas necessidades das instituições de ensino. Arranjos em "U", tipo anfiteatro, com a mesa central ou tipo teatro são exemplos mais apropriados para o uso desse tipo de equipamento. No âmbito internacional, a forma da sala de aula ideal é discutida no momento da definição do programa de necessidades. Sanoff (2001a, 2001b) apresenta um método de projeto escolar com a participação de professores e pais para a configuração dos espaços de ensino (Fig. 5.3). A sala em formato de "L" ou "Z" ganhou muita atenção, por oferecer mais possibilidades de planejar atividades variadas na sala de aula (Figs. 5.4 e 5.5). A Fig. 5.6 mostra um conjunto de salas de aula em "L", agrupado junto a ambientes de preparação de aulas e espaços de socialização (Dyck, 1994; Lippman, 2004). As salas de aula com formas que permitem atividades variadas e simultâneas têm como base os estudos de Barker (1968) sobre psicologia ecológica. Ele observou a forma do ambiente e o comportamento humano no espaço, e criou o conceito dos *behavior settings*, que relaciona a ação humana com os elementos físicos do ambiente. As pesquisas de Barker e Gump (1964) sobre o tamanho das escolas recomendavam escolas menores, para permitir uma maior individualidade a cada usuário, ampliando sua efetiva participação em atividades variadas.

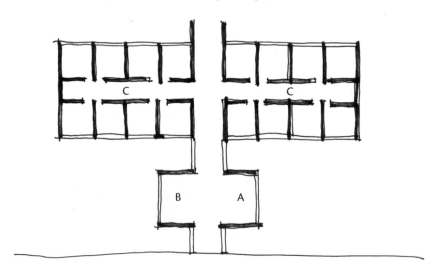

Fig. 5.1 Esquema de edificação escolar com salas de aula distribuídas pelo corredor central
Fonte: baseado em Knatz (1970).

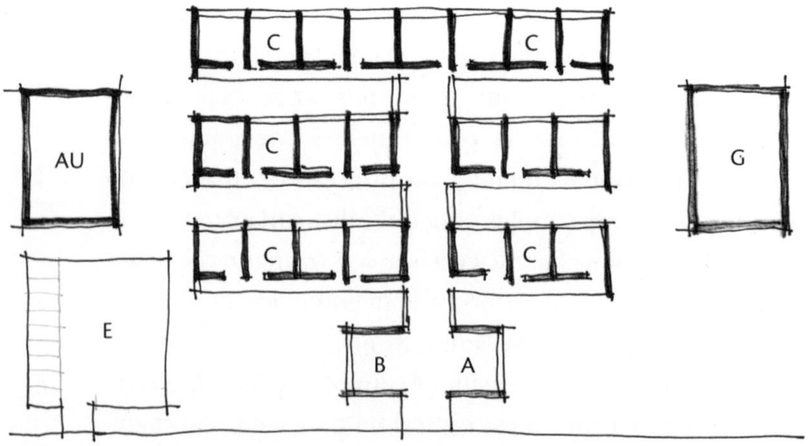

Fig. 5.2 Esquema de edificação escolar com salas de aula distribuídas pelo corredor lateral: C = salas de aula; A = administração; B = biblioteca; AU = auditório; G = ginásio; E = estacionamento
Fonte: baseado em Knatz (1970).

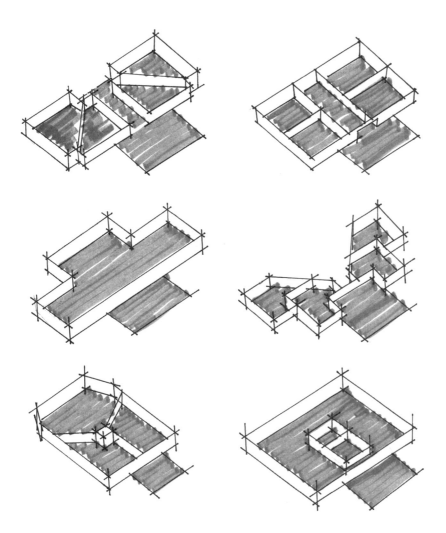

Fig. 5.3 Diferentes configurações de salas de aula para a discussão em métodos participativos de projeto
Fonte: baseado em Sanoff (2001a).

Os prédios escolares atuais são criticados porque suas salas de aula de padrão usual não passam "de um monte de cadeiras voltadas para um quadro-negro e uma mesa de professor bem imponente em cima de um tablado" (Kanitz, 2000, p. 21).

Argumenta-se que essa configuração desmotiva os alunos e que a arquitetura nas escolas valoriza a autoridade, e não o indivíduo, o que estaria em desacordo com as novas metodologias educacionais. A configuração das salas tradicionais não permite olhar para os colegas de classe e trocar ideias, o que prejudica o relacionamento. Apesar dos diversos estudos que comprovam a necessidade de inovação, a maioria das escolas no Brasil ainda apresenta o criticado modo de ensino tradicional, que utiliza os espaços de forma pouco criativa.

Na literatura nacional, os estudos demonstram que a maioria das edificações escolares apresenta condições ambientais aquém das desejadas. As principais falhas (ver Cap. 4) dizem respeito às condições de conforto térmico e de funcionalidade. Um levantamento feito há quinze anos pelo Sis-

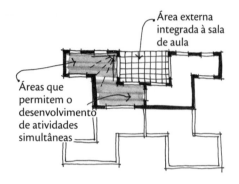

Fig. 5.4 Tipos de conjuntos de salas de aula
Fonte: baseado em Nies e Hougsted (1997).

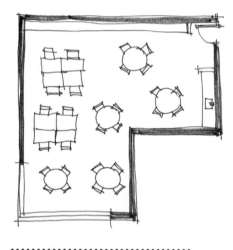

Fig. 5.5 Sala em forma de "L"
Fonte: baseado em Lippman (2004).

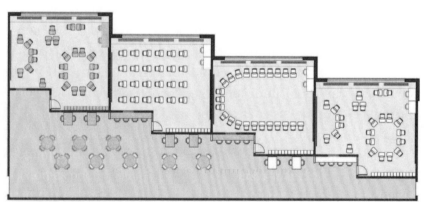

Fig. 5.6 Salas em forma de "L"

designed by Peter C. Lippman, Educational Resource and Facility Planner of JCJ Architecture, and Curtis J. Gibbs, CJ Gibbs Architecture + Design LLC.

tema Nacional de Avaliação da Educação Básica (Saeb, 2003) mostrou uma alta porcentagem de alunos em prédios escolares com defeitos construtivos em telhados, paredes, pisos, portas e janelas, banheiros, cozinhas, instalação hidráulica e elétrica, em mobiliário (carteiras, mesas e armários) ou de manutenção das áreas externas. O Instituto de Estudos e Pesquisas Educacionais (INEP/MEC, 2006) revela que 13% da população apontam como ruim o estado dos prédios escolares, e um problema grave da educação pública brasileira é a falta de material didático.

Nesse sentido, observa-se a importância de uma atuação multidisciplinar que invista, ainda que no médio prazo, na melhoria da qualidade de ensino. Há esforços, mas são poucas as propostas de atuação qualificadas e, menos ainda, as que admitem a necessidade da participação do profissional de arquitetura nesse processo. Entretanto, um número crescente de estudos demonstra a relação direta existente entre a qualidade do espaço físico e o desempenho acadêmico dos alunos. Sanoff (2001b) destaca o poder que o espaço físico tem "de organizar e promover relações entre pessoas de diversas idades, promover mudanças, escolhas e atividade e [...] potencial de despertar diferentes tipos de aprendizado social, cognitivo e afetivo".

Em adição a essa perspectiva, pode-se afirmar que as condições espaciais qualificam o tipo de relações estabelecidas, pois o que se busca desenvolver são relações interpessoais, responsáveis pela construção de vínculos sociais e culturais marcantes e que podem ser facilitados ou não pela configuração espacial (Taralli, 2004b).

Sanoff (2001b) recomenda um processo de projeto participativo, com a avaliação de vários aspectos do projeto escolar. A imagem da escola e a configuração das salas de aula são aspectos prioritários. O autor defende princípios para o projeto escolar, tais como: ambiente estimulante, lugar para ensino em grupo, conectar interior com exterior, áreas públicas incorporadas ao espaço escolar, segurança, variedade espacial, interação com o ambiente externo, permitir modificações, flexibilidade, riqueza de recursos, ambientes ativos e passivos, espaços personalizados e espaços comunitários.

Assim, destaca-se a responsabilidade do arquiteto e sua contribuição à proposição de soluções para as questões educacionais, bem como a necessidade de estudos mais aprofundados que relacionem a atuação desse profissional com a tipologia arquitetônica escolar, principalmente em razão da sua importância social.

O currículo de uma escola deve influenciar o projeto dos ambientes (McDonald, 1996). No entanto, enquanto as escolas têm seu foco no melhor currículo e método de ensino, o espaço das salas de aula e as condições ambientais têm sido ignorados (Pauly, 1991). Mas cada currículo e cada metodologia pedagógica demandam espaços específicos, influenciando cada ambiente em suas características arquitetônicas, que incluem o tamanho dos espaços, a disposição do mobiliário, a infraestrutura e os equipamentos necessários e o próprio estilo arquitetônico da edificação escolar.

A sala de aula é o local da educação. Estudos sobre escolas indicam que há diferenças significativas em se aprender em diferentes escolas e em diferentes salas de aula da mesma escola. Princípios e currículos podem ser recursos, porém a qualidade da educação é determinada pelas ações dos estudantes e professores, em um ambiente de aprendizado bem-projetado.

O ambiente escolar, especificamente a sala de aula, agrega características físicas, arquitetônicas, organizacionais e aspectos particulares dos professores e alunos que afetam o clima social do ambiente (Moos, 1979). O contexto global, incluindo o tipo de escola, o programa educacional adotado e os problemas subjetivos de cada classe, pode afetar direta ou indiretamente a sociabilidade interna, e haverá diferentes resultados, conforme a escola adote uma linha pedagógica mais aberta ou tradicional.

O modelo de sala de aula com carteiras em colunas e fileiras mantém a ordem e o controle sobre o aluno. O silêncio é encorajado pelos professores, a fim de manter os alunos focados. Nessas condições, os educadores consideram os alunos os produtos e as escolas, as máquinas. Educadores denominaram esses valores de educação *hidden curriculum* (Grosvenor; Lawn; Rousmaniere, 1999), que teve um impacto no projeto de salas de aula, assim como nos edifícios escolares. Entretanto, cabe discutir se esse padrão irá se adequar às filosofias educacionais do século XXI. A pedagogia evoluiu nas últimas décadas e especializou-se nas demandas da sociedade. Nesse sentido, é urgente a adequação do ambiente educacional às práticas tidas como ideais para a formação dos cidadãos atuais, tarefa de responsabilidade de arquitetos e profissionais da área da construção.

Inovações ambientais são mais aceitas em escolas alternativas, nas quais os ambientes podem ser abertos. As conhecidas "escolas sem paredes" em geral propõem na sua metodologia de ensino a participação conjunta de mestres, alunos e ambiente, o que configura o clima educacional da instituição. Há exemplos de escolas que primam pela arquitetura que integra o ambiente e a metodologia de ensino, um dos pré-requisitos do planejamento de uma escola. Há profissionais especializados nessa arquitetura e que procuram, a cada novo projeto, rediscutir a qualidade do ambiente de ensino e aprendizagem.

Herman Hertzberger foi um desses profissionais e produziu um grande número de obras significativas da arquitetura holandesa, o que o tornou conhecido internacionalmente. Boa parte de seu trabalho é dedicada a uma série de edifícios escolares (Fig. 5.7). Segundo Hertzberger (1986, 1993), como os arquitetos não têm influência no ensino propriamente dito, podem fazer um ambiente em que o aprendizado ocorra da maneira mais convidativa. O projeto de uma escola deve priorizar a fluidez da circulação em relação às funções do programa. O autor denomina "rua educativa" a área que une as salas e os espaços para outras atividades de aprendizagem, como refeitório, biblioteca, salas de informática, e apresenta uma estrutura aberta para futuras mudanças no sistema educacional. Essa preocupação do arquiteto com o ensino, demonstrada em pesquisas de diferentes métodos de educação para crianças, resultou na grande variação tipológica dos seus edifícios e em alguns conceitos que humanizam e facilitam a integração do usuário.

Uma das tendências discutidas em relação ao projeto escolar e à arquitetura é a humanização, ligada à ideia de propiciar felicidade ao homem pela experiência espacial de qualidade.

Um exame da literatura mostra que os defensores da humanização da arquitetura se colocam contra o modernismo, o funcionalismo, o internacionalismo e outros "ismos", tais como o construtivismo e o desconstrutivismo. São renegadas as caixas de concreto, aço e vidro, e procura-se algo mais próximo à arquitetura vernacular, vista como útil para novos projetos que a população considera adequada, de boa qualidade e com alta aceitação (Rapoport, 1969).

É importante definir os atributos do tradicional, que variam de acordo com cada povo e momento histórico. Para uma discussão sobre a tradição construtiva brasileira, visando aplicar os conceitos no ambiente escolar, destacam-se os seguintes aspectos: escala pequena, controle informal, peque-

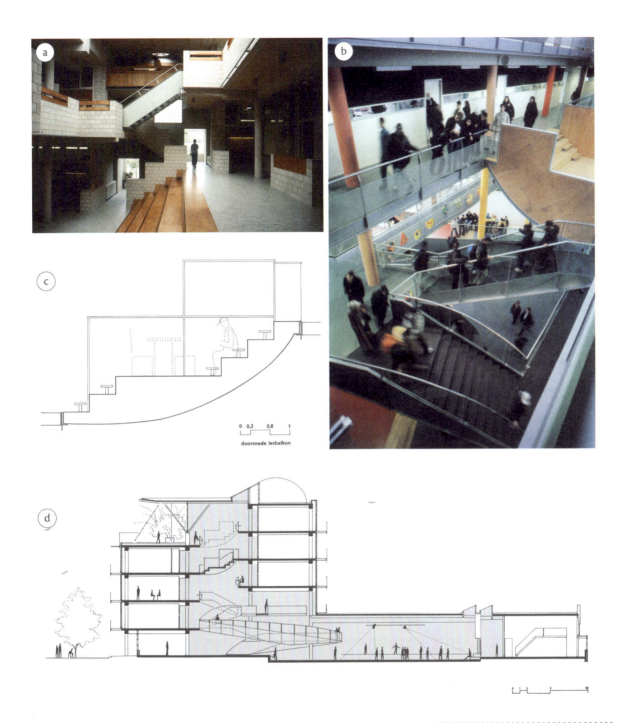

na seleção, expressão individual, aceitação do *status quo*, trabalho a partir de exemplos, maneira evidente ou natural de fazer as coisas, aceitação do passado, conservadorismo, repetição, mudança lenta, poucas novidades, pequena variação, fontes de material limitadas, pouca racionalidade construtiva e baixa especialização da atividade e do trabalho. Nem todos os atributos são positivos, mas não deve

Fig. 5.7 Exemplos de escolas com projeto de Herman Hertzberger: (a) Apollo Montessori School, Amsterdam; (b) Montessori Oost Amsterdam; (c) Conceito da rua interna como anfiteatro; (d) Conceito da rua interna de Hertzberger
Fonte: Herman Hertzberger/ Architectuurstudio HH.

ser ignorada a reafirmação do valor de elementos arquitetônicos de construções históricas, próprias de uma região, com o seu clima e cultura. Assim, é importante reforçar os valores tradicionais, especialmente em países em desenvolvimento e com economias frágeis, como ainda é o caso do Brasil.

Devem-se discutir as tendências contemporâneas da arquitetura e a possível reconciliação com as técnicas e os costumes construtivos tradicionais (Kutlusan, 2002). Atualmente, as discussões sobre a humanização em arquitetura enfocam os impactos da globalização sobre as arquiteturas tradicionais e o problema do desaparecimento das tradições na construção atual, causado por migrações, diásporas e pela miscigenação de culturas.

Uma descrição da humanização da arquitetura é difícil, porque, aparentemente, somos mais competentes em reconhecer os erros e a feiura visual do que em descrever analiticamente o belo, o útil e o conveniente. A arquitetura humanizada teria qualidades que enfatizariam a necessidade humana, com edifícios de pequeno porte, muita vegetação, variações e ordem espacial, possibilidade de manipulação pelos usuários, harmonia de cores e ornamentação, uso de materiais menos duros, desgaste lento, com manutenção e cuidados adequados. Esses aspectos descritivos e vagos evidenciam a falta de padrões objetivos da humanização, que está ligada a dificuldades em medir o julgamento estético, o que certamente também dificulta sua implantação nos processos de projeto. Em espaços de uso coletivo, como é o caso das escolas, esses padrões podem criar uma imagem do edifício associada à cultura local e aos moradores do entorno, um aspecto essencial quando a comunidade escolar se envolve no desenvolvimento do projeto de arquitetura da nova escola. Cria-se um sentimento de pertencimento e colabora-se para a valorização dos recursos que a comunidade investe na escola, evitando custos de eventuais correções após o início da construção ou após o início da utilização dos novos espaços.

Com base em descrições do que seria humanização ou desumanização, e nos trabalhos de Christopher Alexander e Robert Sommer, defensores da humanização da arquitetura, é possível identificar duas hipóteses: o determinismo arquitetônico e o projeto baseado em princípios arquitetônicos. O determinismo relaciona-se às referências de ambientes físicos e suas influências sobre o comportamento do usuário, especialmente em termos de alienação, crime, vandalismo e suicídio, quando as causas são atribuídas a esses ambientes e à ausência de elementos humanizadores. O determinismo implica um processo unidirecional, no qual o ambiente físico é a variável independente e o comportamento humano, a variável dependente.

A feiura é frequentemente associada ao comportamento criminoso, quando grafites são considerados uma resposta razoável aos ambientes físicos deprimentes. Segundo esse argumento, o ambiente cria alienação e amargura diante da sociedade, culminando em um comportamento destrutivo e criminoso. Os estudos não mencionam a destruição e o vandalismo esporádico de grandes obras de arte e a incidência de vandalismo em parques públicos, lugares que não seriam considerados desumanos antes da ocorrência dos atos destrutivos.

Certas características de conjuntos residenciais, como alta densidade de ocupação, obsolescência construtiva e condições acústicas e higiênicas deficitárias, são responsabilizadas por induzir tensão ou estresse. Pela evidência científica, ambientes de baixa qualidade resultam em problemas de saúde dos ocupantes, por fatores de saneamento, espaço por pessoa, instalações elétricas, condições de calefação e ventilação. Entretanto, muitos dos estudos que postulam relações de causa e efeito costumam deixar de lado as causas de tais problemas. As correlações são particularmente falhas no que diz respeito a causas sociais, que ignoram fatores como o consumo de drogas e a herança social e cultural das populações (Kowaltowski, 1980).

Apesar de o ambiente ser capaz de sugerir, facilitar ou inibir as ações do usuário (Del Rio, 1990), o entendimento do papel desempenhado pelo espaço nas práticas educativas e culturais nem sempre é valorizado (Taralli, 2004b). Assim, importam as decisões durante a elaboração do projeto de arquitetura de um espaço onde haverá uma grande concentração de pessoas, como é o caso de escolas, porque tais decisões se relacionam aos conceitos de humanização, que influenciam a maneira de os usuários estabelecerem suas regras de convivência e de comportamento social.

Grande parte dos conceitos de humanização da arquitetura baseia-se na hipótese de projetos fundamentados em princípios arquitetônicos. Alguns projetistas usam princípios pessoais, baseados mais nas tradições do que nos estudos científicos. Supõe-se que a sociedade moderna eliminou a necessidade da tradição, devido à superioridade da inovação e do progresso e ao ambiente dominado por máquinas. Os humanizadores acreditam que tais atitudes causam decadência e feiura, e que uma renovada valorização da tradição é necessária para uma revisão dos problemas da tensão urbana.

Os princípios de projeto podem ser estudados em relação às constantes necessidades da arquitetura através do tempo. As seis necessidades do ambiente físico são: conforto, para atender às necessidades sensoriais de calor, luz, som e cheiro; territorialidade e privacidade; segurança; orientação espacial e constância; estímulo visual estético e beleza; variedade de estímulos sensoriais.

As formas de satisfazer essas necessidades variam com o tempo e dependem da cultura e do clima. Os humanizadores da arquitetura adotam a hipótese de que essas necessidades seguem quatro princípios (Kowaltowski, 1989): a estética, a natureza, o pequeno porte e os detalhes da arquitetura residencial tradicional, que implicam algum componente referente à forma, o que enfatiza a preocupação estética do movimento de humanização da arquitetura. O estudo de Maslow e Mintz (1956) sobre o julgamento de sentimentos, ou satisfações em espaços belos ou feios, até certo ponto confirma que o ser humano valoriza o conforto visual em forma estética ou ornamental. Os estudos de privações sensoriais fornecem poucas provas da necessidade da beleza, pois eles demonstram, de maneira mais eloquente, a preferência pela variedade e pelo contato humano.

Para alívio dos arquitetos, tais sentimentos parecem positivamente influenciados pelo que é chamado de conceito da beleza. Vários estudos não demonstram a necessidade absoluta de ornamentação, mas indicam a força da estética como uma parte tradicional do que torna os objetos atraentes. Raramente é contestada a tese de que um projeto arquitetônico deveria levar em consideração o conforto térmico e acústico. A desatenção ao terceiro sentido, isto é, ao conforto visual determinado pela aplicação de alguma forma de princípio estético, poderia ser considerada inconsistente. Com isso, o projeto orientado para a satisfação visual tem seu lugar e valor, mas sua forma não deveria ser predeterminada, mas sujeita à influência do usuário, principalmente quanto às arquiteturas de espaços coletivos, como são as escolas.

A natureza ou a vegetação, como princípio de humanização da arquitetura, relaciona-se à satisfação visual, com a percepção da beleza das paisagens e com a relação do ser humano com o sentimento de ambientes saudáveis. Essas ideias não prevaleceram através dos tempos como as preocupações estéticas. Não se pode negar que o homem ainda não pode viver longe da natureza, pois ela é a fonte da sustentação e alimentação, afeta o clima e o ar que se respira. É a fonte da luz e, com os ventos, refresca, esquenta e filtra o ar. A natureza ensina aspectos das estruturas ecológicas com diversidade, como um estímulo ao pensamento criativo. A afinidade estética da natureza, sua variação, as cores, as funções de controle da luz e do clima são geralmente consideradas agradáveis, satisfatórias e necessárias.

O tamanho reduzido das construções foi objeto de inúmeros estudos, em relação ao desempenho no trabalho e no estudo. Por enquanto, há poucos dados conclusivos que indiquem as vantagens do trabalho e do estudo em espaços e instituições menores, por satisfazerem as necessidades de orientação espacial, de maximização do funcionamento de grupos humanos e de territorialidade, pela familiaridade (Barker; Gump, 1964). A crítica à monumentalidade parece baseada menos em julgamento arquitetônico do que na suspeita da opressão do poder institucionalizado. O porte reduzido das edificações e dos ambientes afeta o funcionamento das grandes instituições e limita os grupos de usuários e o arranjo estrutural da administração.

O conforto do usuário e sua interação social dependem não apenas dos elementos arquitetônicos, como espaço, forma, tamanho, localização das aberturas, portas, mobília, mas também do controle administrativo sobre a atribuição dos espaços, da distribuição dos móveis e dos arranjos do fluxo de circulação. A atual demanda por espaços amplos e abertos nas escolas, nos escritórios e em outros edifícios públicos é motivada menos por necessidades de desempenho das atividades do que por razões de economia e decisões políticas, de pouca relação com a satisfação do usuário. Com relação à beleza do porte reduzido, o valor do minúsculo foi tratado extensamente por Bachelard (1969), que afirma que as coisas pequenas estimulam a imaginação. A importância dedicada ao minúsculo representa a atenção ao pormenor intricado, que, por sua vez, aumenta o valor e a importância do objeto.

A redução não se refere apenas ao tamanho, mas também à escala. Tradicionalmente, a figura humana é a medida ideal das proporções, o que não impediu os arquitetos de ficarem fascinados com a estética da grandeza e aplicarem proporções extraídas da anatomia humana para criar monumentalidades. Os humanizadores têm na figura humana o limite da medida, pelas necessidades humanas e pela proximidade à natureza. Uma das vantagens práticas dos edifícios baixos é a locomoção horizontal, a maneira natural de satisfazer a comunicação social.

O porte reduzido em arquitetura favorece uma maior atenção ao detalhe e admite a participação popular, a diversidade das soluções, bem como torna possível a busca por componentes sadios, que evitam a deterioração acelerada do meio ambiente. Entretanto, a redução do tamanho pode levar à alocação de recursos insuficientes para a solução dos problemas ambientais, como no caso de moradias populares, nas quais a redução geral leva ao desconforto.

A aplicação desses princípios resulta em algumas mudanças objetivas e positivas, mesmo que não específicas ao projeto de arquitetura. A redução do tamanho do projeto mostra reais vantagens diante do que se conhece do comportamento social humano e do seu controle arquitetônico. Prevalecem as preferências por elementos naturais (vegetação) e estéticos, especialmente em formas tradicionais.

A humanização da arquitetura também está presente nas discussões a respeito do ambiente escolar. A literatura sobre arquitetura escolar é extensa e discute as tendências pedagógicas e as respostas arquitetônicas oferecidas (Brubaker, 1998; Dudek, 2000; Ford; Hutton, 2007; Mösch, 2009; Nair; Fielding, 2005; Sanoff, 1994). Apontam-se diversos critérios-chave para uma arquitetura de qualidade, que precisam adequar-se à realidade em que serão implantados, respeitando as peculiaridades de cada processo. As pesquisas em arquitetura escolar, principalmente no âmbito internacional, demonstram grande variedade de partidos que os projetos podem adotar (Brubaker,

1998; Dudek, 2000; Nair; Fielding, 2005). No Brasil, ainda predominam as edificações com salas de aula tradicionais, que não tiveram seu conceito espacial alterado em função das mudanças das metodologias pedagógicas e demandas sociais dos últimos anos. Essa configuração tradicional pode desmotivar os envolvidos no processo de ensino/aprendizagem, porque a arquitetura dessas escolas valoriza a autoridade, e não o indivíduo, o que estaria em desacordo com as novas metodologias educacionais.

A maioria dos debates converge para o entendimento do espaço como suporte físico ao desenvolvimento das atividades voltadas à educação adequada, ou seja, o espaço é um aspecto essencial à qualidade educacional. Há evidências do efeito que as variáveis físicas do espaço (temperatura; qualidade do ar, acústica e da iluminação; dimensão funcional) exercem no aprendizado quando os padrões mínimos são considerados, e tais características são mais simples de determinar, já que podem ser fisicamente medidas e definidas.

Na literatura internacional, por constituir uma prática de projeto, a descrição de tais características não está muito presente. Com frequência, mencionam-se as relações dessas características com a capacidade de aprender dos alunos, mas o foco da discussão não é o detalhamento de tais quesitos, mas o aspecto conceitual do que seriam as conformações espaciais da escola do futuro, muitas vezes difíceis de transformar em dados físicos aplicados ao espaço escolar. Isso se deve, provavelmente, ao fato de que boas características de projetos são difíceis de medir, ou seja, podem ser apresentadas com valores intangíveis (Samad; MacMillan, 2005; Bransford et al., 1999). Seria necessária a definição de metas focadas em benefícios e valores demonstráveis, de modo a justificar os processos de projeto metodólogicamente mais embasados, ainda que inicialmente isso represente maior custo ou tempo investido na elaboração. Tais valores podem associar aspectos quantitativos e qualitativos, como valores de uso, de troca, de imagem e valores culturais e ambientais (Samad; MacMillan, 2005).

O estudo de Hershberger (1999), por exemplo, estabeleceu uma lista de valores (Quadro 5.1) que devem servir de base ao desenvolvimento do programa de necessidades, com as informações necessárias à fase de preparação que antecede o projeto, e também como ferramenta de avaliação ao final do processo, verificando se os itens estabelecidos foram adequadamente considerados.

Outros princípios resumem boa parte dos aspectos importantes à qualidade dos projetos escolares, mas devem ser evitados como protótipos fixos, porque são um ponto de partida para estabelecer parâmetros adequados à realidade de cada projeto específico.

Os princípios apresentados nas Figs. 5.8 a 5.10 fazem parte de uma ferramenta de apoio ao processo de projetos, conhecida por DQI – *Design Quality Indicator* (Cabe, 2005).

Quadro 5.1 Valores arquitetônicos contemporâneos, de acordo com Hershberger (1999)

- Humano: adequação funcional, social, física, fisiológica e psicológica.
- Ambiental: local, clima, contexto, fontes e gastos.
- Tecnológico: materiais, sistemas e processos.
- Econômico: financeiro, construção, operações, manutenção e energia.
- Segurança: estrutural, fogo, químico, pessoal e vandalismo.
- Temporal: crescimento, mudanças e permanências.
- Estético: forma, espaço, cor e significado.
- Cultural: histórico, institucional, político e legal.

Como a arquitetura é geralmente definida como síntese de forma, função e tecnologia, sujeitas a condições específicas como tempo, dinheiro e regulamentações, os princípios do DQI representam os fatores essenciais para uma arquitetura de qualidade e estão fundamentados na visão tripartida com mais de 2.000 anos, proposta por Vitruvius (Van Der Voordt; Van Wegen, 2005). Ele distinguiu os três componentes básicos da arquitetura: *Utilitas* – funcionalidade ou valor de utilização, ou seja, a dimensão social; *Firmitas* – solidez ou durabilidade, ou seja, a dimensão tecnológica e de segurança; e *Venustas* – a beleza, ou seja, a dimensão estética ou artística, que fundamenta a importância da qualidade estética do projeto de arquitetura. Assim, os princípios para a arquitetura escolar recomendada deveriam partir desses três conceitos (Figs. 5.8 e 5.9) (Cabe, 2005):

- **Funcionalidade**: o arranjo, a quantidade e a inter-relação de espaços e como o edifício é projetado para ser utilizado.
- **Qualidade do edifício**: determina as características construtivas e de execução do edifício, ou seja, quão bem ele foi construído na estrutura, nos acabamentos, nos sistemas de engenharia e na coordenação desses elementos, garantindo seu bom funcionamento.

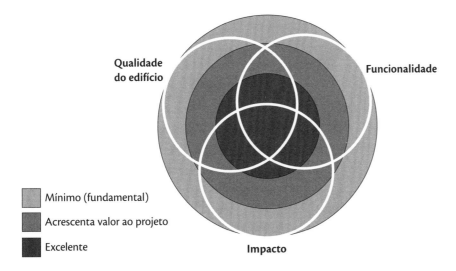

Fig. 5.8 DQI: esquema dos princípios de qualidade
Fonte: Cabe (2005).

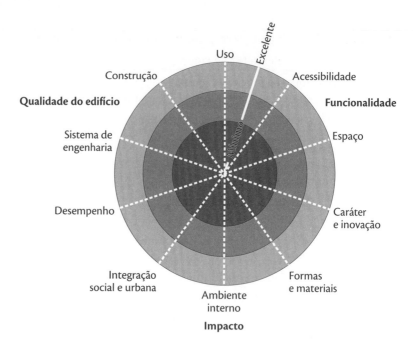

Fig. 5.9 Esquema dos grupos de critérios dos três princípios de qualidade a partir da ferramenta DQI
Fonte: Cabe (2005).

- **Impactos do edifício**: possibilidade de o edifício agradar, intrigar e criar um senso de localização e pertencimento, inspirando a comunidade local e seu ambiente. Inclui a contribuição do projeto para a arte e para a ciência da construção e da arquitetura.

É difícil traduzir para a prática de projeto os conceitos que a arquitetura deseja atender, talvez pela dificuldade que os profissionais têm para descrever conceitualmente o que significa sua arquitetura, possivelmente em função do hábito de trabalho desses profissionais com a linguagem visual. A concretização dos princípios expostos deve ser pensada à luz dos objetivos definidos para o projeto escolar, que estão relacionados no Quadro 5.2, com os respectivos meios para o seu atendimento.

Nos últimos 40 anos, alguns pesquisadores, como Christopher Alexander, procuraram qualificar a arquitetura com métodos de projetos menos subjetivos. Em sua busca metodológica de projeto, expressa em suas obras mais importantes (Alexander, 1979; Alexander; Ishikawa; Silvestein, 1977), ele extrai configurações que considera holísticas e essenciais para tornar o ambiente humanizado, as quais ele denominou *patterns* e que seriam peças-chave a ser incorporadas e repetidas em projetos de qualidade. Os *patterns* são os parâmetros de projeto e, de acordo com Alexander, quando em abundância, conferem à arquitetura uma qualidade que seria o "caráter essencial e atemporal necessário à boa arquitetura". De acordo com Alexander, o poder de cada *pattern*, que interage e entra em conflito com os demais, é a independência dos outros *patterns*. Assim, os projetos podem ser criados a partir da fusão desses relacionamentos. Os *patterns*, ou parâmetros de projeto,

Fig. 5.10 Dados de avaliação de exemplo, usando o DQI

referem-se aos problemas, subproblemas e suas respectivas soluções, no conjunto maior de requisitos de um projeto. Eles expressam a percepção das necessidades humanas no ambiente construído por meio da descrição da relação "se... então", auxiliada por croquis e fotografias.

Nair e Fielding (2005) aplicaram o conceito dos *patterns* no projeto escolar. São apresentados vários parâmetros que podem enriquecer a experiência humana no ambiente de ensino. Embora relativamente universais, tais parâmetros não devem ser utilizados como protótipos fixos que expliquem como um elemento de uma escola deve ser projetado: devem servir como ponto de partida para estabelecer parâmetros adequados a cada projeto

Quadro 5.2 Objetivos positivos do projeto escolar

Objetivo	Meio de obtenção
Projetar edifícios com ambientes "convidativos"	▣ espaços com estética diferenciada, detalhamento e acabamento cuidadoso, esquema de cores detalhado, níveis de iluminação natural altos, sem ofuscamento; ▣ espaços projetados para acomodar as atividades escolares, sociais e administrativas; ▣ espaços que evitem conotações de escolas tradicionais ou institucionais: características físicas que os associem a instituições de cerceamento da liberdade, como, por exemplo, prisões e hospitais (Foucault, 1987).
Edifício com alto índice de desempenho	▣ criação de edifícios saudáveis do ponto de vista de conforto dos usuários e de segurança ambiental; ▣ qualidade do ar interno, conforto térmico, visual e acústico, segurança, eficiência no uso da água e da energia, especificação de materiais, escolha do terreno, implantação e tratamento das áreas externas.
Edifício com uso de materiais e mobiliário de alto nível de qualidade	▣ foco na qualidade dos materiais, considerando o ciclo de vida e o custo de manutenção, e não somente o custo de implantação.

específico, para a obtenção de uma arquitetura de qualidade. Os autores explicitam o uso do conceito da linguagem dos *patterns* para o projeto escolar, por um reenquadramento das discussões entre arquitetura e educação, com base em 25 parâmetros que, segundo eles, são apenas o começo para definir uma linguagem gráfica do projeto de ambientes educacionais saudáveis e funcionais. É uma abordagem capaz de absorver os conceitos dos novos modelos de ensino e aprendizagem aplicados internacionalmente, e também providenciar uma expressão física desses modelos, o que possibilita uma discussão mais clara de sua aplicação em realidades diversas dos ambientes escolares que fundamentaram a sua abordagem.

A aplicação do método dos *patterns* abarca quatro campos da experiência humana: espacial, psicológico, fisiológico e comportamental. Cada um desses campos é definido por múltiplos atributos (Quadro 5.3), relacionados entre si, mas não de forma linear, o que impossibilita estabelecer relações de causa e efeito, verdadeiras ou únicas, entre eles. A tese fundamental que embasou o trabalho de Alexander e, posteriormente, o desenvolvimento dos parâmetros escolares, é que os *patterns* definem a qualidade do edifício, nos níveis micro e macro e que, embora sejam aparentemente independentes, devem funcionar no todo. As permutações e combinações entre esses atributos positivos são infinitas e, por isso, é importante identificar os "parâmetros saudáveis" adequados a cada atividade educacional (Nair; Fielding, 2005).

No Brasil, existem alguns pontos críticos sobre os projetos do ambiente escolar que influenciam a educação. Como boa parte da literatura desenvolveu-se a partir das realidades escolares de países estrangeiros (em alguns casos, bastante diferentes da realidade escolar brasileira), algumas

Quadro 5.3 Atributos desejáveis à atividade escolar

Campos da experiência humana cuja influência estende-se ao planejamento e ao projeto de escolas	Atributos desejáveis à atividade escolar, conforme o tipo de uso do espaço
Espacial	Íntimo, aberto, iluminado, fechado, ativo, quieto, conectado à natureza, monumental e tecnológico.
Psicológico	Tranquilo, seguro, assustador, alegre, divertido, estimulante, criativo, encorajador da reflexão, espiritualmente moralizante, criador de senso comunitário.
Fisiológico	Quente, frio, aconchegante, vivo, saudável, aromático, texturizado, visualmente prazeroso.
Comportamental	Estudo independente, trabalho colaborativo, trabalho em equipe, atividades físicas, pesquisa, atividades de leitura e escrita, trabalhos com o computador, atividades de canto, dança, atuar, apresentar, trabalho em grandes grupos, comunicação com a natureza, projetar, construir, ensinar, relaxar, refletir, brincar.

Fonte: Nair e Fielding (2005).

questões específicas enfrentadas pelos projetistas levaram à elaboração de mais alguns parâmetros de projeto, para trabalhar com aspectos específicos do projeto escolar brasileiro.

PARÂMETRO DE PROJETO 1 – SALAS DE AULA, AMBIENTES DE ENSINO E COMUNIDADES PEQUENAS DE APRENDIZADO

O parâmetro sugere a importância da análise sobre o tipo de ambiente considerado adequado, pela escola, para uma sala de aula. Isso significa relacionar o aspecto físico do ambiente ao currículo escolar e à sua filosofia de ensino. As novas metodologias de ensino demonstram que os atuais ambientes de ensino devem possibilitar maior variedade de configurações de aprendizagem (Lippman, 2003). Os espaços devem propiciar atividades diversificadas, que incluem:

- estudo independente;
- grupos de trabalhos supervisionados (*peer tutoring*);
- trabalho em grupos pequenos de 2 a 6 alunos;
- instrução individual (aluno – professor);
- palestra de professor ou especialista no palco principal;
- ensino baseado em projetos temáticos previamente estabelecidos (*Project-based learning*);
- aprendizado com base em tecnologia móvel (*laptops*);
- ensino a distância;
- pesquisa via internet sem fio;
- apresentações dos alunos;
- apresentações teatrais ou de música;
- ensino por meio de seminários;
- aprendizado por meio de serviço comunitário;
- aprendizado na natureza;
- aprendizado social e emocional;
- ensino baseado em artes;
- ensino por meio da contagem de histórias;
- construção do próprio aprendizado, com os alunos em situações práticas.

As configurações de salas de aula apresentadas nas Figs. 5.3, 5.4, 5.5 e 5.6 podem incorporar esse parâmetro de projeto escolar. De acordo com o método de projeto participativo de edificações de Sanoff (1992, 2001b), deve-se questionar se essas configurações respondem às 11 necessidades básicas de salas de aula:

1. Os alunos podem se movimentar livremente.
2. Os alunos podem desenvolver diversas atividades com equipamentos e objetos.

3 Os *layouts* para diferentes tipos de atividades: individuais, em duplas, pequenos grupos, a classe toda.
4 Alunos individuais ou pequenos grupos têm a liberdade de escolher atividades e lugares para o seu desenvolvimento.
5 Grupos pequenos de alunos podem trabalhar independentemente nas tarefas escolares.
6 Várias metodologias pedagógicas podem ser aplicadas nos espaços.
7 Os espaços facilitam o ensino em equipe (*team teaching*).
8 Os professores têm facilidade para a transição rápida de uma atividade a outra.
9 Os professores podem transitar e interagir livremente entre alunos individuais e grupos de alunos.
10 Os alunos conseguem ter um senso de identidade e de pertencimento ao grupo.
11 A área de circulação é minimizada.

Parâmetro de Projeto 2 – Entrada convidativa

O parâmetro, ilustrado na Fig. 5.11, sugere a importância do projeto da área de entrada da escola, que deve "convidar" os alunos a entrarem e demonstrar que são bem-vindos. Esses aspectos têm de estar integrados às necessidades de proteção e de segurança, com a separação dos espaços de acesso público daqueles restritos aos alunos. Propõe-se que a entrada seja projetada a partir das seguintes diretrizes:

- projeto com identidade própria, que distingue a escola e o seu significado na comunidade;
- cobertura ampla para acomodar a população escolar na sua entrada e saída;
- espaço de transição amplo, coberto e conectado à área administrativa da escola e às áreas utilizadas pela comunidade;
- área de entrada com vitrines para a exposição de trabalhos de alunos e outras exposições.

Fig. 5.11 Entrada convidativa
Fonte: baseado em Nair e Fielding (2005)

Parâmetro de Projeto 3 – Espaços de exposição dos trabalhos dos alunos

O parâmetro destaca a importância da previsão, no projeto, de espaços de exposição de trabalhos de alunos, para que a população estudantil se sinta valorizada. As exposições devem estar em várias áreas (entrada, corredores, salas de aula), ter superfícies verticais (quadros, pôsteres, desenhos) ou horizontais (maquetes, objetos tridimensionais, equipamentos como microscópios e outros), e podem ser utilizadas como elementos decorativos espalhados por todo o edifício escolar (Fig. 5.12).

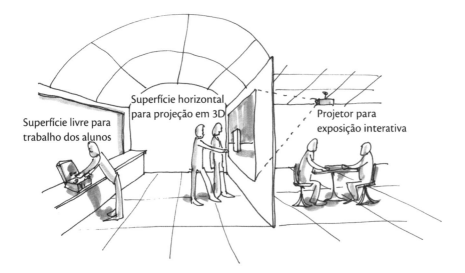

Fig. 5.12 Espaços de exposição dos trabalhos dos alunos
Fonte: baseado em Nair e Fielding (2005).

Parâmetro de Projeto 4 – Espaço individual para armazenamento de materiais

Embora não seja um hábito brasileiro, é importante reservar um espaço para cada aluno guardar os materiais de que necessita em um lugar seguro. Esses espaços devem seguir as seguintes diretrizes:

- ficarem próximos à área de estudo e pesquisa ou à sala de aula (quando fixa) do aluno;
- o ideal é que cada aluno tenha sua própria mesa, para que possa personalizá-la.

Parâmetro de Projeto 5 – Laboratórios de ciências e artes

O parâmetro destaca a importância desses espaços onde o aprendizado acontece pela prática e aplicação dos conceitos aprendidos. Para atender a esse propósito, os espaços devem apresentar (Fig. 5.13):

- laboratório ativo: *layout* flexível;
- área expositiva: espaço para expor trabalhos completos ou em andamento, como evidência do estudo desenvolvido no laboratório;
- áreas destinadas a trabalhos mais "sujos", que envolvem água ou tinta (uma alternativa são espaços que integrem áreas internas e externas, como soluções de transição);

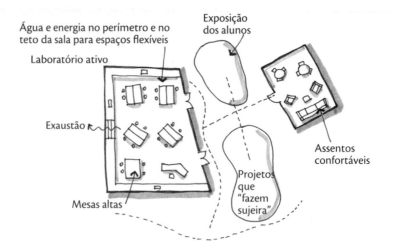

Fig. 5.13 Laboratórios de ciências e artes
Fonte: baseado em Nair e Fielding (2005).

- áreas destinadas a intervalos nas atividades manuais, para debates e algumas decisões sobre os projetos em desenvolvimento, de modo informal;
- áreas destinadas a estoque e guarda de equipamentos, materiais etc.

Parâmetro de Projeto 6 – Arte, música e atuação

O parâmetro indica que essas áreas devem dar aos alunos oportunidades para inserirem objetos artísticos no prédio escolar e participarem, com artistas locais, da criação de obras de arte. Para atender a esse propósito, os ambientes escolares devem apresentar (Fig. 5.14):

- amplo espaço para exposição de atividades artísticas dos alunos;
- muitos lugares na escola para apresentações espontâneas (pequenos palcos e degraus para a plateia);
- teatro completo conectado a um espaço multiúso (interior e exterior), que pode funcionar como um lugar de grande público;
- área para alunos construírem cenários, figurinos etc.;
- área para programas de rádio dos alunos;

Fig. 5.14 Arte, Música e Atuação
Fonte: baseado em Nair e Fielding (2005).

- gráfica para publicar um jornal da escola, editado pelos alunos;
- área para atividades multimídia;
- áreas externas para apresentações musicais ou de teatro, que possam ser usadas também como salas de aula (providenciar sombra em clima tropical);
- sala multiúso que possa acomodar apresentações teatrais e musicais.

Parâmetro de Projeto 7 – Área de educação física

Nos ambientes escolares, o foco das atividades físicas desenvolvidas são os jogos. A falta de um condicionamento físico sustentável é um problema de saúde, além de implicar problemas acadêmicos dos alunos, como frequência, desempenho, saúde mental e bem-estar geral. A única forma de combater essa questão é investir em atividades realizadas continuamente na vida pós-acadêmica dos alunos. Para tanto, as escolas poderiam incluir em seu currículo (Fig. 5.15):

- atividades nos espaços internos, incluindo caminhadas, natação recreativa e treinamento com pesos;
- as áreas para a realização de ginástica dos alunos devem parecer academias, de modo a incentivar que desenvolvam hábitos saudáveis, para que aumentem a expectativa e a qualidade de vida;
- as áreas tradicionais de esporte devem permitir usos mais variados;
- espaços escolares projetados para possibilitar a integração dos bons hábitos alimentares com a prática de exercícios físicos, visando a uma vida saudável. Isso significa incluir cozinhas e cantinas como espaços educacionais de disciplinas que abordam saúde, alimentação e bem-estar.

Fig. 5.15 Atividades físicas
Fonte: baseado em Nair e Fielding (2005).

Parâmetro de Projeto 8 – Áreas casuais de alimentação

Um dos problemas da maioria das escolas é a alimentação dos alunos. As refeições ocorrem com regras rígidas, em um refeitório geralmente grande, barulhento, com móveis desconfortáveis e institucionais. Os alunos fazem fila e o cardápio é pouco variado. Tanto na apresentação da comida como no ambiente físico do refeitório ou da cantina escolar, falta o elemento estético. A alimentação em escolas deve considerar (Fig. 5.16):

- a escolha do horário da alimentação pelo aluno, com almoço oferecido em horários mais flexíveis e pequenas refeições disponíveis durante o horário escolar;
- o fornecimento das refeições em "cafés" menores, mais íntimos do que os grandes refeitórios escolares, ainda que a cozinha possa ser centralizada;
- refeitórios menores, em lugares mais agradáveis, com áreas externas para uso de acordo com o clima;
- áreas de refeições com vista para jardins, com móveis mais descontraídos e variação de mesas, cadeiras e até sofá e mesa de centro;
  - ambientação dos espaços de alimentação escolhida pelos alunos e periodicamente renovada;
  - participação dos alunos na preparação e distribuição da comida, para promover atitudes saudáveis com a alimentação diária;
  - participação dos alunos na preparação do cardápio, com variedade de pratos, para melhor atender aos gostos individuais;
  - "cafés" como empreendimentos dos alunos, que os planejariam e fiscalizariam, inclusive quanto às questões financeiras, para assim aprenderem administração financeira e planejamento estratégico de empresas de alimentação;
  - áreas de alimentação (cafés) abertas durante o horário escolar, que poderão também servir como espaços para estudos individuais ou em grupo.

Fig. 5.16 Áreas de alimentação
Fonte: baseado em Nair e Fielding (2005).

Parâmetro de Projeto 9 – Transparência

O conceito da transparência é de extrema importância na arquitetura escolar. Ele deve transmitir a ideia de que educação e aprendizagem são visíveis e celebradas na escola. Cria um sentido de abertura e acesso livre às dependências da escola, mas sem comprometer ou interferir acusticamente com as atividades didáticas do espaço escolar. A transparência em escolas deve considerar (Fig. 5.17):

- uma área administrativa aberta, em um espaço convidativo, para que os funcionários consigam monitorar a entrada e a área aberta junto à entrada, onde alunos podem estudar livremente;
- uma área administrativa com acesso visual a áreas de socialização e estudo individual ou em grupo;
- salas de aula com visibilidade para áreas de estudos adjacentes, permitindo seu monitoramento pelos professores;
- corredores com luz natural, vistas (interessantes) ocasionais para o exterior ao longo do percurso, para evitar a sensação de confinamento e monotonia. Áreas de estudo com aberturas para os corredores, permitindo a supervisão natural desses espaços. A transparência apoia a segurança da escola e a supervisão direta de áreas de estudo livre.

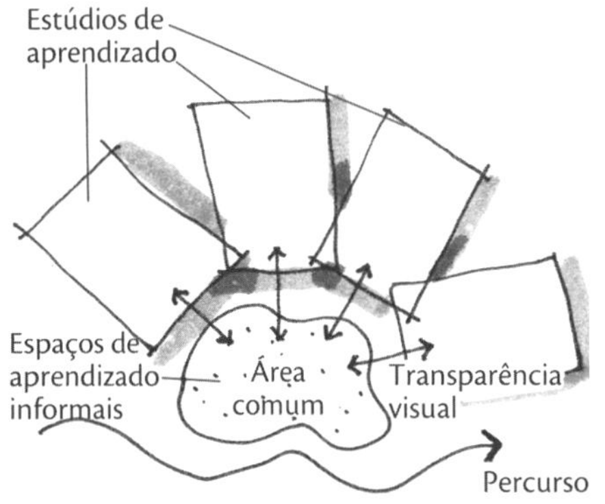

Fig. 5.17 Transparência
Fonte: baseado em Nair e Fielding (2005).

Parâmetro de Projeto 10 – Vistas interiores e exteriores

Como as atividades escolares acontecem predominantemente em espaços internos, é importante oferecer um horizonte externo maior para salas de aula, laboratórios, áreas de estudo, de socialização e de alimentação. Além de vistas a paisagens externas interessantes, o projeto também deve oferecer vistas internas instigantes. Para tanto, deve-se considerar (Fig. 5.18):

- as vistas são importantes para descansar a visão dos livros, computadores etc., cujo campo de visão é muito próximo;
- recomenda-se um campo de visão de, no mínimo, 20 m de distância.

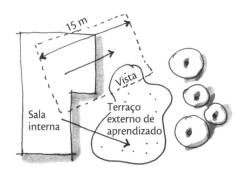

Fig. 5.18 Relação entre vistas interiores e exteriores
Fonte: baseado em Nair e Fielding (2005).

A discussão sobre vistas em salas de aula e de estudos muitas vezes leva à questão da distração. Estudos mostram que a concentração dos alunos depende mais do nível de interesse nas atividades escolares do que da possível distração com acontecimentos no exterior da escola. Portanto, não há motivos para impedir que os ambientes de aprendizagem proporcionem vistas agradáveis e que contribuam para o descanso da vista.

Parâmetro de Projeto 11 – Tecnologia distribuída

A tecnologia faz parte da nossa vida e não pode ser ignorada no ambiente escolar, pois é usada para a comunicação, para descobrir o mundo, jogar, brincar, colaborar com os outros, para escrever, criar objetos, ler e organizar a própria vida. Por isto, não pode mais se restringir ao laboratório ou à sala de computação (Fig. 5.19):

- deve estar presente em grande parte dos espaços escolares;
- a área da escola deve ter um sistema *wireless*, para permitir o acesso à informação na escola toda.

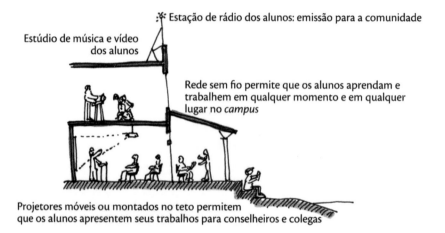

Fig. 5.19 Tecnologia distribuída
Fonte: baseado em Nair e Fielding (2005).

Parâmetro de Projeto 12 – Conexão entre espaços externos e internos

O ser humano pertence ao ar livre por natureza, e as crianças, mais do que os adultos, têm uma relação forte com o ambiente externo. O projeto de uma escola deve propiciar ampla possibilidade para os alunos usarem o ambiente externo (Fig. 5.20):

- a escola deve ter lugares para trilhas, circuito de corrida, horta e pomar, como extensão dos seus ambientes internos;

Fig. 5.20 Conexão entre espaços internos e externos
Fonte: baseado em Nair e Fielding (2005).

- as conexões entre interior e exterior dos ambientes da escola devem ser otimizadas ao máximo, por meio de vistas, terraços, salas de aula ao ar livre, cantos para sentar, ler, discutir, usar *laptop* etc.;
- as conexões entre interior e exterior devem ser diretas, sem barreiras, permitindo o livre acesso a cada área, quando convém para as atividades didáticas;
- as áreas externas conectadas às salas de aula também permitem atividades diferenciadas, não adequadas a espaços internos, como projetos grandes ou que fazem sujeira com o uso de água, terra etc.

As áreas externas também permitem desenvolver a coordenação motora das crianças, com a ajuda de equipamentos especializados.

Parâmetro de Projeto 13 – Mobiliário macio para sentar

A maior queixa de alunos nas avaliações pós-ocupação em escolas é sobre o mobiliário, em especial as cadeiras, sempre consideradas duras. Os alunos sentem falta de sofás, poltronas, almofadas etc., normais em outros ambientes (lar, escritórios etc.). Como o aluno fica sentado durante muitas horas, a ergonomia e a maciez das superfícies para sentar devem ser consideradas (Fig. 5.21). Assim:

- todas as cadeiras escolares devem ser estofadas;
- providenciar uma variedade de móveis para sentar, que permitam mudanças de postura durante uma aula;
- na área da escola, devem ser distribuídos assentos confortáveis, para permitir discussões agradáveis e espontâneas.

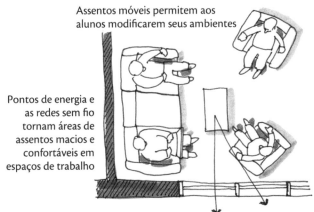

Fig. 5.21 Mobiliário confortável para sentar
Fonte: baseado em Nair e Fielding (2005).

Parâmetro de Projeto 14 – Espaços flexíveis

Atualmente, há uma grande variedade de maneiras de aprender e de ensinar, que demanda uma diferenciação de arranjos físicos, ou seja, uma flexibilidade dos espaços construídos, que não pode ser resolvida com ambientes neutros. Espaços multifuncionais são importantes, mas necessitam de arranjos que identifiquem seus usos. O importante para a flexibilidade nos ambientes de aula é o grande número de atividades diversificadas (Fig. 5.22). A flexibilidade depende da possibilidade de expansão das áreas construídas, de modificação de *layout* e das funções. Para Van der Voordt e Van Wegen (2005), esses conceitos dependem de:

- generosidade do dimensionamento do espaço (um pouco maior do que a atividade principal necessita), com área maior do que o mínimo desejável;
- modulações inteligentes de estruturas e elementos de fechamento de espaços, para reformas rápidas e simples, sem grandes demolições;
- distribuição de redes de infraestrutura integrada à modulação;
- infraestrutura generosa, para o uso de equipamentos em posições variadas;
- paredes suficientes para permitir a colocação de estantes, mesas, bancadas etc.;
- divisórias em vez de paredes fixas, mas acusticamente adequadas;
- móveis com rodízios;
- definição cuidadosa da neutralidade ou especificidade dos espaços e seus acabamentos;
- ambientes avaliados em relação às suas eventuais funções;
- zoneamento das funções, previsto no planejamento;
- fechamento de ambientes separado dos elementos estruturais;
- construção desmontável, quando apropriada;
- generosidade no cálculo estrutural, para permitir novas cargas.

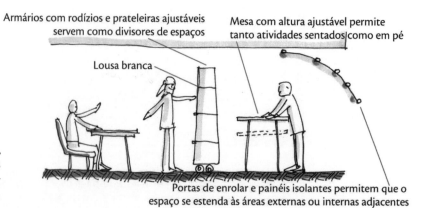

Fig. 5.22 Espaços flexíveis
Fonte: baseado em Nair e Fielding (2005).

Para o desenvolvimento do projeto escolar, muitas vezes são adotadas modulações e técnicas construtivas com base em elementos estruturais pré-moldados, que agilizam e barateiam algumas das etapas construtivas. No Estado de São Paulo, a FDE indica aos arquitetos modulações de 7 m x 7 m.

A questão da flexibilidade também considera os aspectos de mudança e crescimento. Alguns conceitos de projeto garantem maior flexibilidade ao uso de uma edificação, para adaptações a usos futuros, não previstos no programa de necessidade original do projeto. O conceito mais importante é a generosidade, que não implica aumentar áreas, mas recomenda ao projetista dar sempre uma atenção maior às necessidades do usuário, em razão da dinâmica das atividades e do seu suporte pelos espaços, instalações, equipamentos e mobiliário.

Parâmetro de Projeto 15 – Campfire

Campfire é a maneira de se ensinar com um especialista ou um contador de histórias, que compartilha seu conhecimento com os alunos, ou seja, trata-se de uma discussão em torno de uma figura central e superior. Para o desenvolvimento desse tipo de atividade, deve-se observar (Fig. 5.23):

- uma área um pouco mais elevada (tablado);
- a acústica deve levar em conta a reflexão da fala do palestrante no pódio;

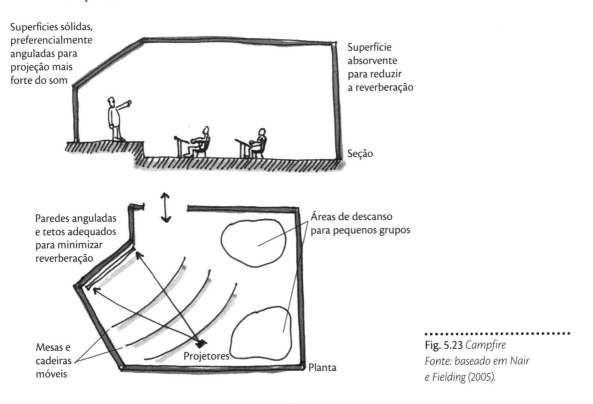

Fig. 5.23 *Campfire*
Fonte: baseado em Nair e Fielding (2005).

- existem duas modalidades de palestra: formal e informal, e o espaço deve possibilitar arranjos dos móveis para os dois usos;
- equipamentos de projeção de última geração disponíveis e com boa visibilidade ao grupo de alunos. É importante pensar nas necessidades do ensino a distância;
- o escurecimento do espaço com cortinas ou outros dispositivos para bloquear luzes de ambientes adjacentes deve ser fácil e rápido para permitir a apresentação de *slides* ou filmes;
- no tablado, é importante ter apoio para *laptop* com acesso à internet e para equipamento de acesso remoto;
- deve haver um equipamento de ampliação da fala (sistema de som *wireless*) de palestrantes.

Parâmetro de Projeto 16 – Watering hole space

Watering hole spaces são espaços de aprendizado mais informais, pela importância do desenvolvimento de habilidades sociais e de aprendizado colaborativo na formação dos estudantes. Esses espaços se distanciam do modelo tradicional de ensino e controle, que desencoraja a interação entre os alunos, pois a entende como fonte de distração e indisciplina. Além das áreas específicas para tais atividades, podem ser utilizados os espaços de circulação, com nichos e mesas para trabalhos em grupo (Fig. 5.24).

Fig. 5.24 *Watering hole space*
Fonte: baseado em Nair e Fielding (2005).

Parâmetro de Projeto 17 – Cave space

Metáfora que relaciona o espaço de uma caverna ao espaço individual, quieto, de reflexão e estudo, importante para o aprendizado. Embora esse tipo de espaço seja sempre entendido como a biblioteca, não necessita de silêncio absoluto, e pode ser um espaço externo, café ou outro ambiente com mobiliário que permita esse tipo de uso (Fig. 5.25).

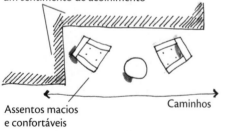

Fig. 5.25 *Cave Space*
Fonte: baseado em Nair e Fielding (2005).

Parâmetro de Projeto 18 – Projeto para inteligências múltiplas

Há diversos tipos de inteligência por explorar nas escolas, para cada aluno descobrir suas potencialidades, desenvolvendo as mais frágeis e expressando as mais fortes. Cada inteligência – linguística, lógica, musical, corporal, espacial, naturalista, interpessoal (social) ou intrapessoal (individual), existencial – só se desenvolve em espaços com características específicas. Necessita-se de um adequado planejamento das atividades para a definição espacial (Fig. 5.26).

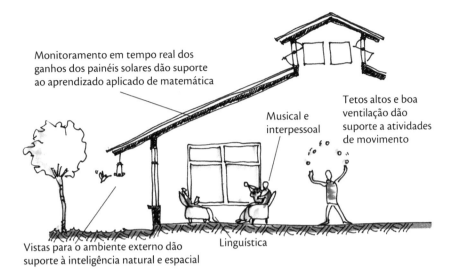

Fig. 5.26 Projeto para inteligências múltiplas
Fonte: baseado em Nair e Fielding (2005).

Parâmetro de Projeto 19 – Iluminação natural

A iluminação natural, desde que adequadamente projetada (seja por janelas, claraboias, prateleiras ou túneis de luz), tem um papel fundamental na qualidade do aprendizado de alunos. As paredes externas podem ser móveis, para a completa entrada de luz, com a integração dos espaços do interior e exterior da escola. A luz natural é essencial para o bem-estar fisiológico e psicológico de crianças e adultos confinados por muitas horas em espaços internos ou fechados. Para tanto, é preciso observar os seguintes aspectos (Fig. 5.27):

- luz natural apoia a eficiência energética de uma edificação;

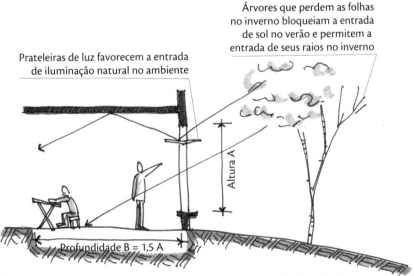

Fig. 5.27 Iluminação natural
Fonte: baseado em Nair e Fielding (2005).

Conceitos e tendências da arquitetura escolar

- em climas quentes, são necessários cuidados especiais com a entrada de luz natural em ambientes de ensino, pelo ganho de calor. Dispositivos de sombreamento são essenciais, projetados para cada situação: latitude, clima, orientação das aberturas, vegetação ou prédios próximos;
- placas fotovoltaicas devem ser incorporadas, para aproveitar a energia solar no ambiente escolar.

No Cap. 4, há alguns detalhamentos para priorizar a iluminação natural e as possibilidades de vistas para integrar os espaços (parâmetro 12) e o exterior de salas de aula.

Parâmetro de Projeto 20 – Ventilação natural

A troca de ar cria um ambiente mais saudável, especialmente em escolas localizadas fora de áreas poluídas. A ventilação natural reduz a quantidade de toxinas do ar, provenientes, muitas vezes, dos materiais de construção; também previne a formação de fungos ou mofo, que causam problemas de saúde. Para assegurar a ventilação natural, são necessárias (Fig. 5.28):

- ventilação natural cruzada, em todas as salas de aula, laboratórios, auditórios, sala multiúso e biblioteca;
- janelas livres à manipulação dos usuários, para que estes interfiram no próprio conforto. Janelas abertas em ambientes de andares altos necessitam de proteção, para prevenir acidentes e quedas.

O conforto térmico é o problema mais grave no Brasil. Como destacam Kowaltowski et al. (2001), o conforto térmico de um ambiente é essencial

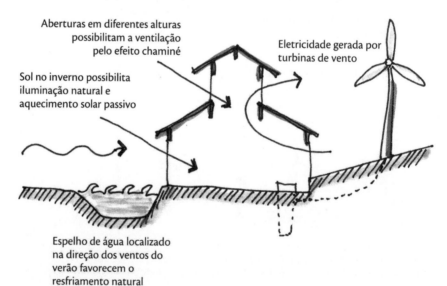

Fig. 5.28 Ventilação natural
Fonte: baseado em Nair e Fielding (2005).

para o bem-estar e o desenvolvimento das atividades dos usuários. Situações de desconforto, causadas por temperaturas extremas, falta de ventilação adequada, umidade excessiva combinada com temperaturas elevadas, radiação térmica provocada por superfícies muito aquecidas, são prejudiciais. Psicologicamente, provoca apatia e desinteresse pelo trabalho, o que é desfavorável num ambiente escolar.

Em climas quentes e úmidos, a proteção solar e a ventilação são as estratégias de maior eficiência bioclimática (Givoni, 1992), mas, às vezes, conflituosas, pelo fato de protetores solares interferirem na entrada de ventilação. Essas situações são bastante comuns, e os fatores que levam o arquiteto a optar por uma ou outra prioridade gealmente não são explícitos. No exemplo da Fig. 5.1, a ventilação cruzada é prejudicada e a orientação de metade das salas de aula também não é otimizada em relação à insolação ou ventos predominantes.

Parâmetro de Projeto 21 – Iluminação, cor e aprendizagem

A iluminação e a cor devem estar de acordo com as atividades desenvolvidas no espaço, e não com o padrão estabelecido ou o resultado do *layout* inicialmente previsto. Consideram-se os seguintes aspectos (Fig. 5.29):

- durante as atividades escolares, mesmo com as diferenças pessoais dos alunos, existe o reflexo natural de olhar acima do campo de leitura, focar os olhos em campos mais distantes e novamente focar o livro, a mesa ou a tela de computador. O projeto dos ambientes escolares precisa dar oportunidades para vistas de diferentes distâncias, com elementos ou aberturas que atraem o olhar;

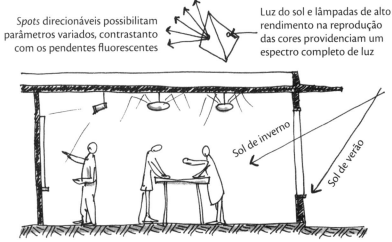

Pendentes diretos e indiretos com alto nível de reprodução de cor; lâmpadas fluorescentes diretas com 30-40% de luz para baixo, destinadas às tarefas, e aproximadamente 50-70% de luz para o teto, para retornar de forma refletida ao ambiente

Fig. 5.29 Iluminação, cor e aprendizagem
Fonte: baseado em Nair e Fielding (2005).

- a iluminação deve abranger o espectro total da luz para ser compatível com a iluminação natural recomendada em salas de aula e estudos;
- o projeto de iluminação deve levar em conta cada função do prédio e, nas áreas de circulação, orientar o usuário pelo desenho dos espaços e da distribuição e configuração das luminárias;
- vitrines e áreas de exposição necessitam de iluminações flexíveis, montadas em trilhos, para ajustes específicos a cada evento;
- a mistura de luz indireta e direta, e vários tipos de luminárias devem compor o projeto de iluminação artificial.

O projeto de iluminação deve refletir o caráter de cada espaço: o de recreação ou socialização demanda uma luz mais baixa e indireta; laboratórios necessitam de níveis de luz mais altos, e podem aproveitar a luz direcional para cima e para as superfícies de trabalho na proporção de 40 a 60%.

As atividades em sala de aula demandam percepção visual adequada, que depende de luz suficiente e de qualidade (Alvarez, 1995). As iluminações natural e artificial precisam ser usadas de modo combinado, para oferecerem ambientes com iluminação condizente ao tipo de atividade de aprendizado. Tanto a literatura nacional como a internacional demonstram a superioridade da luz emitida no espectro total (lâmpadas *daylight*) ou pela luz natural vinda das janelas.

Em estudos das avaliações pós-ocupação em escolas no Brasil, muitas vezes observa-se que as condições de trabalho são insatisfatórias no que diz respeito às recomendações de iluminância estabelecidas pelas normas brasileiras. Problemas de ofuscamento são comuns. De acordo com o estudo pós-ocupação realizado em Campinas, há uma distribuição não uniforme da iluminância na maior parte das salas, com um nível de iluminação fora das recomendações, além de péssimas condições de manutenção das lâmpadas e utilização padronizada de seu número, independentemente do tamanho das salas de aula (Graça; Scarazzato; Kowaltowski, 2001). Todos os problemas levantados prejudicam o conforto visual nos ambientes de ensino.

Parâmetro de Projeto 22 – Elementos de sustentabilidade

A arquitetura sustentável é uma das chaves para projetos de alto padrão de desempenho e deve ser explorada como uma ferramenta de ensino sobre a importância dessa prática para o planeta. Alguns dos aspectos a considerar são (Fig. 5.30):

- uma abordagem que minimize os impactos da construção nas características naturais do terreno;

Fig. 5.30 Elementos de sustentabilidade
Fonte: baseado em Nair e Fielding (2005).

- os recursos energéticos da terra;
- utilizar materiais recicláveis que não causem problemas de saúde pela emissão de vapores tóxicos;
- minimizar o consumo de água do edifício, capturando e reutilizando água da chuva, reduzindo assim as erosões no terreno.

No Brasil, a sustentabilidade do ambiente construído se apoia principalmente na arquitetura bioclimática. Discute-se a sustentabilidade dos projetos, a sua eficiência energética e o uso da água, a adequação dos materiais empregados, a participação do usuário na redução dos impactos e no detalhamento do projeto arquitetônico, para propiciar, de maneira otimizada, conforto ambiental aos usuários. O projeto bioclimático tem como base a carta bioclimática ou a zona de conforto (ver Cap. 4). Romero (2001) apresenta diretrizes de projeto de fácil aplicação na arquitetura bioclimática. As diretrizes destacam várias fases do projeto, como o programa, o anteprojeto e o projeto executivo. Durante a fase de programa de necessidades, o autor recomenda:

- analisar as funções do espaço interior;
- determinar as exigências térmicas e a hierarquia de prioridades;
- estabelecer o horário de ocupação e os locais de funções no meio exterior (circulação de pedestres e veículos, estacionamentos, atividades externas);
- estabelecer lugares de atividades internas no verão e no inverno;
- levantamento visual e/ou fotográfico dos edifícios, árvores e outros acidentes;
- levantamento dos dados principais de clima para cada mês (média das temperaturas máximas e mínimas; temperaturas absolutas; umidade relativa pela manhã e à tarde; velocidade e direção predominante dos ventos; radiação solar direta e difusa; insolação: relógio de sol, cartas solares);
- usar heliodon para a análise da insolação;
- analisar a necessidade e as possibilidades de utilizar instalações de ar condicionado;
- aproveitar a energia solar passiva.

No anteprojeto, devem ser manipulados, definidos e detalhados elementos como:

- forma e orientação mais convenientes para o volume;
- critérios de insolação na composição de vários volumes;
- problemas de ventilação;

- localização dos diversos locais, de acordo com a prioridade estipulada;
- tratamento dos espaços exteriores;
- microclima;
- parâmetros principais da estrutura térmica do edifício;
- área envidraçada;
- critério para a proporção da área;
- métodos de proteção;
- ventilação (para higiene e conforto) e densidade do edifício no sentido transversal (para propiciar ventilação cruzada eficaz);
- controle da insolação.

No projeto executivo ou detalhado, devem ser desenvolvidos estudos mais aprofundados sobre:

- fechamentos opacos: materiais, espessuras, processos construtivos, com base em absortância, emissividade, resistência térmica, inércia térmica;
- fechamentos transparentes: tipos de proteção, eficiência nos períodos quente e frio;
- sistemas de ventilação: áreas de entrada e saída, formas de abrir, dispositivos de segurança, divisórias internas para possibilitar ventilação cruzada;
- elementos de construção e vegetação para os espaços externos, contribuição para os espaços internos;
- cobertura: detalhamento de coberturas, coberturas verdes, tecnologias *underground* (construções enterradas), guarda-sol com ajustes (segunda pele ajustável);
- tecnologias como painéis fotovoltaicos.

As escolas são instituições importantes, e o investimento na qualidade do ambiente reflete diretamente sobre os seus usuários e influencia os níveis de aprendizagem. O ambiente físico pode ser um aliado ao ambiente humano. Assim, é comum, em países desenvolvidos, ver discussões sobre *Green schools*, onde a educação ambiental acontece direta e indiretamente, pela convivência com um ambiente ambientalmente "correto".

O desempenho dos ambientes não gira apenas em torno da eficiência energética e de recursos, mas de uma escola saudável, com um espaço adequado para uma educação de qualidade. Segundo Pizarro (2005), as discussões sobre arquitetura bioclimática e arquitetura sustentável em projetos de escolas de alto desempenho se cruzam em um ponto comum, que é a possibilidade de os alunos aprenderem a importância da conservação dos recursos naturais num espaço adequado. Uma criança do ensino fundamental de hoje aplicará seus conhecimentos daqui a pelo menos 10 ou 15 anos, quando será adulta e estará incluída no mercado de trabalho. Assim, é imprescindível que os conceitos sobre conservação de recursos naturais, gastos energéticos e conforto no ambiente sejam corretamente ensinados aos estudantes. Além do contato em sala de aula com o professor e da leitura sobre o assunto, é fundamental que o ambiente seja rico em informações. Para criar um edifício escolar de alto desempenho, não basta explorar estratégias bioclimáticas e de conservação natural; são necessários ajustes no papel dos educadores, da comunidade e dos alunos nesse processo.

Parâmetro de Projeto 23 – Assinatura local

A linguagem arquitetônica escolhida no projeto deve expressar a pedagogia e os valores da escola na comunidade. A qualidade formal da arquitetura escolar é importante e pode se tornar um elemento que destaque a instituição em seu entorno ou, ainda, trabalhar com elementos simbólicos que exerçam essa função (jardins, fontes, algum elemento representativo da história local etc.) (Fig. 5.31).

Fig. 5.31 Assinatura local
Fonte: baseado em Nair e Fielding (2005).

Parâmetro de Projeto 24 – Conexão com a comunidade

O edifício escolar deve estar conectado à comunidade, pela compreensão e incorporação de seus valores e desejos para o espaço projetado. Três aspectos criam a integração de uma escola com a sua comunidade (Fig. 5.32):

- localização: próxima ao centro da comunidade;

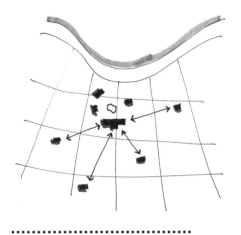

Fig. 5.32 Conexão com a comunidade
Fonte: baseado em Nair e Fielding (2005).

- relação com o comércio local e a infraestrutura social e cultural existente;
- abertura para a comunidade utilizar o espaço escolar em eventos.

Parâmetro de Projeto 25 – O pátio, a implantação da escola e a adequação dos espaços livres

É interessante notar que entre os parâmetros de Nair e Fielding (2005) não se encontram referências especiais sobre as áreas livres de uma escola, como o *playground*, por exemplo, considerado essencial a qualquer projeto escolar. As atividades diversas de apoio ao processo pedagógico encontram-se dispersas no programa, o que justifica o fato de o pátio não ser mencionado nesta literatura.

Em razão das limitações no programa de necessidades das escolas públicas no Estado de São Paulo, os parâmetros mencionados anteriormente acabam tendo grande parte de suas funções inseridas no espaço dos pátios escolares. Esses pátios são áreas que incorporam, junto com as quadras esportivas, todas as atividades de lazer, além das atividades pedagógicas que impliquem a necessidade de espaços externos, dada a ausência de relação destes com os espaços das salas de aula na grande maioria dos projetos escolares locais. Deve-se lembrar que esses espaços acumulam outras funções, principalmente no caso do pátio. Ele é uma extensão dos refeitórios, em razão das exíguas áreas que estes têm; desempenha o papel de entrada para os usuários, além de ser o único espaço capaz de abrigar os alunos em dias chuvosos. O parâmetro que menciona as atividades de música, teatro e artes, por exemplo, dentro do programa atualmente implantado nas escolas públicas paulistas, só poderia ser realizado na área do pátio, uma vez que as escolas não possuem ambientes especiais para a realização de tais atividades.

Dessa forma, é necessário introduzir um parâmetro que reflita sobre a implantação do projeto. Na prática brasileira de projetos escolares é comum encontrar lotes com formas, dimensões e topografias que geram complexidades para a inserção do programa de necessidades da escola. Essas situações podem ser chamadas de risco, já que o arquiteto, ao procurar equacionar as soluções de projeto diante das restrições desses lotes, pode criar interferências que necessitam de um maior cuidado e atenção, mas que podem conduzir a soluções inovadoras, principalmente em espaços livres, utilizando a vegetação como aliada na constituição de ambientes educacionais de qualidade.

O pátio coberto e as áreas livres da escola devem oferecer ambientes agradáveis, com vegetação que propicie sombra em proporção adequada aos períodos predominantes de calor do clima local. O projeto da escola deve incluir um projeto paisagístico de fácil manutenção, que propicie aos usuários contato com elementos naturais e vistas humanizadas. Uma horta pode fazer parte desse projeto. Em terrenos com topografia acidentada, devem-se criar platôs interligados por rampas. Taludes íngremes devem ser evitados, para a segurança física das crianças. A entrada deve oferecer uma área generosa ainda fora dos limites da escola, para acomodar a espera de alunos e pais antes e depois das aulas. O pátio deve ser conectado à entrada para acolher os alunos, principalmente em dias de chuva. O formato e a orientação do pátio coberto devem evitar a canalização de ventos e a insolação excessiva, principalmente à tarde. Este parâmetro relaciona-se aos parâmetros 27 (fechamento da área) e 28 (integração externa entre os espaços). A Fig. 5.33 mostra seus elementos essenciais.

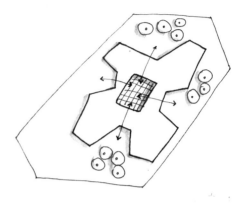

Fig. 5.33 O Pátio, a implantação da escola e a adequação dos espaços livres

Parâmetro de Projeto 26 – Incorporação da quadra de esportes no volume da edificação

A localização da quadra para a prática de esportes e lazer é uma das principais decisões que o arquiteto precisa tomar ao enfrentar o desafio do projeto de uma edificação escolar, porque, nesse espaço, desenvolvem-se atividades conflituosas com as demais do espaço escolar. As atividades nas quadras são bastante ruidosas, o que significa que, dependendo da sua localização, elas interferem negativamente nos outros ambientes escolares, em que se demanda silêncio e/ou concentração. Portanto, a localização da quadra tem relação direta com as questões acústicas das salas de aula.

Outro problema enfrentado pelos projetistas de escolas é o tamanho e o formato dos terrenos para a sua construção, geralmente pequenos, o que torna a locação da quadra ainda mais complicada. Soluções que verticalizam o programa a ser atendido são alternativas viáveis, inclusive com as quadras localizadas nas lajes de cobertura das edificações. Essa é uma alternativa que se apropria de espaços antes não utilizados, e deve ser analisada de modo cuidadoso, porque a instalação da quadra na cobertura dos edifícios traz prejuízos acústicos bastante significativos para os ambientes localizados nos andares imediatamente abaixo. Sua acessibilidade implica a necessidade de circular por outros ambientes da escola, o que não é desejável quando a utilização da quadra, fora do horário escolar, destina-se à comunidade. Outra questão crítica é o fato de as atividades realizadas nesses ambientes demandarem controle visual dos professores, coordenadores ou funcionários. Em escolas horizontalizadas, esse controle é facilitado, sem a necessidade de mais funcionários para a supervisão, muitas vezes inviável nas escolas públicas. Problemas de funcionalidade dessa tipologia também aparecem quando os sanitários e vestiários ficam no pavimento inferior. A Fig. 5.34 exemplifica o parâmetro da relação da quadra com os ambientes mais acadêmicos de projetos escolares.

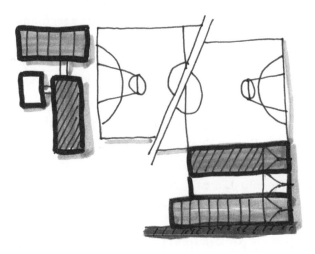

Fig. 5.34 Relação quadra/sala de aula

Parâmetro de Projeto 27 – Fechamento da área

O fechamento das escolas é uma questão de segurança, em função dos problemas de violência. O ambiente escolar precisa ser seguro, tanto para a preservação de seu patrimônio físico e material, como para a segurança dos seus usuários. As escolas precisam fechar-se de modo adequado, mas sem se tornarem esteticamente feias ou parecidas com prisões.

Algumas das alternativas são os muros e gradis. Um projeto cuidadoso pode propiciar soluções inteligentes e com custos iguais ou semelhantes a outras que são implantadas. Um muro pode se tornar um elemento interessante na composição arquitetônica da escola, se combinado a elementos vazados e a um tipo de vegetação que propiciem desenhos mais interessantes. As grades também podem ser planejadas com um desenho criativo e incorporadas ao projeto esteticamente. Os tipos de fechamentos devem ser propostos ao ser elaborado o projeto da escola, para compor uma linguagem arquitetônica única, em relação com o parâmetro 23 (assinatura local) (Fig. 5.35).

Parâmetro de Projeto 28 – Integração externa entre os espaços

Este parâmetro relaciona-se com o parâmetro 12, mas discute a particularidade da integração de vários volumes implantados no lote da escola, muitas vezes com cotas de níveis diferentes, dificultando a circulação das pessoas de um bloco para outro. Dependendo da tipologia adotada pelos arquitetos, as escolas são divididas em blocos separados,

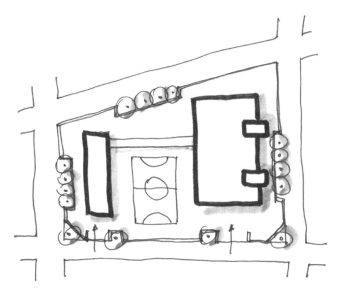

Fig. 5.35 Fechamento da área escolar

mas a integração adequada deles é indispensável ao funcionamento da escola, o que nem sempre é levado em consideração. Isso origina soluções de *retrofit* após a ocupação do edifício, na maioria dos casos sem a observação de um projeto e, frequentemente, inadequadas à linguagem do edifício. Deve-se evitar a integração sem projeto, como é muito comum em escolas que ganham novos prédios ao longo do tempo.

Os espaços de circulação da escola precisam atender às demandas mínimas de utilização, como, por exemplo, serem cobertos, para se adequarem aos dias de chuva. Podem ser utilizadas passarelas como elementos fortes e marcantes do partido arquitetônico adotado (Fig. 5.36).

Parâmetro de Projeto 29 – Dimensionamento de aspectos funcionais

A questão da funcionalidade foi discutida em vários parâmetros, mas no âmbito nacional ainda não há muitos estudos. Algumas avaliações pós-ocupação apontam para a necessidade de revisão dos conceitos aplicados (Kowaltowski et al., 2001).

Geralmente, a avaliação pós-ocupação de prédios escolares brasileiros avalia a funcionalidade baseada na análise da quantidade de área útil por aluno na sala de aula e nos espaços considerados essenciais a uma escola, como salas de aula, biblioteca, laboratório, pátio e área de serviço (Ornstein;

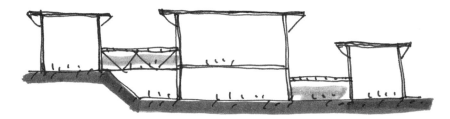

Fig. 5.36 Integração externa entre os espaços

Borelli, 1995). A área mínima recomendada por aluno (1,5 m^2) costuma ser respeitada, mas ela é calculada apenas para a área da sala e a quantidade de alunos, sem levar em conta os arranjos variados dos móveis para abrigar atividades diversas (Fig. 5.37).

Fig. 5.37 Dimensionamento de aspectos funcionais

Parâmetro de Projeto 30 – Conforto acústico

A solução das questões acústicas é um exemplo de situações de conflito entre aspectos de conforto ambiental. As questões acústicas em muitas referências internacionais não indicam problemas específicos em ambientes escolares, e os projetos de salas de aula sempre incluem tetos acústicos e, muitas vezes, o material do piso é algum tipo de carpete de fácil limpeza e fabricado com tecido antialérgico. Dessa forma, as superfícies da sala de aula reduzem a reverberação do som, absorvendo ruídos.

No Brasil, essas soluções são pouco aplicadas. São comuns soluções que focam apenas a questão térmica e propõem ambientes com ventilação cruzada (com janelas voltadas também para os corredores), que apresentam sérios problemas de ruídos (Bittencourt; Cruz, 1995; Mimbacas et al., 1998; San Juan; Rosenfeld, 1995).

A questão do ruído nas salas de aula foi examinada no Cap. 4. Embora os itens de conforto tenham sido abordados de maneira independente, estes devem ser tratados de forma integrada (Fig. 5.38).

Parâmetro de Projeto 31 – Acessibilidade

Nos princípios do DQI descritos anteriormente, a acessibilidade foi incluída como um conceito norteador de pedagogias atuais que apoiam a inclusão social de pessoas com diferentes habilidades. Este parâmetro também se relaciona ao parâmetro 18, das inteligências múltiplas.

Fig. 5.38 Conforto acústico

Assim, as questões da inserção social e da acessibilidade no ambiente escolar não podem faltar em uma discussão sobre a arquitetura de escolas de qualidade e seu detalhamento (Fig. 5.39).

A acessibilidade está inserida na aplicação dos conceitos de Desenho Universal, requisitos fundamentais para a vivência de um indivíduo em um ambiente público ou privado. O Desenho Universal é parte integrante da concepção do projeto de edificações, e não uma mera adaptação. Para a equiparação nas possibilidades de uso, deve-se impedir a segregação por meio do uso de elementos arquitetônicos que permitam o acesso ao ambiente para diferentes pessoas, com diferentes equipamentos para a circulação, como rampas, elevadores e plataformas colocados nos lugares mais apropriados para o percurso; prover privacidade e segurança em espaços íntimos com equipamentos de auxílio como barras de apoio nos sanitários e campainhas e alarmes para emergência, de fácil localização; instalar portas com sensores automáticos para abertura e fechamento.

As formas de informar devem ser consideradas no projeto, pela inclusão das diversas formas de comunicação existentes, como mapas táteis, pictogramas, sinalização sonora, informações em Braille. A legibilidade da sinalização nos locais de circulação pública e a utilização adequada dos recursos de contrastes cromáticos em placas e letreiros também são importantes. Alguns elementos, como os pisos táteis, são uma forma de comunicação, uma vez que direcionam e alertam o usuário sobre a presença de obstáculos no percurso. Os elevadores com sensores de passagem conferem segurança e autonomia ao usuário, assim como a colocação de informações em Braille ou o uso de diferentes texturas em corrimãos podem sinalizar o término de uma escada, a presença de um desnível ou o fim da barra de auxílio junto a uma parede.

O projeto deve considerar a diversidade antropométrica ao detalhar balcões, prateleiras e mobiliário que delimitam os espaços internos de uma edificação. O ambiente deve ter dimensões e espaços de uso, de forma a abrigar confortavelmente o usuário, estabelecendo-se quais elementos do campo visual são importantes, esteja o usuário sentado ou em pé; que distâncias precisam ser percorridas sem muito esforço físico, que espaços comportam a passagem de uma cadeira de rodas nas áreas de circulação. Escolher equipamentos acionados por pressão é uma maneira de providenciar o mínimo

Fig. 5.39 Acessibilidade

esforço físico para realizar uma determinada tarefa. Tais preocupações tornam o espaço acessível às pessoas com alguma deficiência e permitem um uso igualitário. O prédio escolar, em função de sua importância como equipamento de inclusão social, necessita incorporar os princípios do Desenho Universal plenamente. A exigência de incorporar em um volume todo o programa de necessidades do parâmetro 27 pode induzir soluções de projeto com vários níveis. As dimensões, os formatos e as topografias dos lotes de muitas escolas da periferia urbana também exigem soluções de projeto sensíveis às questões da acessibilidade.

Parâmetro de Projeto 32 – Síntese dos parâmetros ("colocar tudo junto")

Para verificar o atendimento de todos os parâmetros, sugerem-se processos participativos, que definam a filosofia da escola e os indicadores que o projeto deverá atender. Os parâmetros de projeto devem funcionar no edifício como um todo, e não isoladamente considerados (Fig. 5.40).

O desenvolvimento deste trabalho poderá permitir a proposição de outros parâmetros para completar o quadro delineado. A qualidade do projeto de ambientes escolares e os parâmetros que visam ampliar a qualidade desses ambientes para a melhoria do ensino dependem também do processo de projeto, na busca por soluções mais criativas e adequadas ao contexto.

Grande parte das definições de arquitetura escolar de qualidade trata das ferramentas e literaturas produzidas sob a ótica de outras áreas do conhecimento. De modo geral, a discussão relaciona os espaços da arquitetura com os sentimentos e percepções dos usuários em relação a eles. A ideia de uma sociedade a respeito do que a escola é (ou poderia ser) continuará se desenvolvendo, em função das constantes mudanças sociais a que se assiste atualmente. O papel da escola na comunidade também continuará a se desenvolver como centro de atividades educacionais para todas as áreas (Cabe, 2004). O desafio é desenvolver propósitos criativos vinculados às necessidades atuais e futuras e ao potencial de cada comunidade, em um processo colaborativo. Com os parâmetros apresentados, espera-se alimentar o processo de projeto e orientar as discussões do ambiente escolar para a inserção dos conceitos atuais para o ensino de qualidade.

Esse processo é discutido no próximo capítulo. Vislumbra-se que o processo tradicional de projeto necessita ser enriquecido com os parâmetros recomendados, com a participação ativa da comunidade escolar e a introdução de ferramentas e métodos de avaliação.

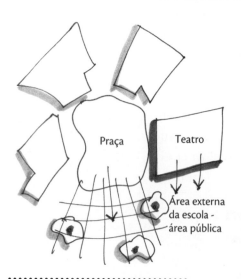

Fig. 5.40 A síntese dos parâmetros
Fonte: baseado em Nair e Fielding (2005).

Arquitetura escolar e seu processo de projeto

O ensino público brasileiro tem sido objeto de muitas discussões, em razão dos índices insatisfatórios de desempenho obtidos pelos alunos (Werthein, 2010). Um dos objetos é a qualidade do ensino adequada às novas abordagens e metodologias educacionais. Dada a importância da educação, observa-se a necessidade de uma atuação multidisciplinar, ainda que em médio prazo, para melhorar a qualidade de ensino. Há muitas propostas, mas poucas com a participação do profissional da arquitetura nesse processo. Um número crescente de estudos demonstra a relação entre a qualidade do espaço físico e o desempenho acadêmico dos alunos (Kowaltowski; Graça; Petreche, 2007; Taralli, 2004b).

Sabe-se que o projeto de ambientes de aprendizado podem ter um impacto significativo na frequência e no comportamento dos alunos. Os funcionários podem se sentir mais valorizados e motivados em edifícios bem projetados, e as pessoas que moram no entorno podem, mais provavelmente, usar as facilidades que se tornam disponíveis com a construção da escola (Cabe, 2007b).

Assim, para dar voz à arquitetura como elemento significativo na determinação da qualidade do processo educacional, necessita-se focalizar a adequação do processo de trabalho dos projetistas às novas demandas. Os grandes avanços tecnológicos e as mudanças globais, sociais e econômicas que ocorrem constantemente influenciam os trabalhos realizados na área da arquitetura, ao aumentar a complexidade e a exigência quanto à qualidade final dos edifícios, o que não é diferente quando se trata de edifícios escolares (Kowaltowski et al., 2006a). Exigem-se novas posturas dos profissionais com decisões de projeto, justificadas com diversos pontos de vista, tais como conforto, funcionalidade e humanização do ambiente construído, e soluções no conceito da sustentabilidade.

Avaliações Pós-ocupação (APOs) realizadas em prédios de escolas do Brasil mostram que os edifícios têm uma série de problemas relacionados ao conforto ambiental, ou seja, os parâmetros atuais de projeto necessitam de uma revisão criteriosa. As APOs apontam a necessidade de melhorar a qualidade dos ambientes escolares, pela insatisfação dos usuários (professores, estudantes e funcionários) com os níveis de conforto (Graça; Kowaltowski; Petreche, 2004; Ornstein, 2005).

As condições dos ambientes escolares no Brasil são um desafio aos arquitetos, que devem usar as experiências de sucesso e de falhas do passado para a criação de edifícios que sirvam às novas realidades e necessidades e que sejam flexíveis e adaptáveis às mudanças de um futuro próximo.

Há diversos estudos desenvolvidos para melhorar a qualidade do ambiente construído, os quais identificam objetivos da arquitetura, como propiciar experiências espaciais de impacto estético; adaptar-se ao contexto; ser convidativa e confortável; atender às necessidades e ser responsável ambientalmente. A boa arquitetura deve incorporar, de forma ponderada, aspectos da estética, da funcionalidade, da economia e da viabilidade construtiva (Wong; Lam; Chan, 2009).

6.1 O PROCESSO DE PROJETO

A qualidade do ambiente construído é resultado de um adequado processo de projeto, de obra e de manutenção, assim como de um uso condizente com as suas funções. A qualidade do projeto em arquitetura depende da equipe e de sua experiência, bem como das informações disponíveis para o desenvolvimento do projeto (Chvatal; Kowaltowski; Labaki, 1998; Kowaltowski; Labaki, 1993).

Muitas pesquisas concentram-se na investigação das estratégias cognitivas de projeto e suas consequências na qualidade de determinado produto para a etapa de elaboração do programa de necessidades e desenvolvimento (Cherry, 1999; Cross, 2006; Kruger; Cross, 2006). É importante investigar também a origem das falhas e estabelecer procedimentos que incluam a tomada otimizada de decisões.

As metodologias para o desenvolvimento de projetos arquitetônicos consistem em análise e síntese, ou em tentativas e erros. Nem sempre proporcionam uma visão geral clara de seus objetivos, e muitas vezes não permitem ou não se preocupam com o armazenamento das informações referentes às decisões. Assim, muitas vezes, o projeto é considerado e tratado de forma empírica, sem o desenvolvimento de uma metodologia que possibilite o compartilhamento do processo, das informações e das avaliações (Suh, 1998).

As metodologias de projeto podem ser vistas como abstrações e reduções para compreender o fenômeno projetivo. Há um consenso entre os teóricos de que a intuição é uma parte importante do processo e de que o modelo de projeto não é uma sequência linear de atividades exatas, uma vez que o projetista não tem amplo conhecimento da natureza do objeto de projeto e seu processo de pensamento não é considerado totalmente racional (Lang, 1987; Lawson, 1997). Diversos autores relatam a complexidade do campo projetivo arquitetônico (Barroso-Krause, 1998; Dülgeroglu, 1999; Fernandes, 1998; Jutla, 1996), que (a) se situa entre a ciência e a arte, e tem de responder a questões não bem definidas, que permitem múltiplas abordagens; (b) há subáreas – representação da forma, história e teoria, tecnologia de construções, estudo das estruturas – que se desenvolvem de maneira independente, cada uma com um tipo de dialeto, sendo necessário integrá-las na concepção do projeto; (c) possui o conhecimento universal para ditar normas e padronizar, e o conhecimento específico para cada caso, ou seja, cada problema é único e cada solução baseia-se em um conjunto diferente de critérios.

Devido a essa complexidade, são grandes as dificuldades para enquadrar as características do processo projetivo em metodologias, porque o processo de criação de formas em arquitetura é informal, individual ou pertence a ideologias ou escolas de linguagens estéticas (Kowaltowski; Labaki, 1993).

Muitos projetistas procuram regras na criação da forma. Os estudos do processo criativo indicam pelo menos cinco tipos de heurísticas aplicadas na solução de projetos: analogias antropométricas (a base é o corpo humano e os limites dimensionais); analogias literais (elementos da natureza inspiram a forma); relações ambientais (aplicação de princípios científicos ou empíricos da relação homem/ambiente, como clima da região, tecnologia e recursos disponíveis); tipologias (conhecimento de soluções anteriores ou protótipos) e linguagens formais (estilos) (Rowe, 1992).

Existem muitos estudos que relatam metodologias e teorias de projeto (Broadbent, 1973; Evbuomwan; Sivaloganathan; Jebb, 1996; Rowe, 1992). Essas teorias consideram determinados princípios úteis para explicar o processo de projeto e fundamentar metodologias. Explicam o que é o projeto e o que se tem feito no ato projetivo. Por sua vez, a metodologia de projeto é a coleção de procedimentos, ferramentas e técnicas utilizadas pelo projetista. Ela é prescritiva e indica como projetar. A teoria de projeto é descritiva e indica o que é o projeto (Evbuomwan; Sivaloganathan; Jebb, 1996).

Arquitetura escolar e seu processo de projeto

Considera-se o processo de projeto um número de atividades intelectuais organizadas em fases, com características e resultados distintos, que são: análise, síntese, previsão, avaliação e decisão. Na prática, algumas podem ser realizadas pela intuição; outras, de forma consciente ou segundo um padrão (Lang, 1987). O projeto arquitetônico faz parte da família de processos de decisão, e as principais fases da prática profissional dos projetistas são: programa de necessidades, projeto, avaliação e decisão, construção e Avaliação Pós-Ocupação. Em cada fase, realiza-se uma série de atividades (Lang, 1987; Papalambros; Wilde, 2000).

Muitos ciclos do projeto têm nomes de fases e requisitos de trabalho similares, porém poucos são idênticos. A maioria possui quatro ou cinco fases, e alguns podem chegar a nove ou mais fases. Subprojetos também têm um ciclo distinto. Por exemplo, uma empresa de projeto de arquitetura contratada para desenvolver um projeto envolve-se primeiramente com a fase de definição do contratante e, depois, com a fase de implantação da construção. Contudo, o projeto arquitetônico segue suas próprias fases, de desenvolvimento conceitual, definição e implantação (PMI, 1996). Embora os nomes difiram de indústria para indústria, os estágios reais seguem os passos comuns à resolução de problemas (*problem solving*): definir o problema, verificar as opções, escolher um caminho, implantar e avaliar.

Na rotina dos escritórios de arquitetura, verifica-se a divisão da fase de projeto em croquis, anteprojeto e projeto de execução. No croqui, a liberdade de escolha é maior e as restrições são pequenas, quando comparadas às fases seguintes. Um modelo geral de processo de projeto é apresentado nas Figs. 6.1, 6.2 e 6.3, com três esquemas e suas principais fases realizadas pela prática profissional.

Para melhorar o processo de projeto e vencer sua complexidade, recomendam-se vários procedimentos: valorizar a fase do programa de necessidades, com o levantamento dos problemas e as possíveis soluções; estruturar e documentar os requisitos funcionais ou do cliente, para fomentar a discussão; e adotar o processo participativo, para enriquecer o levantamento de dados para o desenvolvimento do programa de necessidades. A participação também ajuda na tomada de decisão com os futuros usuários de uma nova edificação (Sanoff, 1994, 2001a). Deve-se valorizar a APO e os registros dos erros e acertos de protótipos (Preiser; Rabinowitz; White, 1988). Existem vários métodos de avaliações de ambientes construídos e técnicas para estimular a produtividade e preservar a ética no processo com participação da população.

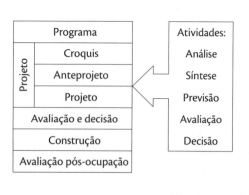

Fig. 6.1 Modelo geral de projeto baseado em Lang (1987) e Barroso-Krause (1998)
Fonte: Graça (2008).

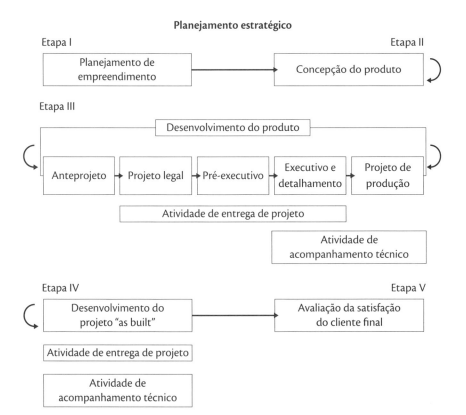

Fig. 6.2 Fluxo geral de etapas do desenvolvimento de projeto (adaptado de CTE, 1998 apud Fabrício, Baía e Melhado, 1998)
Fonte: Graça, (2008).

6.2 Processo de projeto escolar tradicional

No Brasil, o processo de projetos escolares públicos é administrado por órgão do Estado ou por secretaria municipal. Em geral, o Município é responsável pelo ensino infantil e fundamental, e o Estado responde pelo ensino médio e profissionalizante. Há também escolas técnicas federais. Os projetos para novas construções escolares podem ser desenvolvidos por projetistas, funcionários dos próprios órgãos públicos ou arquitetos autônomos contratados por esses órgãos.

O histórico de construção das escolas mostra a constante preocupação em atender à crescente demanda por vagas, ou seja, nem sempre a prioridade é a qualidade dos edifícios, mas a quantidade de vagas criadas. Embora os conceitos de qualidade e quantidade não sejam excludentes, a história demonstra que nem sempre sua articulação ocorre. Essa questão agrava-se quando se trata de obras públicas, nas quais a resolução desses dois aspectos depende de fatores políticos e de limitações relativas a prazos, recursos disponíveis ou à própria legislação vigente (Ferreira; Mello, 2006).

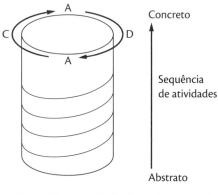

Fig. 6.3 O modelo de Asimow, baseado em Rowe (1992)
Fonte: Graça (2008).

Os órgãos centralizadores da produção de arquitetura escolar nos Municípios e Estados, como a FDE (Fundação para o Desenvolvimento Escolar) no Estado de São Paulo, são um esforço para melhorar a qualidade da educação e o ambiente físico de ensino, de modo a transmitir conhecimentos de projetos de qualidade. A experiência desses órgãos, acumulada no decorrer de cada obra, e o fato de eles serem responsáveis pela manutenção dos espaços escolares podem proporcionar realimentação dos novos processos de projeto, com informações do anteriormente realizado.

As metodologias implementadas pelos órgãos responsáveis por construções de prédios escolares influenciam o processo de projeto dos arquitetos terceirizados quando estes fazem parte do processo de projeto, o que significa ser essencial a compreensão de suas etapas e principais características. Quase todas as metodologias de projeto propõem uma divisão em fases, para garantir a qualidade e o gerenciamento das informações disponíveis (Graça, 2008). Cada fase deve ser marcada pela entrega de um produto que pode ser avaliado, para dar sequência ao processo. Embora cada arquiteto separe essas fases de uma maneira diferente, geralmente seguem a lógica da resolução de problemas, ou seja, definir o problema, verificar as opções, escolher a melhor, aplicar e avaliar, em um processo contínuo, até obter a decisão final (Graça, 2007).

A aplicação do processo de projeto tradicional ao ambiente escolar público no Brasil começa com o planejamento da rede física de escolas do Estado ou Município, que leva em conta as escolas existentes, sua capacidade e o crescimento populacional da região de interesse. Cada escola atende a uma zona num raio de alcance, em função dos diversos ciclos de ensino, da sua capacidade e da densidade populacional da região. Avaliam-se os dados de censos escolares anteriores dos ciclos de ensino, os índices de repetência em cada série e a expansão das áreas urbanas, bem como fatores como o adensamento em regiões ocupadas. Esse adensamento pode dar origem a novos conjuntos habitacionais em vazios urbanos, por exemplo. Os impactos de grandes investimentos em habitação social, por meio de programas como o PAC do governo federal e o programa "Minha Casa Minha Vida", devem ser levados em conta, bem como a rede de escolas particulares da região e o atendimento delas às várias classes sociais da área em estudo. Analisam-se ainda as escolas públicas existentes e o seu estado de conservação, as condições físicas de infraestrutura para os programas de ensino do Estado ou do Município, para verificar a necessidade de construir novas escolas e delimitar as reformas e ampliações de prédios escolares existentes. Duas importantes decisões são tomadas nessa fase de planejamento do processo de projeto escolar: calcula-se o tamanho de novos prédios escolares pela demanda de vagas para cada ciclo de ensino, e indica-se o local ou as áreas das novas construções. Essas decisões afetam diretamente o programa de necessidades, que precisa ser discutido e desenvolvido para dar suporte ao processo de projeto escolar de qualidade.

O processo de projeto atualmente empregado nos Municípios e Estados do Brasil começa com a contratação de um escritório terceirizado para desenvolver o projeto de arquitetura da nova escola, ou as secretarias de obras ou planejamento desenvolvem os projetos. No caso dos escritórios de arquitetura, são cedidos: o programa arquitetônico previamente definido pela Secretaria da Educação, o levantamento topográfico e, no caso do Estado de São Paulo, os catálogos técnicos (componentes construtivos e modulação exigida), além de lista das normas a consultar. Posteriormente, indicam-se as seguintes etapas: Vistoria do Local, Estudo Preliminar, Anteprojeto, Projeto Executivo, Projetos Complementares e Compatibilização. Cada uma dessas etapas é avaliada pelo órgão fiscalizador, com o objetivo de verificar o atendimento às exigências em cada fase.

Os empreendimentos de projetos escolares geralmente são únicos, razão pela qual apresentam um grau de incerteza e sua organização é realizada pela divisão do projeto em fases, de modo a controlar e gerenciar melhor as informações. As fases de projeto são conhecidas como o ciclo de vida de projeto (PMI, 1996)

A Fig. 6.4 apresenta um exemplo de arquitetura escolar administrado pela FDE, resultante da aplicação desse processo tradicional. Verifica-se o esforço em aumentar a qualidade arquitetônica. Os profissionais envolvidos criaram ambientes escolares mais instigantes e apropriados às necessidades atuais. Há também um maior empenho do projeto escolar em compatibilizar custos, sistemas construtivos ainda bastante padronizados, terrenos com dimensões reduzidas e topografias difíceis, com requisitos funcionais e estéticos.

O projeto lida com vários parâmetros conflitantes, o que significa que, a despeito de outros fatores, a metodologia adotada deve possibilitar a visualização dos conflitos e o gerenciamento das informações, arcar com a tomada de decisões e avaliar os aspectos de conforto. Ao serem constatados problemas nas avaliações, são imprescindíveis medidas que melhorem o desempenho (Graça, 2008).

No processo tradicional de projeto escolar, o projetista contratado recebe informações para a elaboração do projeto, o levantamento topográfico e o programa arquitetônico. Ele também deve consultar eventuais manuais específicos e as normas técnicas pertinentes da ABNT, ou de outros órgãos, inclusive a recente norma de desempenho pode ser aplicada ao projeto escolar (ABNT, 2008; São Paulo, 2004).

Uma das críticas desse processo tradicional é a rigidez dos programas de necessidades, estabelecidos pelas secretarias de educação de cada local,

Fig. 6.4 Exemplo de escola FDE com componentes pré-moldados de concreto: (a) e (b) Escola FDE, Parque Dourado V (Ferraz de Vasconcelos-SP), Apiacás Arquitetos

e a falta de detalhamento, do ponto de vista de metas, objetivos, desejos e desempenhos, nos momentos iniciais do processo criativo. Isso faz com que as escolas sejam sempre projetadas com um mesmo padrão, o que mostra pouca preocupação com as necessidades específicas de cada comunidade. Desse modo, quando muitas das escolas são inauguradas, já apresentam deficiências espaciais que acabam supridas com adaptações no espaço, originando problemas funcionais e de conforto ambiental. Essa questão pode ser resultado da política que determina que é a Secretaria de Educação que elabora o programa de necessidades, sem permitir que os arquitetos contratados ou os órgãos competentes pelo desenvolvimento do projeto atuem nessa etapa do projeto.

A participação de futuros usuários e da comunidade também é pouco representativa no processo adotado, possivelmente em função dos prazos e programas fechados estabelecidos pelas Secretarias da Educação. No Brasil, a construção de escolas visa suprir o déficit de salas de aula e garantir para todas as crianças o acesso à escola. Outro aspecto relativo à participação é de ordem ética, pois o processo tem de ser conduzido de modo cuidadoso, para não criar expectativas que não serão cumpridas na entrega da obra. Embora o País almeje políticas públicas participativas, principalmente após as experiências implantadas a partir do Estatuto das Cidades, essa participação ainda é incipiente, sem a presença da comunidade no processo de projeto. Cabe avaliar a implicação social dessa questão, para que, aos poucos, possam ser valorizados e implantados processos mais ricos e completos, que resultem em melhores ambientes de ensino.

Para visualizar esse processo (Fig. 6.5), chamado de tradicional, apresenta-se a seguir um esquema do processo que sistematiza a metodologia dos órgãos estaduais e municipais (Kowaltowski et al., 2009).

6.3 Processo de projeto escolar de referência

Na literatura, o processo de projeto arquitetônico apresenta fases cíclicas de análise, desenvolvimento de soluções, ou síntese da forma, e avaliação. A melhoria do processo de projeto, por meio de métodos e ferramentas que sirvam de suporte ao processo de tomada de deci-

Fig. 6.5 Esquema-síntese do processo de projeto tradicional

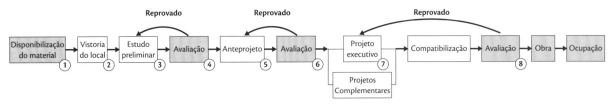

Processo de projeto tradicional

Legenda – Agentes

■ Arquitetos e equipe da FDE
□ Arquitetos contratados

① Catálogos técnicos: programa básico, fixo, pré-definido, levantamento topográfico, indicações de normas pertinentes;
② Topografia, acessos, serviços públicos, construções existentes, zoneamento, agentes poluidores, características da vizinhança;
③ Apresentação do partido em função do terreno e do programa da escola;
④ Preocupação com aspectos de qualidade: prazo + restrições orçamentárias;
⑤ Apresentação de informações completas para estimativas de custos + todos os edifícios definidos, inclusive ligações entre eles;
⑥ Verificação da indicação dos componentes padronizados, tipos de pisos e dimensões básicas de áreas externas pavimentadas e gramadas;
⑦ Apresentação de informações completas para realização da obra;
⑧ Verificação se todas as informações foram entregues completas e na forma exigida.

são dos arquitetos, pode contribuir para a qualidade das edificações, pela produção de uma arquitetura considerada de alto desempenho. Essa arquitetura apresenta vantagens, por responder às necessidades ambientais e imediatas dos usuários. Os arquitetos devem se preparar para atender a essas e outras demandas da arquitetura do presente e do futuro, pois o processo de projeto deve fundamentar-se, cada vez mais, em informações e metodologias seguras, e não se realizar de modo puramente intuitivo.

O projeto escolar começa com as demandas atuais da educação, para chegar a uma arquitetura de qualidade. Os processos de projeto estão comprometidos com a qualidade arquitetônica final e aplicam metodologias que incluem a definição e checagem de metas que abordam os elementos do ensino de qualidade. Além das características comuns aos procedimentos gerais em arquitetura, confere-se especial atenção às experiências espaciais do edifício em relação à influência no aprendizado (Cabe, 2007a; Sanoff, 2001a, 2001b). Esse processo necessita lidar com os questionamentos sociais do presente sem esquecer o futuro, uma vez que os edifícios projetados hoje devem responder às necessidades imediatas da sociedade contemporânea e também ser adequados às questões futuras, difíceis de prever (Dudek, 2007).

Geralmente, as características de um processo de projeto escolar remetem à realidade da região onde é implantado. EUA, Inglaterra e outros países da Europa discutem o ensino de uma maneira ampla, e o ambiente físico é considerado um elemento essencial na busca da qualidade do aprendizado. Esses países recebem suportes de diversas entidades: Commission for Architecture and the Built Environment (Cabe), The Collaborative for High Performance Schools (CHPS), Design Share (The International Forum for Innovative Schools), Ed Facilities, National Clearinghouse for Educational Facilities (NCEF), School Building Associations (CEFPI), Building Schools for the future, Educational Facility Planner (EEP), Energy Design Resources (EDR). As entidades têm por objetivo apoiar os profissionais de projeto arquitetônico, promovendo eventos, workshops e divulgando informações sobre o desenvolvimento de um projeto de escola consciente e sustentável, que satisfaça tanto ao aprendizado dos alunos quanto à comunidade envolvida.

Na literatura, encontra-se um rico material (ver Cap. 5), com parâmetros de projeto para ambientes escolares considerados de alto desempenho funcional e ambiental (Nair; Fielding, 2005). A primeira recomendação é que os ambientes de aprendizado sejam associados às metodologias de ensino, que pressupõem flexibilidade de uso dos espaços e maior variedade de configurações. Dessa forma, a escola não é composta apenas de salas de aula, mas de espaços para estudos individuais e em grupo, laboratórios de ciências e artes; salas de música e teatro; sala de ginástica e espaços para convívio e alimentação humanizados. A arquitetura escolar deve incorporar valores que conferem significado às pessoas e criam impactos positivos na vizinhança. Assim, a linguagem arquitetônica necessita de caráter expressivo, que pode ser obtido pelas formas, materiais, pela integração social e urbana ou pela inovação.

A Fig. 6.6 apresenta um esquema de processo de projeto considerado referência para escolas de alto padrão de desempenho, síntese das recomendações encontradas na literatura, incluindo conceitos do PPI (Processo de Projeto Integrado). Figueiredo (2009) considera alguns elementos metodológicos fundamentais para a caracterização do processo de projeto do PPI, como: trabalho multidisciplinar, base consensual de projeto, coordenação de processo, participação e motivação do cliente, inclusão de especialistas em energia, conforto ou sustentabilidade, uso de ferramentas de simulação, engenharia de valor, banco de dados e avaliação pós-ocupação (APO). A Fig. 6.6 também mostra que a fase de elaboração do programa de necessidades ganha destaque com a participação de clientes, futuros usuários, agentes envolvidos nas fases de projeto e construção (Sanoff, 1992, 2001a, 2001b). Há informações a respeito de: local da obra, projeto pedagógico, valores, metas, indicadores de qualidade, atividades desenvolvidas na escola, restrições orçamentárias e legais, necessidades ambientais e de flexibilidade, inferências dos especialistas e integração de fatores do projeto ao processo construtivo.

6.3.1 Aspectos que relacionam arquitetura com pedagogia

Todo processo de projeto escolar inicia-se a partir de uma demanda e da definição da localização da escola e do público-alvo, para depois definir o espaço escolar em relação aos conceitos pedagógicos. Ou seja, o que é adequado para as salas de aula, de acordo com seu currículo e sua filosofia de ensino. Como destacam Nair e Fielding (2005), "é importante observar o que a sala de aula representa. A sala de aula é o símbolo mais visível da filosofia escolar".

O Artigo 210 da Constituição Federal do Brasil, de 1988, determina como dever do Estado fixar o "conteúdo mínimo para o Ensino Fundamental, de maneira a assegurar a formação básica comum e o respeito aos valores culturais e artísticos, nacionais e regionais". A partir de 1995, os Referenciais Curriculares Nacionais para a Educação Infantil (RCNEI), os Parâmetros Curriculares Nacionais (PCNs) para o Ensino Fundamental, e os Referenciais Curriculares para o Ensino Médio foram elaborados e distribuídos pelo MEC.

Os parâmetros curriculares deveriam ser revisados constantemente, por serem orientados pela dinâmica da sociedade, que está em constante mudança por aspectos sociais, tecnológicos, econômicos. Os currículos são uma construção e seleção de conhecimentos e práticas produzidos em con-

Fig. 6.6 Processo de projeto de referência com base em revisão da literatura

textos concretos e em dinâmicas sociais, políticas e culturais, intelectuais e pedagógicas. Isso significa que conhecimentos e práticas devem ser expostos às novas dinâmicas e reinterpretados em cada contexto histórico (Lima, 2008). Ao conceber o currículo, deve-se considerar a escola como espaço

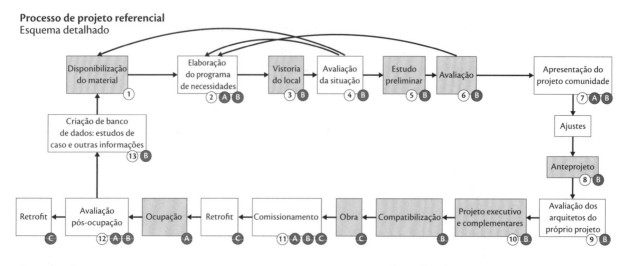

Processo de projeto referencial
Esquema detalhado

Legenda – Etapas

▨ Etapas do processo de projeto convencional

☐ Etapas do processo de projeto de referência

Procedimentos do processo de projeto integrado incorporados ao processo de referência

Legenda – Agentes

Ⓐ Comunidade escolar
Ⓑ Arquitetos + outros especialistas envolvidos
Ⓒ Empreiteira contratada

① Catálogos técnicos – levantamento topográfico, normas pertinentes, projetos de referência, esquemas sobre metodologias pedagógicas x soluções espaciais, estudos de caso, resultado de APOs, informações sobre conforto ambiental – situações ideais etc.

② Incluir objetivos, aspirações, definições de valores (arquitetos + comunidade), informações sobre o local, conteúdo funcional, relações-chave no edifício, foco no projeto pedagógico da escola, necessidade de flexibilidade, necessidades ambientais, restrições orçamentárias, legais, inferências dos especialistas, possibilidades de integração do projeto com o processo construtivo.
Equipe multidisciplinar: desde o planejamento
Elaboração de uma base consensual de projeto: clientes + arquitetos
Participação e motivação do cliente: colaboração para alcançar metas estabelecidas.

③ Topografia, acessos, serviços públicos, construções existentes, zoneamento, agentes poluidores, características da vizinhança.

④ Avaliação das "situações de risco" a serem enfrentadas no projeto em função das características do local.

⑤ Apresentação do partido em função do terreno e do programa da escola: partido com soluções em acordo com especialistas: possibilidade de aumentar-se o desempenho do conjunto de soluções.
Inclusão de especialistas de energia, conforto, sustentabilidade e orçamentista: "Engenharia de valor"

⑥ Avaliação por checklists, scorecards, DQI, CHPS.

⑦ Comunidade envolvida com a nova escola: pertencimento, interação, realização.

⑧ Apresentação da solução completa, com ambientação, cores e detalhamento das definições de elementos para melhoria de conforto e desempenho ambiental.

⑨ Avaliação dos arquitetos do próprio projeto. Ferramentas de avaliação: checklists, scorecards, simulações, CHPS etc.
Uso de ferramentas de simulação: conforto e energia. Grande quantidade de variáveis, complexidade – avaliação de desempenho energético.

⑩ Apresentação das informações completas para realização da obra.

⑪ Treinamento de funcionários da escola e levantamento de possíveis ajustes finos necessários. Usuários preparados para utilizarem o novo edifício na plenitude de suas possibilidades.

⑫ APQ: tanto para abordagens que visem à qualidade como visando desempenho ambiental: ferramenta importante – orientação de ajustes e correções: referências para projetos futuros.

⑬ Criação de novos conhecimentos baseados na experiência.

e ambiente educativos que ampliem a aprendizagem, reafirmando-a como lugar do conhecimento, do convívio e da sensibilidade (Lima, 2008).

O início do projeto arquitetônico para a tipologia escolar considera pelo menos duas perguntas:

1 Como criar espaços que facilitem a aprendizagem?
2 Como lidar com conteúdos diversificados e conteúdos mínimos que mudam com a evolução da sociedade?

Essas questões se referem à compreensão de como as pessoas apreendem, ou como a prática pedagógica atua para possibilitar a aprendizagem, e como criar espaços apropriados para facilitar as atividades dos docentes, discentes e da administração. (Acredita-se que não é do escopo do projetista o estudo aprofundado de como o estudante apreende; o que importa a esse profissional são as práticas que se desenvolvem nos espaços de aprendizagem.)

De um lado, têm-se as metodologias de ensino que organizam as atividades e especificam como organizar funcionalmente o espaço e, de outro, temos áreas específicas de projeto, como conforto ambiental (térmico, acústico, visual), que especificam como não atrapalhar as funções da aprendizagem. Ambos necessitam ser tratados de modo integrado para garantir ambientes espacialmente adequados. A APO indica os caminhos apropriados ou impróprios dos prédios existentes, ou a tecnologia construtiva que fornece subsídios para a racionalização da construção.

> O ensino considera conteúdos de cada área de conhecimento e as atividades necessárias para que o aluno se aproprie destes conhecimentos. Aprender é uma atividade complexa que exige do ser humano procedimentos diferenciados segundo a natureza do conhecimento (Lima, 2008, p. 38).

Além da observação, do registro, da organização, do relato e da comunicação, o espaço escolar deve considerar algumas funções centrais do desenvolvimento humano que levam à aprendizagem de conteúdos diversificados e evolutivos, como a função simbólica, a percepção, a memória, a atenção e a imaginação.

As metodologias de ensino demonstram que os ambientes devem possibilitar maior variedade de configurações para desenvolver as 18 modalidades de atividades de aprendizagem (ver Cap. 5), consideradas funções de projeto. Em cada atividade, os procedimentos de leitura, observação, registro, organização, relato e comunicação estão presentes para a concretização da aprendizagem.

No Brasil, os parâmetros de projeto geralmente utilizados no projeto de escolas públicas abrigam todas essas funções em blocos pedagógicos compostos por salas de aula, salas-ambiente, biblioteca, galpão ou quadra coberta. As salas de aula tradicionais não possibilitam o desenvolvimento da variedade de atividades consideradas importantes, pois foram originalmente projetadas para atividades de ensino baseadas em leitura e explicação do professor.

Trabalhar com as modalidades de ensino quebra o paradigma de desenvolver o projeto arquitetônico de escolas como um jogo de quebra-cabeças de organização de espaços consagrados, como salas de aula ou quadra de esportes, e passa-se à compreensão das necessidades pedagógicas e de ensino, com espaços diferenciados e mais adequados à aprendizagem.

6.3.2 Etapas do Processo de Projeto

A seguir, apresentam-se algumas etapas do processo de projeto de referência, por sua importância para o processo e pela necessidade de dominar as metodologias para aplicá-las de modo efetivo.

O programa de necessidades

O processo de projeto de referência que leva à construção de escolas de qualidade relaciona-se à importância do programa que representa as necessidades e desejos dos futuros usuários. A etapa do programa de necessidades consiste na reunião do material de referência necessário ao desenvolvimento do projeto, à organização e apresentação clara de dados, para obter as informações diferenciais das etapas seguintes do projeto. Incluem-se dados técnicos (de legislação e conforto ambiental; técnicas construtivas preferidas etc.) e de aspectos conceituais, como projetos de referência, esquemas que relacionam as metodologias pedagógicas da escola com as possíveis soluções espaciais, as avaliações pós-ocupação já realizadas, estudos de caso e, muitas vezes, análises detalhadas do local da futura construção. Os levantamentos preliminares podem indicar outras pesquisas específicas, como, por exemplo, estudos de ruídos urbanos, índices de alagamento ou enchentes, para configurar situações de risco de um novo empreendimento escolar.

Na fase do programa de necessidades, examinam-se fatores que afetarão a qualidade dos espaços de ensino, com base em debates e, por essa razão, não pode faltar a participação de usuários atuais ou futuros, ou usuários escolhidos para representar alunos, pais, funcionários e membros da comunidade. Especialistas de vários assuntos também devem contribuir nessas discussões, com aspectos como tendências sociais, econômicas, pedagógicas e ambientais da região, além de conhecimentos técnicos de conforto ambiental e infraestruturas prediais, para enriquecer os debates do processo de projeto.

Para cada questão, recomendam-se aspectos que devem ser trabalhados na reunião de informações necessárias ao desenvolvimento dos projetos, com a importante participação dos usuários, para definir o que a comunidade acredita que deve influenciar o projeto. Para o arquiteto, é importante lidar com tais fatores de modo responsável e criativo, durante o processo de projeto do edifício, para a garantia de ambientes de qualidade. Pode-se dar prioridade a alguns fatores, cujos indicadores de análise devem fazer parte da documentação do programa.

Divide-se o projeto arquitetônico em partes e destacam-se os seus elementos principais. Essa divisão analítica pode ser chamada de estrutura do problema de projeto. Em seguida, o desenvolvimento do projeto passa a resolver o problema. Definem-se as propriedades do programa arquitetônico como um sistema no qual os dados são organizados para atender ao processo de projeto. O programa permite compreender as relações funcionais entre um contexto e um espaço físico, seja ele edificado ou planejado. Assim como as relações são funcionais, os problemas identificados pelo programa também devem ser colocados em termos funcionais. O programa é o primeiro passo do processo de projeto, porque trata das condições que deverão ser observadas no decorrer do projeto, e se atém à descrição do contexto ou dos aspectos gerais da forma, para evitar sugerir ou impor soluções de projeto para o edifício.

O usuário do edifício é o elemento ativo, e as atenções devem estar focadas nele, para estabelecer as necessidades que a forma projetada deverá cumprir. As necessidades funcionais são expressas por requisitos de conforto ambiental, nos seus aspectos térmicos, acústicos, visuais e de funcionalidade, pois constitui um dos elementos da arquitetura que mais influencia o bem-estar (Kowaltowski et al., 2006a). Identificam-se as características físicas, psicológicas e culturais do usuário, as atividades desempenhadas no espaço a ser projetado e seus valores. Por esse motivo, as técnicas de programação arquitetônica dão especial atenção aos clientes e usuários do projeto e incluem levantamento de informações por entrevistas, questionários e dinâmicas de grupo.

Segundo Kumlin (1995), o programa arquitetônico é uma disciplina distinta daquela de 1966, quando o American Institute of Architects (AIA) publicou um pequeno manual chamado *Emerging Techniques of Architectural Practice*. Até o final da década de 1960, outras publicações haviam tratado do programa arquitetônico, como *Problem Seeking*: *An Architectural Programming Primer*, até hoje reeditado com atualizações (Peña; Parshall, 2001). Alguns arquitetos são conhecidos como os precursores da prática de desenvolver um programa de necessidades no processo de projeto, como os arquitetos Louis Kahn (Alexander, 1977; Dogan; Zimring, 2002; Hershberger, 1999) e Richard Neutra (Frampton, 1997; Lamprecht, 2004).

As informações subjetivas são levantadas com entrevistas, observações da equipe de projeto e *walkthroughs* (passeios documentais) comentados. Questionários podem ser aplicados. Relatos como diários da equipe de manutenção contêm informações importantes. Como a colaboração ou participação de futuros ou prováveis usuários é importante nesta fase do projeto, podem ser incluídas visitas às obras. Grupos e *workshops* são criados, e métodos para o estímulo à criatividade e geração de ideias, como *brainstorming*, podem apoiar a fase de programação. O método ZOPP (Ziel Orientierte Projekt Planung) orienta o planejamento de projetos orientado por objetivos (GTZ, 1988), por meio da análise de problemas e dos atores envolvidos, valorizando sua participação ampla no processo.

A descrição das necessidades a que o projeto deve responder implica identificar os valores do usuário em relação ao espaço construído. Os valores detalhados por Hershberger (1999) podem ser aplicados nos edifícios escolares. Nesse caso, as considerações sobre as questões de valor em arquitetura são mais relevantes, por representarem investimentos públicos que nem sempre atendem às reais necessidades espaciais e de infraestrutura.

As atividades criam necessidades de requisitos físicos espaciais, de condições ambientais, de relacionamento com outras atividades e de efeitos sobre a estrutura de uma edificação, cuja base é sua funcionalidade. Os aspectos mínimos da funcionalidade são: população total de atendimento escolar; densidade populacional; ambientes para atividades variadas; possibilidade de preparação de aulas; locais de armazenamento e exposição de materiais didáticos; relacionamento otimizado entre atividades e seus espaços; adequação do projeto ao usuário com dificuldade de locomoção e adequação do mobiliário e equipamento às características do usuário e às atividades desenvolvidas. A funcionalidade está relacionada às condições de infraestrutura e de conforto dos espaços para atender às necessidades de cada atividade, e o programa de necessidades deve discutir o desempenho que se espera de cada espaço ou ambiente. É importante incluir na documentação do programa detalhes do projeto que não funcionam ou dificultam as atividades principais do lugar, para evitar que tais situações voltem em novos projetos. Esses detalhes resultam de avaliações pós-ocupação de prédios de tipologia semelhante.

Algumas instituições, sobretudo fora do Brasil, ocupam-se do detalhamento dessas questões, principalmente discutindo informações necessárias à fase de programação escolar. Cada uma apresenta de modo diferente as informações que devem ser obtidas, mas, em geral, reúnem um escopo parecido em termos de conteúdo.

O CHPS (Collaborative for High Performance Schools), por exemplo, apresenta uma lista de requisitos para as decisões acerca dos objetivos e metas, visando ao projeto de escolas de alto padrão de desempenho. Essa lista inclui uma série de requisitos importantes (ver Cap. 5), que podem ser considerados nos processos de projeto das escolas brasileiras, desde que se verifique sua adequação à realidade do País.

A Cabe (2007a) apresenta uma lista de dez critérios que deveriam ser considerados no processo de projeto escolar:

1 Identidade e contexto: criar ambientes que possam orgulhar os usuários e a comunidade.
2 Implantação: otimizar o aproveitamento do lote.
3 Aproveitar a área externa da escola.
4 Organização: criar um diagrama claro para os edifícios.
5 Edificações: síntese da forma, dos volumes e da harmonia.
6 Interior: criar espaços de excelência para ensino e aprendizagem.
7 Estratégias de sustentabilidade.
8 Segurança: criar um lugar seguro e acolhedor.
9 Vida longa, liberdade de possibilidades: criar um projeto escolar que se adapte e possa evoluir com o tempo.
10 Síntese de sucesso: projeto que funcione na sua totalidade.

Cada critério possui um grupo de questões que deveriam ser respondidas no início do processo de projeto escolar, alimentando a fase do programa, preferencialmente por um processo participativo. É necessário estabelecer indicadores de qualidade, medidos nas avaliações de projeto e da obra. Deve-se limitar o escopo do projeto, com o consenso da comunidade escolar, quanto aos recursos financeiros e materiais, dimensões ou tempo para construir a nova escola.

Não se apresentam soluções de projeto, muito menos definições das propriedades do edifício antes da fase de projeto. Os requisitos funcionais devem ser expressos em termos que indiquem a qualidade exigida, as funções esperadas ou os valores pretendidos, e não uma orientação de como a forma deve cumprir esses objetivos.

Após a apresentação das características básicas de um programa completo, cabe destacar as técnicas de sua elaboração, pois esta abrange um grande número de informações. Com relação às técnicas de programa de necessidades, Moreira e Kowaltowski (2009, p. 36) assinalam que "são tão variadas como são as estruturas que descrevem um contexto. Mas, fundamentalmente, os resultados de diferentes programas sobre um mesmo contexto deveriam ser, pelo menos, semelhantes". As técnicas objetivas aplicadas nesta fase são as avaliações do uso de edificações existentes, por meio de medições e observações das ocupações e do desempenho dos espaços, principalmente das condições de conforto ambiental (térmico, visual, acústico e funcional ou ergonômico). Alguns levantamentos bastante específicos, como durabilidade dos materiais, conforto térmico e tempo de espera de elevadores, podem ser importantes, em função da natureza da obra (Preiser; Schramm, 2005).

O método *Problem Seeking*, por exemplo, estrutura as informações de projeto que um programa de necessidades deve abranger e serve como um *checklist* para a programação (Peña; Parshall, 2001). O Quadro 6.1 apresenta a relação dos tópicos ressaltados pelo *problem seeking*.

Uma outra maneira de organizar as informações do programa arquitetônico pode ser obtida na ISO (International Organization for Standardization), a organização de normas internacionais com uma série de procedimentos para a construção civil. A norma ISO 9699 (1994), *Perfor-*

QUADRO 6.1 ESTRUTURA DA INFORMAÇÃO EM PROJETO, SEGUNDO O MÉTODO *PROBLEM SEEKING*

	Metas	Fatos	Conceitos	Necessidades	Problema
Função: *Pessoas; Atividades; Relações*	Missão; Número máximo; Identidade individual; Interação/privacidade; Hierarquia de valores; Atividades básicas; Segurança; Progressão (fluxo); Separação; Encontros; Transportes; Eficiência; Prioridade das relações	Dados estatísticos; Parâmetros de área; Previsões pessoais; Caracter. do usuário; Comunidade; Organização; Perdas potenciais; Tempo de deslocamento; Análise de tráfego; Padrões de comportamento; Adequação do espaço; Tipo/intensidade; Barreiras físicas	Disposição de serviços; Disposição de pessoas; Disposição de atividades; Prioridades; Hierarquias; Controles de segurança; Fluxos sequenciais; Fluxos separados; Fluxos misturados; Relações funcionais; Comunicações	Áreas necessárias: por organização, por tipo de espaço, por tempo, por localização; Requisitos de estacionamento; Necessidades de espaços externos; Alternativas funcionais	Requisitos próprios e importantes de desempenho que irão conformar o projeto do edifício
Forma: *Local; Ambiente; Qualidade*	Tendência do terreno; Responsabilidade ambiental; Uso do terreno; Relações comunitárias; Investimentos comun.; Conforto físico; Segurança física; Ambiente social/psicológico; Individualidade; Orientação; Imagem projetada; Expectativas do cliente	Análise do terreno; Análise do solo; Ocupação; Análise climática; Códigos ocupação; Entorno; Implicações psicológ.; Ponto de referência/entrada; Custo por metro quadrado; Eficiência do edifício ou do *layout*; Custos dos equipamentos; Área por unidade	Intensificar; Fundações especiais; Densidade; Controles ambientais; Segurança; Vizinhança; Conceitos morar/trabalhar; Orientação; Acessibilidade; Caráter; Controle de qualidade	Custos de desenvolvimento do terreno; Influência do ambiente nos custos; Custos de construção; Fatores de eficiência globais do edifício	Considerações principais quanto à forma que afetarão o projeto do edifício

QUADRO 6.1 ESTRUTURA DA INFORMAÇÃO EM PROJETO, SEGUNDO O MÉTODO *PROBLEM SEEKING* (continuação)

	Metas	Fatos	Conceitos	Necessidades	Problema
Economia: *Orçamento inicial;* *Custos operacionais;* *Custos da vida útil*	Extensão orçamentária; Custos efetivos; Retorno máximo; Retorno dos investimentos; Minimizar os custos operacionais; Manutenção e custos; Custos do ciclo de vida; Sustentabilidade	Parâmetros de custos; Orçamento máximo; Fatores de uso-tempo; Análise de mercado; Custos das fontes de energia; Fatores climáticos e de atividades; Dados econômicos; Sistema de avaliação de consumo de energia (LEED, p. ex.)	Controle de custo; Disposição proporcional; Multifuncional/versátil; Propaganda; Conservação de energia; Redução de custos; Reciclagem	Análise das estimativas de custos; Balanço orçamentário; Análise do fluxo de caixa; Orçamento energético; Custos operação; Índice de sustent.; Custos do ciclo de vida	Considerações sobre o orçamento inicial e sua influência na construção e na geometria do edifício
Tempo: *Passado;* *Presente;* *Futuro*	Preservação histórica; Atividades estáticas/dinâmicas; Mudanças; Crescimento; Data de ocupação desejada; Disponibilidade de recursos monetários	Significado; Parâmetros de espaço; Atividades; Projeções; Durações; Fatores de ampliação gradativa	Adaptabilidade; Tolerância; Convertibilidade; Aplicabilidade; Cronograma linear/comparativo; Fases	Ampliação; Cronograma; Cronograma de custos	Implicações de mudança e crescimento no desempenho a longo prazo

Fonte: Peña e Parshall (2001).

mance standards in building – Checklist for briefing – Contents of brief for building design, descreve o conteúdo das instruções (*brief*) para o projeto do edifício. Pode ser usada a partir do momento em que um cliente faz as primeiras considerações sobre as necessidades relativas ao projeto de um edifício. É aplicada a todos os tipos e tamanhos de projetos, qualquer que seja o propósito ou a função do *brief*, como instruir, promover discussões, registrar e servir de base para selecionar resultados em uma avaliação ou em uma competição formal.

Nessa estrutura, as informações são organizadas de acordo com três grupos principais (Quadro 6.2).

Uma estrutura conceitual para o programa arquitetônico orienta o raciocínio e estabelece uma conduta de trabalho no levantamento das informações sobre o contexto. Não é uma postura burocrática, hermética ou restritiva, pois nenhuma estrutura pode garantir que o programa tenha êxito. Os esforços devem identificar os aspectos mais importantes do contexto, e não apenas implicar o preenchimento de uma tabela.

Arquitetura escolar e seu processo de projeto

QUADRO 6.2 ESTRUTURA GERAL PARA O PROGRAMA ARQUITETÔNICO SEGUNDO A NORMA ISO 9699 (1994)

(A) Identificação

A.1 Identidade	Projeto (nome/título/número); Localização/endereço; Categoria do edifício/tipo de uso
A.2 Propósito	Razão principal do projeto; Objetivos principais do projeto; Propósitos (tarefas) do programa
A.3 Escopo	Dimensões; Qualidade; Quadro financeiro; Cronograma; Planejamento do projeto; Modificações futuras
A.4 Identificação dos participantes	Cliente; Ocupantes/Usuários; Gerente geral/Administrador; Consultor do programa; Projetista; Outros consultores; Construtores
A.5 Identificação de outros grupos	Governo Central; Agências Nacionais/Internac.; Governo Local; Planej./Construção Municipais; Financiadores; Grupos/Pessoas especiais; Proprietário/Locatário; Vizinhança e seus representantes; Meios de comunicação; Seguradoras

(B) Contexto, objetivos e recursos

B.1 Gerenciamento	Participantes; Organização de grupos afins; Avaliação de projeto; Controle de qualidade
B.2 Legislação, normas e códigos	Planejamento urbano; Restrições legais do terreno; Leis ocupacionais; Finanças; Códigos de construção/projeto; Leis ambientais/poluição; Político/Administrativo; Social/Cultural
B.3 Restrições financeiras e prazos	Financiamento do projeto; Orçamentos; Custos de uso; Prazos; Expectativa de vida; Riscos financeiros e de prazos
B.4 Panorama e influências históricas	Histórico do projeto; Situação atual; Razões para a iniciativa; Compromissos
B.5 Influência do local e entorno	Disponibilidade do terreno; Comercial e social; Dados ambientais; Infraestrutura; Dados geofísicos; Características do solo; Edifícios existentes
B.6 Futuro do empreendimento	Propósitos; Dimensões; Contexto; Mudanças futuras
B.7 Detalhes da ocupação pretendida	Relação de atividades/processos; Usuários; Relações; Relação de bens acomodados; Consumos especiais; Subprodutos; Riscos à proteção e à saúde
B.8 Efeitos esperados	Sobre o empreendimento; Sobre usuário/público; Sobre o ambiente; Controle dos efeitos indesejáveis; Prioridades

(C) Requisitos e desempenho

C.1 Local e entorno	Relações especiais; Proteção; Acessos; Segurança; Zoneamento; Controle ambiental; Utilidades públicas; Descarte de resíduos; Manutenção
C.2 O edifício	Características físicas; Circulação/acesso; Proteção; Ambiente; Comunicações; Segurança; Aspecto; Obras de arte; Operação
C.3 Desempenho do edifício	Estrutura; Invólucro externo; Divisores espaciais externos; Divisores espaciais internos; Serviços
C.4 Agrupamentos dos espaços	Zoneamento; Relações espaciais; Características físicas
C.5 Espaços com detalhes	Características físicas; Atividades relacionadas; Relações com outros espaços; Serviços do edifício
C.6 Instalação, equipamentos e mobiliário	Itens por categoria; Localização/área de uso; Instalação; Aspecto; Manutenção

Depois da descrição da natureza do programa arquitetônico, incluindo seus princípios, objetivos e contribuições ao processo de construção do edifício, cabe expor aqui uma importante propriedade desse processo: a síntese gráfica. Coletadas as informações e definidos os requisitos, a documentação completa do programa deve incluir diagramas que permitam ao projetista compreender a variedade e profundidade dos dados apresentados, além de instigar diferentes leituras a partir desses gráficos. É a primeira tradução da informação para o desenho, linguagem comum a todas as fases que conduzem à materialização do edifício. Os diagramas cumprem a função de apresentar uma variedade de informações organizadas para a comparação direta entre elas. Portanto, não ilustram soluções de projeto, mas representam e sintetizam os dados coletados. Para diversos autores, os diagramas permitem a leitura e a comparação entre os dados que, de outra forma, implicariam volumosas listas e relações (Quadro 6.3).

Quadro 6.3 Diagramas para a representação gráfica da informação

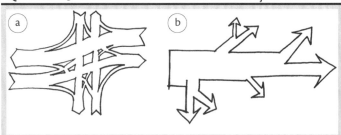

Diagramas do fluxo de circulação sintetizam os dados relativos à quantidade de tráfego e às direções em um único desenho. Podem, ainda, representar as variações de fluxo em diferentes períodos de tempo ou em locais geográficos distintos, com parâmetros gráficos adicionais.
Ilustração (a) adaptada de Alexander (1977, p. 88)

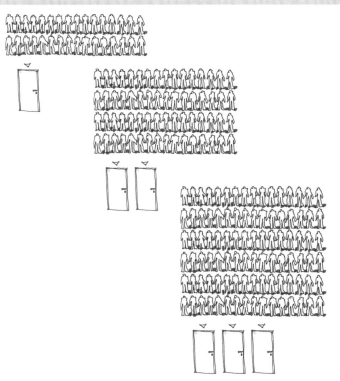

Normas e parâmetros da legislação podem ser resumidos graficamente.
As situações limítrofes podem ser desenhadas para comparar as condições permitidas pelas normas em seus parâmetros extremos, em cada condição.
Ilustração adaptada de Ching e Winkel (2003, p. 162)

Quadro 6.3 Diagramas para a representação gráfica da informação (continuação)

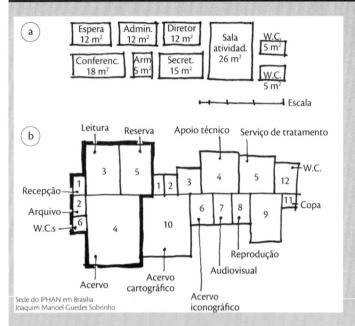

As relações de proporção entre as áreas e os volumes das partes da edificação podem ser apresentadas graficamente (a). Alguns arquitetos, como Joaquim Guedes no projeto para a sede do IPHAN em Brasília (b), usam esses diagramas nos primeiros estudos sobre a forma do edifício, para passar do programa ao projeto, o que, em alguns casos, pode constituir uma tradução gráfica literal. (Camargo, 2000)

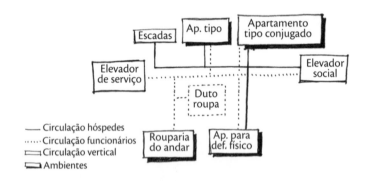

As relações desejadas entre os espaços são ilustradas pelos organogramas, nos quais se identificam os espaços, os setores, os tipos de fluxo, os usuários e a área de cada cômodo em um único diagrama.

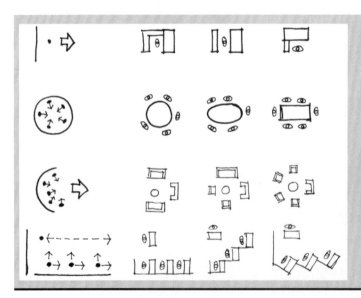

Esse diagrama ilustra as qualidades do espaço e as disposições possíveis, segundo determinada intenção.
Ilustração adaptada de Ching e Binggeli (2006, p. 66).

As estruturas apresentadas orientam a realização do programa, a partir de um diagnóstico do contexto – as condições que cercam o edifício a ser construído – e concluem com um conjunto de diretrizes que o projeto deverá observar. O resultado do programa será diferente em cada um dos procedimentos e para cada programador. Poderá ser uma relação de princípios que o projetista deverá considerar, ou uma descrição minuciosa de espaços, áreas, atividades e até do mobiliário do edifício. Todas as estruturas operam com requisitos funcionais, definidos a partir do levantamento de uma grande quantidade de informações que, conforme são refinadas durante o processo, dão origem às diretrizes que o projeto deverá seguir. Então, cabe ao projetista e arquiteto apresentar soluções para os problemas definidos pelo programa.

O processo de projeto de referência amplia a participação e inclui em seu percurso momentos de avaliação, tanto do projeto quanto da obra. Embora a APO seja de grande valia para a retroalimentação no processo de projeto, observa-se atualmente que suas pesquisas concentram-se nas falhas do ambiente físico, em razão da maior familiaridade para lidar com fatores objetivos do que com a complexidade de avaliação do comportamento humano. Várias pesquisas (Gann; Salter; Whyte, 2003; Kowaltowski et al., 2006a) apontam as dificuldades da aplicação de resultados de APOs no processo criativo, e surge a necessidade de aplicar outro tipo de ferramenta, como a que avalia diretamente o projeto durante o processo criativo.

Em países mais desenvolvidos, certos quesitos de projeto não são mencionados ou detalhados no processo de projeto referencial, principalmente aspectos de conforto ambiental, incorporados na prática, o que significa que as escolas, produto desse processo, apresentam níveis de conforto adequados. Outras diferenças podem ser apontadas, como o fato de a busca pela qualidade da escola partir da própria comunidade e de órgãos descentralizados, com um maior envolvimento dos agentes. As avaliações periódicas de alunos também contam como indicadores de relacionamento saudável entre o ambiente e os usuários.

Sanoff (2001a, 2001b) inclui uma fase que ele chama de lista de desejos ao processo de definição de programa de necessidades, quando alunos, professores, funcionários e pais escrevem pequenos poemas sobre o que a escola deveria ter e ser. Nesse processo, valorizam-se as discussões em grupo, que devem ser organizados com temas específicos.

Muitas das escolas com arquitetura considerada de qualidade surgiram a partir da inovação do conceito da comunidade a respeito da educação. A discussão deve ter seu foco não apenas no edifício, como também na visão de educação que a comunidade quer na escola. É na etapa de programação que se inicia o processo participativo, que inclui aqueles que aprendem, ensinam, usam, visitam, trabalham, gerenciam, governam, mantêm, projetam, constroem e financiam uma instituição escolar (Cabe, 2004). Quando trabalham como uma equipe, as escolas são criadas com um senso real de propósito e funcionam melhor (Cabe, 2004).

A definição dessa etapa é a articulação de valores a que o arquiteto deveria responder no projeto (crenças, filosofias, ideologias, entendimento, propósitos ou ideias) e que são a razão do edifício e deveriam influenciar o modo como ele será projetado (Hershberger, 1999). Espera-se que cada comunidade identifique seus próprios valores, que incluem as variáveis culturais e pessoais de cada localidade. Muitos desses aspectos são obtidos a partir de valores subjetivos, ou seja, são difíceis de quantificar para possibilitar uma justificativa objetiva do investimento que demandam, mas são essenciais a uma arquitetura escolar de qualidade (Samad; MacMillan, 2005). Nem todos os valores identificados têm a mesma importância para todos os projetos: cabe à equipe descobrir quais deles são o foco de cada projeto ou de cada parte dele.

Na fase de projeto, o cliente e os futuros usuários devem participar das análises das propostas. Para uma participação efetiva, o projetista apresenta as propostas, explicitando o processo e seu pensamento de maneira clara. Podem ser utilizadas simulações das configurações espaciais futuras, ou *mock-ups* que vão além dos tradicionais documentos (desenhos e maquetes) dessa fase do processo construtivo. Recomendam-se *charrettes* ou *workshops* de desenvolvimento de ideias. As pessoas envolvidas no processo de projeto (profissionais, usuários e cliente) avaliam as metas propostas no programa de necessidades em relação às soluções apresentadas. As análises de resultados de APOs anteriores podem ser confrontadas com as propostas. Simulações específicas podem apoiar os testes das propostas. Podem ser chamados especialistas para as análises independentes das propostas. Na fase de projeto, as avaliações servem para a interação da equipe de projeto com os futuros usuários e para que os profissionais tenham um retorno às propostas apresentadas (Preiser; Schramm, 2005).

Sanoff (2001a) oferece um método participativo para projetos escolares, que começa com uma fase de avaliação, quando se examina a "cultura específica da escola", para enfatizar que nenhuma escola é igual a outra e, assim, ressaltar as individualidades da comunidade e sua vizinhança. A análise do ambiente escolar da comunidade é realizada por um *walking tour* ou *walkthrough*, com um *checklist* de seis fatores: contexto; volumes; interface; orientação (*wayfinding*); espaços de socialização e conforto.

O autor recomenda vários métodos de levantamento de dados, com observações diretas, entrevistas e simulações. São avaliados os aspectos gerais do prédio, das áreas externas, dos ambientes de ensino, das áreas sociais; o acesso à tecnologia (infraestrutura); os espaços de transição e circulação; a aparência visual (estética dos ambientes e dos prédios); os níveis de segurança; e as impressões gerais e pessoais. Sanoff prioriza a aplicação de ferramentas visuais (desenho, fotografias e esquemas) para saber a opinião dos usuários sobre as linguagens arquitetônicas mais apreciadas e apropriadas, o tipo de projeto para as áreas de circulação, de socialização e as áreas de ensino. Os possíveis arranjos dos espaços mais públicos, a área de alimentação, os espaços externos e ambientes de ensino são avaliados com exemplos de projetos considerados positivos. Os exemplos positivos são preferidos aos negativos, por transmitirem mais informação ao processo de projeto.

O método de Sanoff demonstra a importância da fase do programa de necessidades e das avaliações no processo de projeto. A partir do programa completo de necessidades, deve-se prosseguir com as fases do projeto, iniciando-se com a vistoria no terreno. A avaliação do local deve trazer novos elementos ao programa de necessidades, principalmente com relação às características físicas, como o clima, o entorno, a topografia, os elementos paisagísticos de valor no local e os problemas de trânsito (ver Cap. 5).

Fase de projeto: elemento de suporte ao processo

O esquema do processo de referência inclui vários conceitos de metodologia de projeto, como: trabalho multidisciplinar, base consensual de projeto, coordenação de processo, participação e motivação do cliente, inclusão de especialistas de energia, conforto ou sustentabilidade, uso de ferramentas de simulação, engenharia de valor, banco de dados e APO. Os processos indicam a necessidade de informações sobre o local da obra, o projeto pedagógico, os valores, as metas, os indicadores de qualidade, as atividades por desenvolver, as relações no edifício, as restrições orçamentárias, legais, ambientais e de flexibilidade, as inferências dos especialistas e a integração de fatores do projeto ao processo construtivo. Além de ser amplo e participativo, o processo de projeto de referência inclui, em todo o seu percurso, momentos de avaliação, tanto do projeto quanto da obra. A Fig. 6.7 mostra que essas avaliações participam de todas as fases essenciais de projeto.

Graça (2002b, 2008) mostra a aplicação do método axiomático desenvolvido por Suh (1990), cuja proposição consiste em um conjunto de princípios que determinam uma boa prática de projeto, só refutada por contraexemplos que provem a falsidade dos axiomas. Para Suh (1990), a hipótese de que o projeto não pode ter bases científicas é desnecessária e incorreta, pois, na ausência de princípios ou axiomas, as decisões de projeto só podem ser realizadas com bases empíricas, o que impede a codificação e transmissão do conhecimento sobre o projeto.

Fig. 6.7 Modelo de processo de avaliação – BPE
Fonte: adaptado de Preiser e Schramm (2005).

Os axiomas são declarações formais do que as pessoas sabem ou do conhecimento que se tem sobre seus hábitos. Assim, surgiram dois axiomas de projeto a partir da análise e da busca pelos elementos comuns de uma série de projetos. Esses axiomas, que são os princípios básicos para a análise e tomada de decisão, ajudam no processo criativo. O método axiomático tem como base os requisitos funcionais de um projeto acerca das características e dos limites (tolerância) que o projetista estipula para que o produto atenda às necessidades sociais do usuário. Os requisitos funcionais do projeto arquitetônico configuram a busca de soluções que satisfaçam à qualidade do ambiente construído a partir da detecção das necessidades das pessoas que ocuparão o edifício (Monice, 2003).

A metodologia de projeto axiomático direciona o processo de tomada de decisão pelo reconhecimento do problema, considerando o projeto um processo iterativo de hierarquização, realizado com o mapeamento entre os requisitos funcionais, que pertencem ao domínio funcional, e os parâmetros do projeto, que pertencem ao domínio físico e são considerados a incorporação física dos requisitos funcionais. A decomposição dos requisitos funcionais é feita passo a passo, isto é, ao definir o requisito funcional (RF) em um determinado nível hierárquico, ele só poderá ser decomposto quando for encontrada uma solução, ou um parâmetro de projeto (PP) que o satisfaça. Esse processo de decisão é direcionado por dois axiomas: o primeiro trata da relação entre os requisitos funcionais e os parâmetros de projeto, indicando como decompô-los; o segundo trata da avaliação e complexidade de projetos. Os axiomas podem ser declarados de diversas maneiras:

AXIOMA 1   "Mantenha a independência entre requisitos funcionais", ou, "Em um projeto aceitável, a relação entre RF e PP deve permitir que o ajuste em um determinado PP satisfaça o seu RF correspondente e não afete outros requisitos funcionais".

AXIOMA 2   "Minimize o conteúdo da informação", ou, "O melhor projeto possui funções desacopladas (respeita o axioma 1) e o menor conteúdo de informação".

O primeiro axioma permite a racionalização do processo de projeto; o segundo permite um critério de escolha entre os diversos projetos que obedecem ao primeiro axioma. Com o uso do axioma da independência, os projetos podem ser classificados em três grupos: desacoplado, acoplado e desacoplável. O projeto desacoplado satisfaz o axioma, pois permite a definição de funções sem alterar outras; o projeto acoplado viola o axioma, pois uma função depende da outra e qualquer ajuste altera várias funções, o que é denominado situação de compromisso; o desacoplável permite ajustes, considerando-se uma sequência (mais informação) que não viole o axioma da independência.

Para facilitar a representação do projeto, a metodologia utiliza o diagrama de junção modular de cada nível hierárquico, e o diagrama de fluxo, que representa a sequência de desenvolvimento dos módulos de projeto. Os módulos representam a relação entre os parâmetros de projeto e os respectivos requisitos funcionais em um determinado nível hierárquico; correspondem, portanto, à linha da matriz de cada requisito funcional. Na prática de projetos arquitetônicos, um parâmetro de projeto pode se relacionar ou influenciar diversos requisitos; portanto, é necessário verificar o grau dessa influência ou relação.

Graça (2002b) considerou o estudo do desenvolvimento de projetos e do ambiente construído para escolas de educação infantil, e constatou a necessidade de sistematizar as informações geradas durante o processo de projeto e vincular a tomada de decisão em projeto às necessidades do usuário. A implementação investigativa da metodologia do projeto axiomático permitiu a elaboração de um processo de projeto que racionalizou o processo e a informação gerada, flexibilizou e uniu as decisões de projeto à prática pedagógica. A metodologia também permitiu a organização do trabalho em diversas equipes. Embora diferentes projetistas definam de modo peculiar o conjunto de requisitos (funções) e desenvolvam diferentes parâmetros de projeto (variáveis), o uso da metodologia de projeto axiomático permite delinear a importância (funções) de cada conforto e seu significado na incorporação física do projeto. A fim de demonstrar a utilização do método axiomático no processo de projeto escolar, apresenta-se um exemplo da aplicação para uma situação local, com 18 modalidades (atividades) de ensino do primeiro parâmetro de projeto (ver Cap. 5). Cada modalidade foi transformada em requisito funcional (Fig. 6.8) e transformada em requisitos de projeto (Fig. 6.9). A ferramenta de Suh demanda uma atenção item por item, ou o que Suh chama de atenção zigue-zague entre requisitos funcionais e de projeto (Suh, 1998). Desta forma, é possível controlar o projeto com a aplicação dos axiomas do método.

A metodologia de projeto axiomático pode auxiliar na melhoria do projeto de escolas em quatro aspectos:

1 O mapeamento e a hierarquização geram gráficos de fácil entendimento, para apresentar o planejamento de projeto às pessoas que não entendem o processo arquitetônico, mas que podem ser usuárias do espaço físico (pedagogos, professores) ou qualquer pessoa que influencia as tomadas de decisão do uso, manutenção ou readequação do espaço físico.

2 Facilita o projeto participativo para as pessoas visualizarem o planejamento e poderem participar, compreendendo as limitações ou restrições do projeto e a negociação entre os agentes.

3 Facilita a manutenção, pois as pessoas que usam o espaço conhecem a finalidade de cada espaço, bem como as possíveis integrações de espaços.

4 Facilita a readequação de espaços quando houver mudanças de uso, porque, pelo planejamento, identificam-se quais funções e parâmetros de projeto não são mais necessários ou caíram em desuso, sem que se modifiquem funções e parâmetros que continuam ativos na prática escolar.

Processo de projeto: ferramentas de avaliação

Nos últimos anos, a complexidade do projeto e da avaliação da qualidade ambiental das construções de grande porte aumentou por razões como: o avanço rápido da tecnologia; a mudança de percepção e de demanda dos proprietários de edificações; o aumento da importância do prédio como um facilitador da produtividade; o aumento da troca de informações e do controle humano e a necessidade de criar ambientes sustentáveis, com eficiência energética, construção passiva e projeto ecológico.

Com a crescente complexidade no mundo do projeto, a inovação, ou o estímulo para o pensamento criativo, deixa de confiar no talento ou no acaso. A inovação é vista como a força motriz no processo de concepção arquitetônica e, para muitos profissionais, é uma das metas no processo de projeto para não repetir ideias. "Cookie Cutter arquitetura" é o símbolo do que há de errado com a sociedade atual. É essencial a busca por novas formas que resolvam problemas (funcionais, técnicos, sociais, urbanos e estéticos) de maneira inteligente e ambientalmente responsável.

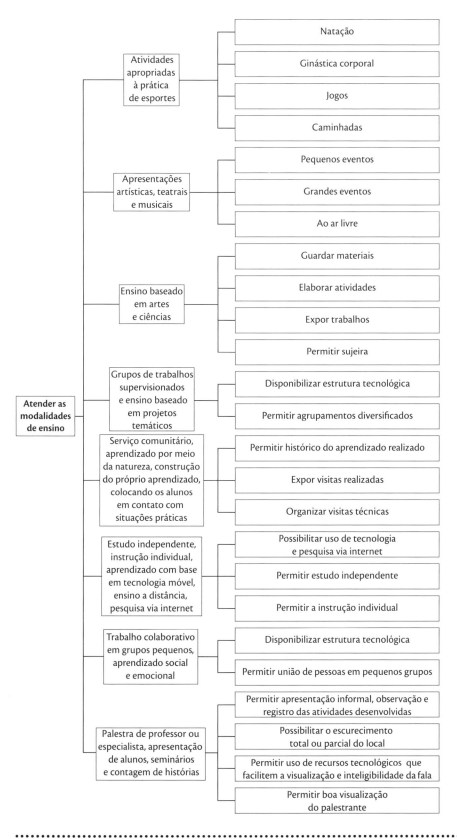

Fig. 6.8 Requisitos funcionais de projeto baseados em metodologias de ensino

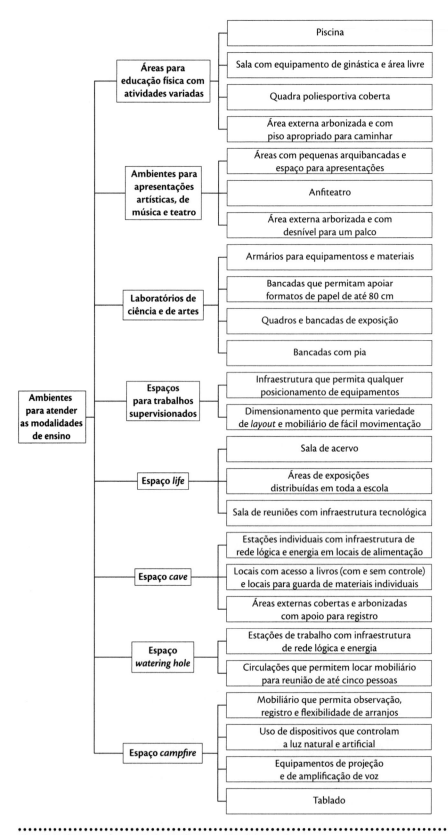

Fig. 6.9 Parâmetros de projeto baseados em metodologias de ensino

Devido à complexidade do processo de concepção em arquitetura, não existem fórmulas precisas ou fixas que unam forma, função e tecnologias disponíveis no contexto de implantação. O profissional aplica o conhecimento, a experiência e a compreensão de um problema de maneira heurística, na busca da melhor solução de projeto, que nem sempre é alcançada. Por essa razão, é fundamental a introdução consciente de dados de pesquisa, as ferramentas de análise de projeto. O processo de projeto também necessita de planejamento estruturado, que organize o pensamento criativo. Restrições de projeto podem ser introduzidas, especialmente para estimular o processo criativo a encontrar soluções de qualidade aos problemas. Para estimular o processo criativo, podem ser aplicados métodos como o *brainstorming*, por exemplo, de maneira formal e estruturada (Kowaltowski; Bianchi; Teixeira de Paiva, 2010). A maioria das equipes de projeto conta com o talento individual dos seus membros e, assim, a questão da criatividade é considerada um fator implícito.

Na busca de ferramentas para melhorar o processo criativo em arquitetura, há uma maior atenção aos sistemas de processamento de informações e apoio às decisões tomadas em um processo de projeto (Van Der Voordt; Van Wegen, 2005).

No processo de projeto, a retroalimentação das informações é vista como um fator que afeta positivamente a qualidade, e pode ser realizada com ferramentas que avaliam o ambiente construído e sua utilização (Avaliações Pós-Ocupação), e o próprio projeto (Jong; Van Der Voordt, 2002). Dessa maneira, as avaliações são motivadas por várias razões: em alguns casos, é a alimentação de um novo processo de projeto, com identificação de requisitos de projeto, desejos de usuários e cliente, com atenção especial para evitar a recorrência de erros de obras anteriores; em outros, visam à identificação de interferências ou possíveis problemas de obra na fase de projeto. Assim, para cada tipo de avaliação, recomendam-se métodos e ferramentas de análise diferentes.

As ferramentas de avaliação de projeto mantêm o controle e a qualidade do processo de projeto, embora alguns aspectos sejam de difícil mensuração e análise. Para tanto, empregam-se as *tools for thinking*, instrumentos que captam atributos intangíveis sobre a percepção da qualidade do projeto. Segundo Gann, Salter e Whyte (2003), há 20 anos o projeto é reconhecido como um processo interativo de informações que, em muitas instâncias do processo, são difíceis de captar. A literatura apresenta alguns estudos que estabelecem uma forma de avaliação do projeto de arquitetura por indicadores que garantiriam a obtenção de arquiteturas de qualidade.

A ferramenta *Profile Rating Wheel – An Instrument to evaluate school facilities*, apresentada pelo Departamento de Educação do Estado da Califórnia

(CSDE, 1971), é um exemplo de como o assunto é abordado há bastante tempo. Na Fig. 6.10, os indicadores que configuram um projeto de arquitetura escolar são definidos da seguinte forma:

- Planejamento: seleção dos arquitetos, do grupo de planejamento, conceito, definição de necessidades, translação.
- Finanças: avaliação das necessidades e dos recursos, fundos, economias, oferta.
- Localização: local, dimensões, segurança, acessibilidade, utilidade, topografia, preservação, desenvolvimento (facilidades).
- Espaço: dimensões e geometria, construção, flexibilidade, escala, utilização, expansibilidade.
- Luz: quantidade, brilhos, refletância, janelas, proteção, audiovisual;
- Calor e ar: temperatura, isolação, troca de ar, distribuição, exaustão, projeto de sistemas.

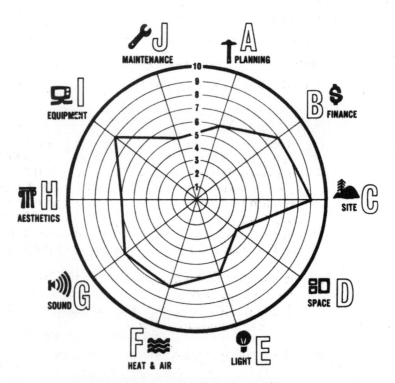

Fig. 6.10 *Profile Rating Wheel* – Exemplo de avaliação de projeto
Fonte: CSDE (1971).

- ▣ Som: implantação (local), isolação, forma do edifício, construção, isolamento, absorção.
- ▣ Estética: apropriação, atributos naturais, humanismo, síntese, caráter.
- ▣ Equipamentos: quantidade, conforto, mobilidade, flexibilidade, manutenção, segurança.
- ▣ Manutenção: desenvolvimento do local, exteriores, interiores, coberturas, durabilidade, qualidade.

Os indicadores são subdivididos em critérios e pontuados, de forma que cada item some 10 pontos, totalizando 100 pontos. Alguns critérios são considerados fatores críticos, de forma que, se receberem nota 0, há motivo para questionar a qualidade do projeto; por exemplo: segurança do local, dimensões e geometria, iluminação, temperatura, trocas e distribuição de ar e calor, acústica, conforto do mobiliário. Indicadores com notas de 0 a 3 são considerados inaceitáveis e merecem atenção especial por parte dos projetistas. A partir de 7 pontos, o indicador é considerado aceitável, sendo 10 uma pontuação excelente. O DQI (ver Cap. 5) teve por base esse tipo de ferramenta de avaliação (CIC, 2009).

As avaliações de desempenho ambiental dos edifícios destacaram-se nos últimos anos devido à crescente preocupação com fatores ambientais. Ferramentas desenvolvidas para a avaliação das questões do impacto ambiental de novos empreendimentos indicam alterações na forma como as edificações são projetadas, construídas e gerenciadas ao longo do tempo (Silva, 2000).

Um exemplo de novas ferramentas de avaliação é o LEED (Leadership in Energy and Environmental Design), dos Estados Unidos, lançado em 1996, originalmente desenvolvido para edifícios comerciais e posteriormente aplicado aos edifícios institucionais e residenciais de múltiplos pavimentos (Humbert et al., 2007). A ferramenta é usada em certificações de empreendimentos e tem uma estrutura simples de avaliação, que considera conceitos ambientais e de uso de energia estabelecidos em normas e recomendações de organismos com credibilidade reconhecida. É constituído de um *checklist*, com os seguintes tópicos: sítios sustentáveis, redução do uso da água (utilização eficiente), aspectos de energia e qualidade do ar, materiais e recursos, qualidade do ar interno e processo de projeto e suas inovações. Cada requisito é pontuado e o empreendimento recebe um valor total. Empreendimentos que alcançam de 52 a 69 pontos recebem uma certificação *Platinum*; os que alcançam de 39 a 51 pontos são considerados *Gold*; e *Silver* têm de 33 a 38 pontos; uma pontuação de 26 a 32 recebe uma certificação simples.

Atualmente, há diferentes tipos de certificações, e a maioria depende do país de origem e incorpora as peculiaridades da indústria da construção de cada local. Várias certificações de sustentabilidade no ambiente construído utilizadas mundialmente foram avaliadas no Brasil, mas há uma dificuldade de transposição dos indicadores às realidades socioeconômicas diversas (Silva, 2000). Em 2007, criou-se o Processo AQUA, do referencial técnico francês *Référence Technique de Certification – Bâtiments Tertiaires* (FCAV, 2007), que foi adequado à realidade brasileira e está sendo implantado pela FDE na avaliação das escolas públicas no Estado de São Paulo. O processo analisa o sistema de gestão do empreendimento e a qualidade ambiental do edifício em três níveis (bom, superior, excelente), nos aspectos:

- ▣ Relação do edifício com o seu entorno
- ▣ Escolha integrada de produtos, sistemas e processos construtivos
- ▣ Canteiro de obras com baixo impacto ambiental
- ▣ Gestão da energia
- ▣ Gestão da água
- ▣ Gestão dos resíduos de uso e operação do edifício
- ▣ Manutenção / Permanência do desempenho ambiental
- ▣ Conforto higrotérmico
- ▣ Conforto acústico
- ▣ Conforto visual
- ▣ Conforto olfativo
- ▣ Qualidade sanitária dos ambientes
- ▣ Qualidade sanitária do ar
- ▣ Qualidade sanitária da água

Há ainda métodos de avaliação como o *Balanced Scorecard*, que mede a qualidade em relação ao seu custo e benefício (Wong; Lam; Chan, 2009) e avalia quatro aspectos de arquitetura: estética, funcionalidade, viabilidade construtiva e economia, com ênfase nos aspectos da clareza, simplicidade ou elegância das formas (Fig. 6.11). A funcionalidade deve ser analisada sob múltiplos objetivos, como a conveniência, incluindo a acessibilidade, adequação ao uso, durabilidade e possibilidade de manutenção. As questões da viabilidade técnica ou da construção são analisadas em relação à produtividade na etapa construtiva e à otimização da operação das instalações prediais. Os aspectos econômicos relacionam-se aos custos da obra e às possibilidades de gerar lucro ou renda. Os custos da operação da edificação também são avaliados.

Para projetos escolares, há *checklists* específicos (Quadro 6.4) que podem ser aplicados tanto na avaliação de projetos quanto em APOs (CHPS, 2002). Cada item é detalhado no manual *best practice* da organização de apoio ao

Perspectiva estética

Objetivos	Critérios
Construção atrativa	- Proporção, harmonia, cor
Otimização com outros objetivos de projeto	- Custos para produzir dentro do orçamento - Eficiência na construção

Perspectiva funcional

Objetivos	Critérios
Conveniência	- Acessibilidade plena
Apropriado às funções da obra	- Dimensões adequadas para o uso eficiente
Otimização com outros objetivos de projeto	- Consistência estética entre componentes da obra e aparência da edificação - Custos da obra dentro do orçamento

Viabilidade construtiva

Objetivos	Critérios
Construção eficiente	- Viabilidade construtiva analisada
Otimização com outros objetivos de projeto	- Construção atrativa - Conveniência no uso, especialmente em relação aos sistemas prediais

Perspectiva econômica

Objetivos	Critérios
Lucro	- Custo inicial e futuro - Geração de renda
Otimização com outros objetivos de projeto	- Custos de obra atrativa dentro do orçamento - Manutenção otimizada dos componentes da obra e dos sistemas prediais

Fig. 6.11 *Balanced Scorecard*: Critérios para avaliação de projetos arquitetônicos *Fonte: adaptado de Wong, Lam e Chan (2009).*

desenvolvimento de projetos de escolas de qualidade nos EUA. Os critérios CHPS abrangem uma variedade de áreas, como a implantação, o planejamento da obra, o uso de energia e as especificações dos materiais. Questões específicas do local da escola necessitam de atenção especial na avaliação de cada prioridade. Os pré-requisitos dos critérios de projeto são as questões exigidas pelo Ministério da Educação e pelas leis federais, estaduais e municipais. No entanto, o projeto deve ir além dos pré-requisitos para garantir que o projeto da escola seja saudável, opere de forma eficiente, aumente a produtividade do estudante e reduza os impactos ambientais.

Avaliações de projeto devem combinar vários aspectos de conforto, porque há interferências entre eles, principalmente entre conforto térmico, acústico e iluminação. Para isto, Graça (2002a) criou uma metodologia de avaliação/otimização de projetos de escolas da rede estadual de São Paulo (ver Cap. 4). A seleção da melhor alternativa de projeto é constituída de modelos de otimização, cujo critério de avaliação seleciona o "melhor" projeto, chamado "projeto ótimo", com base no objetivo do modelo (Papalambros; Wilde, 1991) e esse modelo influencia e é influenciado por todas as fases de projeto. O propósito principal da teoria é ajudar o projetista na seleção de um projeto que pertence a um conjunto de soluções viáveis ao problema, para direcionar o processo de decisão pela comparação entre os projetos e a seleção do "melhor" (Stadler; Dauer, 1992).

QUADRO 6.4 PRIORIDADES PARA A AVALIAÇÃO DE PROJETOS ESCOLARES PARA UM ALTO DESEMPENHO AMBIENTAL E DE SUSTENTABILIDADE NO LOCAL CONSTRUÍDO

Iluminação natural: a qualidade da iluminação natural está relacionada ao aumento da produtividade dos estudantes. Quando integrada à iluminação artificial, tende a reduzir gastos energéticos.

IEQ Crédito 1: iluminação natural nas salas de aula (1 a 4 pontos).

Eficiência Energética: a chave do CHPS para reduzir gastos operacionais, conservar recursos naturais e reduzir a poluição global.

Energia Crédito 1: desempenho superior de energia (2 a 10 pontos).

Energia Crédito 2: ventilação natural (1 a 4 pontos).

Qualidade do ar interno: as escolas devem proteger a saúde dos estudantes, e a qualidade do ar interno é essencial para isso.

IEQ Crédito 2: materiais de baixa emissão (1 a 4 pontos).

IEQ Crédito 3: controle de fonte poluidora (1 a 3 pontos).

IEQ Crédito 4: construção de um plano de gerenciamento QAI (1 a 2 pontos).

Manutenção: sem a manutenção preventiva regular durante toda a vida útil do edifício, a escola não irá funcionar no nível projetado. Manutenção inadequada pode causar problemas de péssima qualidade do ar interno, aumentar os gastos energéticos e proporcionar ambientes visual, térmica e acusticamente inadequados para o ensino. O custo para a prevenção compensa.

Crédito 3: plano de manutenção (1 a 2 pontos).

Comissionamento e treinamento: todas as escolas devem ser comissionadas para garantir que o projeto atenda às expectativas e que a escola seja construída conforme projetada. Escolas modernas são edifícios complexos. O comissionamento assegura que o edifício tem funcionamento adequado e que a escola sabe como operá-lo e mantê-lo.

Crédito 4: comissionamento (2 a 3 pontos).

Acústica: se não for controlada em níveis apropriados, ruídos de ventilação, externos e de salas vizinhas impedem a comunicação.

IEQ Crédito: melhorar o desempenho acústico (2 pontos).

Materiais sustentáveis: com os materiais estão os recursos, energia, química e danos ao ambiente envolvido na produção.

Materiais Crédito 4: reciclagem (1 a 2 pontos).

Materiais Crédito 6: madeira certificada (1 ponto).

Redução de perdas: é possível reciclar e salvar a maioria das perdas de materiais de construção e de demolição, em vez de descartá-los.

Materiais Crédito 1: gerenciamento das perdas (1 a 2 pontos).

Fonte: CHPS (2002).

No Brasil, para edificações escolares, indicadores específicos podem ser usados na avaliação do desempenho escolar e no aumento dos indicadores de ensino. As análises devem considerar as políticas educacionais e o tipo de implementação e administração das escolas públicas. Outra ferramenta brasileira para avaliar projetos de arquitetura escolar é o SPATE (ver Cap. 4), que avalia questões quantitativas, enquanto o método criado por Graça inclui a análise de questões qualitativas. Assim, as duas ferramentas podem se complementar na avaliação de projetos.

Processo de projeto: comissionamento e avaliação pós-ocupação

Além das avaliações durante a fase do projeto, a verificação logo após a obra concluída e entregue é o momento de analisar as partes da construção, para permitir o pleno funcionamento dos espaços. Atualmente, essa fase é denominada *commissioning* – no Brasil, a indústria da construção adota o termo *comissionamento*. Escolas de alto desempenho somente são aprovadas com determinado grau de comissionamento (CHPS, 2002).

Durante as fases do comissionamento, são produzidos os documentos *as-built* para o registro fiel da construção, os quais são avaliados em relação às intenções de projeto, que geram dados de desempenho da obra em relação aos indicadores do programa de necessidades. A qualidade do processo de projeto também é avaliada. As atividades dessa fase incluem observações do funcionamento dos espaços e a infraestrutura de suporte. Testes e verificações são efetuados. Os funcionários e usuários recebem instruções sobre o funcionamento e a manutenção dos componentes da obra. Ajustes são feitos para o funcionamento pleno e eficiente (Holtz, 2005).

Os objetivos dessa fase de entrega e ajustes são a satisfação dos ocupantes e sua segurança, bem como o funcionamento otimizado de toda a infraestrutura do empreendimento. Esses objetivos também antecipam a redução de custos da operação de construção, como a eficiência energética e de uso de água. Os bancos de dados avaliam as origens de possíveis incongruências entre projeto e obra. O funcionamento dos elementos construtivos deve ser monitorado para uma análise do nível de operação, principalmente das instalações e equipamentos prediais. Planos de desempenho e manutenção são traçados. Relatórios de deficiências são gerados.

Segundo o CHPS (2002), o comissionamento envolve quatro fases distintas de tarefas específicas que são executadas pelos membros da equipe durante todo o processo: programa, projeto, construção e garantia. Durante a fase da construção, o comissionamento testa os sistemas mecânicos e elétricos para determinar se funcionam. Embora o comissionamento comece na fase da construção, os edifícios são beneficiados quando o processo começa durante a fase do anteprojeto, em que a equipe é montada. O comissionamento pode acontecer para um sistema específico ou para o sistema total de um edifício e, quanto mais detalhado, maior o impacto sobre o desempenho. Na fase de garantia, logo que o edifício é entregue, são realizados os testes e treinamentos. A tarefa de comissionamento, na verdade, nunca tem um fim preciso, enquanto houver necessidade de manter o nível de desempenho. Entretanto, o responsável pelo gerenciamento dos sistemas deve ser encorajado a buscar um comissionamento pelo menos de 2 em 2 anos, ou de 3 em 3 anos, dependendo do uso, da complexidade do edifício e da experiência em operação.

O processo de projeto deve incluir uma fase de avaliação em uso consolidado. Na busca por qualidade, vários estudos identificam elementos que caracterizam a satisfação pós-ocupacional de usuários (Kowaltowski et al., 2006a; Oliveira, 1998; Ornstein; Roméro, 1992; Vianna; Roméro, 2002). Estudos de APO fazem parte de várias fases do processo de projeto. Na fase de uso, as APOs retroalimentam projetos, com o intuito de diminuir a recorrência de erros. Para atingir os seus objetivos, estudos de APO devem incluir, além da apuração dos índices de satisfação e percepção dos ocupantes, as avaliações técnicas e as observações dos empreendimentos. Dessa forma, estabelece-se um vínculo entre a percepção do usuário e a qualidade do projeto e da construção (Kowaltowski et al., 2006b). A avaliação de projetos implantados traz importantes retornos aos novos processos de projeto, podendo indicar novos insumos e diretrizes para futuros projetos com características semelhantes, como destacam Nasar, Preiser e Fisher (2007, p. 63):

> A introdução do Conceito de Desempenho (*Performance Concept*) defende o monitoramento do desempenho do edifício desde a perspectiva do cliente em termos de visão, missão e objetivos, continuando de todos os modos possíveis após a ocupação e durante todo o ciclo de vida do edifício. Isso permite influenciar futuros projetos com as lições aprendidas, tanto em termos de sucesso como de falhas.

As APOs visam:
- levantar e retificar (*retrofit*) problemas encontrados pós-uso da obra ou durante o período de *commissioning* (entrega da obra e implantação de uso de edificações);
- levantar a satisfação dos usuários com a obra em uso para avaliar a qualidade do projeto e da obra;
- comparar indicadores de qualidade do programa de necessidades;
- levantar dados para realimentação de novos projetos da mesma tipologia;

◘ avaliar especificamente para reformas e adaptação da edificação para novas funções;

◘ avaliar academicamente para o desenvolvimento de conhecimentos.

A Fig. 6.12 apresenta um esquema de APO (Ornstein; Romero, 1992). Zimring (2002) apresenta uma visão geral de questões sobre APO e de métodos mais apropriados para objetivos específicos. Gray et al. (1995) descrevem as ferramentas de avaliação. McDougall et al. (2002) apresentam uma revisão das ferramentas mais indicadas para as avaliações de edificações e Turpin-Brooks e Viccars (2006) apresentam métodos mais robustos de APO.

Fig. 6.12 Esquema de avaliação pós-ocupação (APO)
Fonte: adaptado de Ornstein e Romero (1992).

Para um diagnóstico dos pontos positivos e negativos dos aspectos construtivos, de conforto ambiental, da relação custo/benefício da manutenção do edifício e entre o ambiente construído e o comportamento humano, as APOs devem ter um conjunto de métodos e técnicas aplicados durante o uso dos edifícios, para seu desempenho tanto do ponto de vista dos especialistas quanto dos usuários (Ornstein, 2005; Preiser; Vischer, 2005; Preiser; Rabinowitz; White, 1988).

A avaliação pode ter como objetivo a definição de requisitos de alguma tipologia arquitetônica, para alimentar um novo programa de necessidades, que estabelece as preferências do usuário e dá atenção para o gerenciamento do edifício. As avaliações podem ser aplicadas somente ao cliente ou aos usuários da edificação (público e funcionários), ou ainda a representantes da população. Situações urbanas, conjuntos de construções, edifícios isolados e ambientes individuais podem ser avaliados. As avaliações devem incluir características do local, como a situação geográfica; a localização relativa ao entorno/cidade/complexo; os acessos; as dimensões dos espaços; os raios de influência da obra e as densidades (de uso ou de área construída) da edificação. A funcionalidade prioritária (habitação, escola etc.) deve ser estabelecida, bem como dados demográficos e socioeconômicos dos ocupantes (idade, nacionalidade). Outras características do local devem ser incluídas nas avaliações, como dados da legislação; modelo de locação (proprietário, locação); o clima da região e serviços oferecidos no entorno. Em relação às características da edificação, muitas vezes analisa-se a forma, a volumetria e a estética. Com base no projeto arquitetônico, estrutural e complementar, analisam-se as formas e dimensões espaciais; o *layout* dos equipamentos e móveis nos ambientes; as relações entre as funções; as distâncias necessárias a serem percorridas; os elementos da circulação; os materiais e acabamentos.

As técnicas de coleta de dados dependem dos objetivos, dos objetos de avaliação, do tempo disponível, do tamanho e treinamento das equipes de APO. A escolha dos métodos e ferramentas necessita de cuidados em relação às análises propostas. A adequação dos procedimentos ao usuário pode indicar questionários próprios, por exemplo, para adultos ou crianças, nos quais desenhos podem substituir as perguntas para a população infantil (Fig. 6.13).

A definição da amostra para a aplicação de questionários aos usuários em APO requer representatividade estatística. É necessário conhecer a população total e sua heterogeneidade. A margem de erro e o número de variáveis determinam a confiabilidade das análises. Vários métodos e ferramentas podem ser utilizados:

- Medidas para a aferição de desempenho físico com medições técnicas de níveis de conforto funcional, térmico, acústico e visual.
- Observações do desempenho físico.
- Observações do comportamento do usuário.
- Entrevistas.
- Questionários.
- Diários e/ou listas de atividades.
- Mapas comportamentais.
- Registros fotográficos, em vídeo ou em áudio.
- Percepção visual.
- Jogos.
- Simulações.
- Levantamento de desejos.
- *Walkthroughs* ou passeio pelo ambiente acompanhado de usuários que comentam as suas percepções espaciais ao longo do percurso.

| Sala: |
| Avaliador: |

ACÚSTICA

6) COMO VOCÊ ESTÁ OUVINDO A PROFESSORA ? FAÇA UM X NO QUADRINHO CORRESPONDENTE :

1.

☐

2.

☐

3.

☐

4.

☐

Fig. 6.13 Exemplo de questionário para a avaliação acústica de sala de aula com público infantil em alfabetização
Fonte: Kowaltowski et al. (2001).

O levantamento de percepções junto aos usuários pode usar escalas semânticas. A Fig. 6.14 apresenta um exemplo de avaliação por usuários de projetos escolares com aplicação do método da escala semântica de percepções opostas. O usuário avalia a imagem em relação a adjetivos opostos, como grande/pequeno, numa escala de 5 pontos (muito ruim, ruim, neutro, bom, muito bom).

Entrevistas abertas podem ser utilizadas, mas a análise das respostas é dificultada pela grande variedade de resultados levantados. Os *walkthroughs* comentados são uma boa técnica de avaliação, porque o usuário que mora ali é mais capaz de apontar fatores importantes (positivos e negativos) que nem sempre são evidentes para o pesquisador/avaliador. As medições técnicas sempre devem acompanhar as observações e as entrevistas, para a validação dos níveis de satisfação. Observações incluem o tempo de permanência

(a) Projeto 01

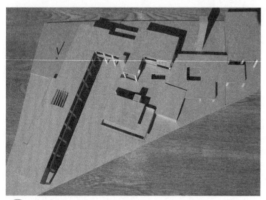

(b) Projeto 03

	Projeto 01							Projeto 03	
		-03	-02	-01	0	1	2	3	
01	Oprimido/sufocado								Liberto
02	Caótico								Organizado
03	Arejado								Abafado
04	Pesado								Leve/leveza
05	Amplo								Restrito/estreito
06	Suavidade								Dureza/rijeza
07	Indefinido								Definido
08	Multiforme								Monotonia
09	Repelente								Atraente
10	Vivo								Desvanecido
11	Equilibrado								Desequilibrado
12	Sossegado/inerte								Movimentado
13	Limitado								Espaçoso
14	Expandido								Concentrado
15	Inconfortável								Confortável
16	Amigável/fraterno								Hostil/agressivo
17	Sombrio								Alegre
18	Compreensível								Confuso
19	Rígido								Dócil/maleável
20	Feio								Belo
21	Úmido								Disperso
22	Quente								Frio
23	Desafiante								Tedioso
24	Exclusivo								Convidativo
25	Simpático								Antipático

Nº de itens preenchidos:
Nº de itens não preenchidos:

Fig. 6.14 Exemplos de levantamento de percepção e avaliação de projetos, em escala semântica: (a) Projeto 1; (b) Projeto 3
Fonte: Mösch (2009).

das pessoas nos ambientes, a composição de grupos de pessoas que desenvolvem atividades específicas e a descrição dessas atividades. Questões de comportamento humano (proativo, agressivo ou antissocial) precisam de avaliações específicas de psicólogos na equipe de avaliação. Medições técnicas devem ser feitas de acordo com as normas de desempenho e com equipamentos próprios e devidamente calibrados.

Em termos metodológicos, as APOs são feitas a partir de dados técnicos, dos objetivos de programas e políticas e da satisfação dos usuários, no caso do ensino público (Ornstein; Moreira, 2005). Os aspectos avaliados em APOs variam de acordo com os objetivos da avaliação:

- Resolver problemas pós-ocupação.
- Ajustes finos.
- Avaliar pontos específicos de desempenho.
- Avaliar necessidades construtivas futuras do empreendimento.
- Acumular critérios para projetos futuros, estudo de caso.

- ▣ Acumular informações positivas e negativas.
- ▣ Incentivar mudança de normas.
- ▣ Lista de recomendações.
- ▣ Melhorar o processo construtivo.
- ▣ Criar novos programas de apoio (políticas públicas).

Os fatores que merecem avaliação são: paisagísticos, energéticos, psicológicos, climáticos, geológicos, de conforto ambiental, econômicos, de segurança e saúde, estéticos, históricos, legais, urbanos, de comunicação, fisiológicos, topográficos, tecnológicos (infraestrutura, níveis de funcionamento e uso), estruturais, patologias, funcionais, ambientais/ecológicos e de sustentabilidade, culturais, sociais, legais.

Estudos de APO mostram os problemas de funcionalidade (relação entre espaços e atividades desenvolvidas). Em muitos prédios, faltam espaços de sociabilidade e, em prédios públicos, o usuário considera falhas as características de orientação no espaço. Os projetos são confusos e a articulação dos espaços não se apresenta de maneira clara. O *wayfinding* e a acessibilidade plena são fatores criticados em APOs de prédios públicos, que também não têm boa indicação visual para a orientação no espaço. Aspectos de estética e de elementos da natureza também são muitas vezes apontados como incompatíveis com os desejos dos usuários (Nasar; Preiser; Fisher, 2007). Observa-se atualmente que as pesquisas concentram-se nas falhas do ambiente físico, em razão da maior familiaridade para lidar com fatores objetivos do que com a complexidade da avaliação do comportamento humano. Várias pesquisas (Gann; Salter; Whyte, 2003; Kowaltowski et al., 2006a) apontam dificuldades na aplicação de resultados de APOs no processo criativo, o que levou ao uso de outro tipo de ferramenta, que avalia o projeto durante o processo criativo.

Para minimizar as lacunas relativas aos aspectos de conforto ambiental, os dados coletados em APOs realizadas em escolas podem ser inseridos num sistema de banco de dados e de CAD integrados, como o SIGAE (ver Cap. 4).

6.4 PROCESSO DE PROJETO ENRIQUECIDO

Apresentaram-se esquemas de processo de projeto escolar tradicional e de referência, e também os conceitos para melhorar o processo de projeto escolar tradicional e as ferramentas de apoio ao processo. Um dos pontos mais sensíveis no processo de projeto tradicional é o fato de ignorar situações críticas que geram adversidades e o questionamento dos profissionais envolvidos na busca de soluções de qualidade para os problemas detectados. Habitualmente, o projetista adapta-se a essas situações sem o planejamento prévio do desencadeamento de ações sobre os impactos criados.

Recomendam-se mudanças e melhorias no contexto local do projeto de escolas, em razão das grandes diferenças entre o processo de projeto ideal e o tradicional. Algumas intervenções não provocam conflitos ou modificações no processo. Assim, criou-se um esquema chamado enriquecido (Fig. 6.15). A participação dos agentes no processo de projeto pode gerar reflexão e interesse por parte dos usuários e configurar um primeiro passo para futuras inovações e melhorias. As conexões entre os agentes do projeto e os usuários podem ocorrer em determinadas fases do projeto; entretanto, é indispensável durante a construção do programa de necessidades, e antes da ocupação do edifício. O momento anterior à ocupação absorve a atividade de comissionamento, que transmite ao usuário os aspectos do novo ambiente, suas inovações, e despertam-no para a participação ativa em seu uso e manutenção. Esse momento pode ser utilizado também para a elaboração de pequenos ajustes ou reparos na etapa de entrega da obra, quando se recomenda a introdução de diários de bordo (*logbook*) com registros de ocorrências na obra ocupada, para auxiliar a retroalimentação do projeto.

Outra oportunidade de reflexão sobre a adequação do ambiente escolar são as APOs, que aproximam o usuário ao ambiente construído. O processo de projeto enriquecido introduz as APOs de maneira formal, com levantamento dos níveis de satisfação dos usuários, observações e aplicação de medições técnicas. O envolvimento dos usuários nas APOs permite sua integração mais efetiva com o ambiente. Alguns autores apontam a intervenção do usuário como essencial ao reconhecimento de problemas de conforto ambiental e possibilidades de ajustes futuros no ambiente. Muitas escolas públicas utilizam o controle centralizado até dos interruptores, sem possibilitar ao usuário ajustar os níveis de conforto. A falta de interação com o ambiente acarreta o desconhecimento de seu funcionamento, e a convivência com níveis de conforto inadequados gera apatia (Bernardi, 2001).

O processo de projeto enriquecido diferencia-se da linearidade do processo tradicional, fechando o ciclo de atividades com as APOs. Na prática brasileira de projetos escolares, é comum encontrar lotes com formas, dimensões e topografias complexas para a inserção do programa de necessidades da escola. Essas situações são de risco, pois o arquiteto, ao procurar soluções ao projeto para as restrições desses lotes, cria interferências que necessitam de um cuidado maior.

O processo de projeto enriquecido recomenda detalhamentos especiais para os problemas originados em situação de risco.

A FDE, como órgão do Estado de São Paulo, pode gerar, transmitir e intercambiar grande parte do conhecimento sobre os projetos escolares.

Processo de projeto "enriquecido"
Introdução de melhorias possíveis no processo atual

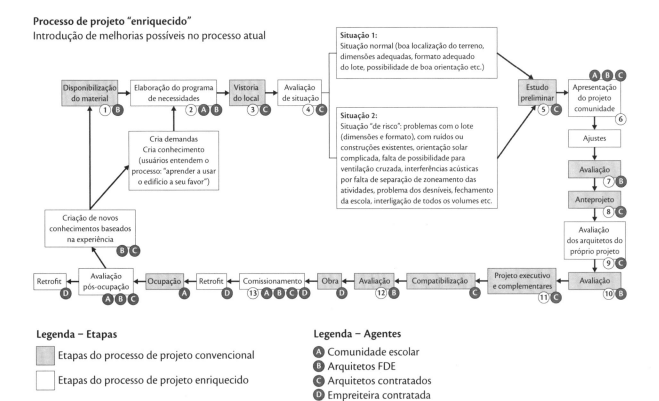

① Catálogos técnicos: programa básico, levantamento topográfico, indicações de normas pertinentes, projetos de referência, esquemas sobre metodologias pedagógicas x soluções espaciais
② Incluir definições das necessidades, desejos, desafios, específicos da comunidade, definições de valores (arquitetos + comunidade)
③ Topografia, acessos, serviços públicos, construções existentes, zoneamento, agentes poluidores, características da vizinhança
④ Avaliação das "situações de risco" a serem enfrentadas no projeto em função das características do local
⑤ Apresentação do partido em função do terreno e do programa da escola + interferências sobre soluções das questões críticas levantadas
⑥ Comunidade envolvida com a nova escola: pertencimento, interação e realização
⑦ Preocupação com aspectos de qualidade: prazo + restrições orçamentárias
⑧ Apresentação de informações completas para estimativa de custos + todos os edifícios definidos, inclusive ligações entre eles + detalhes pontos críticos
⑨ Avaliação dos arquitetos do próprio projeto. Ferramentas de avaliação: checklists, scorecards, simulações, CHPS etc.
⑩ Verificação da indicação dos componentes padronizados, tipos de pisos e dimensões básicas de áreas externas pavimentadas e gramadas
⑪ Apresentação das informações completas para realização da obra. Exigência de detalhamento: verificação e avaliação da lista dos pontos críticos
⑫ Verificação se todas as informações foram entregues completas e na forma exigida
⑬ Treinamento de funcionários da escola e levantamento de possíveis ajustes finos necessários. Usuários preparados para utilizar o novo edifício na plenitude de suas possibilidades

Fig. 6.15 Processo de projeto enriquecido

Podem-se incluir em seus procedimentos ferramentas de avaliação sem grandes custos para a sua confecção e aplicação. Por meio de normas de projeto, podem ser criados *checklists*, e recomenda-se o sistema de avaliação de projeto adotado pela CHPS, chamado de *scorecard*, desde que adaptado para a realidade brasileira (CHPS, 2002). A otimização de parâmetros de conforto ambiental pode ser realizada pelo método desenvolvido por Graça (2002a) para as escolas públicas do Estado de São Paulo. Recomenda-se a criação de ambientes colaborativos pela *web*, para a apresentação de estudos de caso e a discussão de inovações no projeto escolar, o que facilitaria a retroalimentação do projeto e do conhecimento, além de valorizar um processo mais colaborativo de projeto.

Além das questões pedagógicas do projeto arquitetônico de escolas, também existem questões técnicas, tratadas por diferentes profissionais, que integram os requisitos funcionais do projeto e do planejamento. A participação da comunidade é importante, como uma maneira de incluí-la nas definições gerais e de conscientizá-la da importância de cada área técnica e das possibilidades de sua atuação, de modo a facilitar a compreensão da importância do manual de uso e manutenção do edifício. O método axiomático é uma importante contribuição para a inclusão de dados qualitativos e para estruturar uma grande quantidade de informações para enriquecer o processo. A documentação do processo de decisão dá transparência e permite o registro da informação, para evitar conflitos e insatisfações entre os usuários do produto final. Apesar da subjetividade inerente ao processo de projeto, é importante um procedimento metodológico para aumentar as bases científicas.

No exemplo da aplicação do método axiomático ao processo de projeto escolar com inserção de conceitos e parâmetros de ensino de qualidade, demonstrou-se que esse processo pode ser mais rico e transparente, e deve estimular soluções de projeto mais criativas e apropriadas. Os eventos históricos, tanto políticos quanto sociais, são desafios para a sociedade e criam oportunidades para se pensar a qualidade do ensino de uma forma mais ampla. Quanto maior o desafio, maior o investimento e a concentração de esforços para aumentar a qualidade educacional, apesar dos poucos recursos aplicados em educação.

A realidade de ambientes educacionais no Brasil mostra-se diferente do que é proposto em projetos de escolas de alto desempenho. O Estado de São Paulo apresenta uma iniciativa bastante positiva no setor. Entretanto, falta um espaço para o intercâmbio de informações entre profissionais de projeto e a preocupação com o controle da qualidade dos projetos relacionados ao método de projeto e ao aprendizado. Houve algumas melhorias fomentadas pela FDE, como o programa-piloto de sustentabilidade, ainda em implementação, e a integração da quadra de esportes ao conjunto da obra, mas essas melhorias criam interferências entre atividades esportivas e acadêmicas, que necessitam de barreiras acústicas para garantir o bom funcionamento de uma escola. Também se critica a falta de ambientes mais apropriados para a alimentação e para a pesquisa. Os típicos refeitórios e bibliotecas, incipientes em muitos casos, não atendem às reais demandas e destoam dos espaços dessa natureza nos países desenvolvidos.

Este capítulo apresentou os esquemas do processo de projeto escolar com o objetivo de compará-los e de identificar oportunidades para melhorar a qualidade da arquitetura da escola pública, com base nas escolas estaduais de São Paulo. O processo de projeto enriquecido levou em conta a realidade da prática local de projeto e pode ser implantado gradativamente, pois identifica situações de risco e recomenda atenção às interferências. Os momentos de avaliação e participação permitem maior interação da comunidade escolar com o ambiente físico. A FDE deve transmitir e intercambiar conhecimentos de projetos de qualidade ampliada. Para que o novo processo se concretize, são importantes os estudos voltados ao retorno do arquiteto às problemáticas da prática de projeto e o investimento em ferramentas de avaliação de projetos escolares. Finalmente, além de examinar o conteúdo mais importante e apropriado ao processo de projeto de escolas, é essencial refletir sobre a qualidade da arquitetura escolar, para responder às demandas educacionais da sociedade brasileira. A equipe de planejamento e projeto representa os agentes envolvidos na boa condução de ensino e deve almejar as metas essenciais do ambiente escolar: eficiência energética, sustentabilidade, conforto, segurança e saúde dos usuários.

Leituras adicionais

AHMED, A. U.; ARENDS-KUENNING, M. Do crowded classrooms crowd out learning? Evidence from the food for education program in Bangladesh. *World Development*, v. 34, n. 4, p. 665-684. 2006.

BARGUIL, P. M. *O homem e a conquista dos espaços: o que os alunos e os professores fazem, sentem e aprendem na escola*. Fortaleza (CE): LCR. 2006.

BCA – BUILDING COMMISSIONING ASSOCIATION. Building Commissioning Attributes Apr. 2005. Disponível em: <http://www.bcxa.org/about/attributes.shtm>.

BENCOSTTA, M. L. A. *História da educação, arquitetura e espaço escolar*. São Paulo: Cortez. 2005.

BERNARDI, N.; KOWALTOWSKI, D. C. C. K. Environmental comfort in school buildings: a case study of awareness and participation of users. *Environment and Behavior*, v. 38, n. 2, p. 155-172, 2006.

BUFFA, E. Práticas e fontes de pesquisa em história da educação. In: *História da educação em perspectiva. Ensino, pesquisa, produção e novas investigações*. Gatti Junior, Décio e Inácio Filho, Geraldo (orgs.). Campinas: Autores Associados/Uberlândia: EDUFU, 2005.

BULLER, D. B.; BULLER, M. K.; REYNOLDS, K. D. A survey of sun protection policy and education in secondary schools. *Journal of the American Academy of Dermatology*, v. 54, n. 3, p. 427-432, 2006.

CAMBI, F. *História da pedagogia*. Trad. Álvaro Lorencini. São Paulo: Unesp, 1999.

CHAPMAN, D. W.; WEIDMAN, J.; COHEN, M.; MERCER, M. The search for quality: a five country study of national strategies to improve educational quality in Central Asia. *International Journal of Educational Development*, v. 25, n. 5, p. 514-530, 2005.

DEWEY, J. *Liberalismo, liberdade e cultura*. Trad. Anísio Teixeira. São Paulo: Nacional, 1970.

DUDEK, M., *Children's spaces*. Amsterdam/Boston: Architectural Press, 2005, v. xxii.

DUDEK, M. Education design. Disponível em: <www.educationdesign.com.uk>. Acesso em: dez. 2008.

EARTHMAN, G. I. *Planning educational facilities: what educators need to know*. Lanham, Md.: Rowman & Littlefield Education/Association of School Business Officials International, 2009.

FERREIRA, A. D. F.; MELLO, M. G. D.; KATINSKY, J. R. *Arquitetura escolar paulista*: anos 1950 e 1960. São Paulo: FDE, 2006.

FILIPPIN, C. Thermal response of solar and conventional school buildings to design- and human-driven factors. *Renewable Energy*, v. 30, n. 3, p. 353-376, 2005.

FJØRTOFT, I.; KRISTOFFERSEN, B.; SAGEIE, J. Children in schoolyards: tracking movement patterns and physical activity in schoolyards using global positioning system and heart rate monitoring. *Landscape and Urban Planning*, v. 93, n. 3-4, p. 210-217, 2009.

GOUVALI, M. K.; BOUDOLOS, K. Match between school furniture dimensions and children's anthropometry. *Applied Ergonomics*, v. 37, n. 6, p. 765-773, 2006.

GRIFFITHS, M.; EFTEKHARI, M. Control of CO_2 in a naturally ventilated class-room. *Energy and Buildings*, v. 40, n. 4, p. 556-560, 2008.

HESHONG MAHONE GROUP. *Daylighting in schools*: an investigation into the relationship between daylighting and human performance. Fair Oaks, California: Pacific Gas and Eletric Company, ago. 1999.

LEVIN, H. M.; LOCKHEED, M. E. *Effective schools in developing countries*. Falmer Press, 1. ed., 1993.

LUEDER, R.; RICE, V. J. B. *Ergonomics for children*. Designing products and places for toddler to teens. CRC Press, 2007.

MAXWELL, L. E.; CHMIELEWSKI, E. J. Environmental personalization and elementary school children's self-esteem. *Journal of Environmental Psychology*, v. 28, n. 2, p. 143-153, 2008.

MEHTA, M.; JOHNSON, J.; ROCAFORT J. *Architectural Acoustics: principles and design*. New Jersey: Prentice Hall, 1999.

MÜELLER, C. M. *Espaços de ensino/aprendizagem com qualidade ambiental*: o processo metodológico para elaboração de um anteprojeto. 2007. Dissertação (Mestrado) – Universidade de São Paulo, São Paulo, 2007.

NAGLE, J. *Reducing your carbon footprint at school*. New York: Rosen Central, 2009. (Your carbon footprint)

NATIONAL RESEARCH COUNCIL. Committee to review and assess the health and productivity benefits of green schools. *Green schools*: attributes for health and learning. Washington, DC: National Academies Press, 2007.

OWP/P Architects; VS Furniture; Bruce Mau Design. *The Third Teacher*: 79 Ways You Can Use Design to Transform Teaching & Learning. New York: Abrams, 2010.

PEREZ, Y. V.; CAPELUTO, I. G. Climatic considerations in school building design in the hot-humid climate for reducing energy consumption. *Applied Energy*, v. 86, n. 3, p. 340-348, 2009.

PSD book. PICTURING SCHOOL DESIGN. A visual guiding to secondary school buildings and their surroundings using the Design Quality Indicator for Schools. Disponível em: <http://www. dqi.org.uk>. Acesso em: fev. 2008.

RITTELMEIER, C. *Schulbauten positiv gestalten*: wie Schüler Farben und Formen erleben. Bauverlag GMBH, Wiesbaden, 1994.

TORANZO, V. A. *Arquitectura y pedagogía*: los espacios diseñados para el movimiento. Buenos Aires: Nobuko. 2009.

VERSTEGEN, T.; BROEKHUIZEN, D. BIJLSMA, L.; LINDERS, J. *Contemporary Dutch school architecture*: a tradition of change. Rotterdam: NAi Publishers/Staro, 2008.

WALDEN, R. *Schools for the future*: design proposals from architectural psychology. Cambridge (MA): Hogrefe, 2009.

ZANNIN, P. H. T.; ZWIRTES, D. P. Z. Evaluation of the acoustic performance of classrooms in public schools. *Applied Acoustics*, v. 70, n. 4, p. 626-635, 2009.

Referências bibliográficas

ABNT – ASSOCIAÇÃO BRASILEIRA DE NORMAS TÉCNICAS. NBR-10151: *Avaliação do ruído em areas habitadas visando o conforto da comunidade procedimento*. Rio de Janeiro: ABNT, 1987a.

ABNT – ASSOCIAÇÃO BRASILEIRA DE NORMAS TÉCNICAS. NBR-10152: *Níveis de ruído para o conforto acústico*. Rio de Janeiro: ABNT, 1987b.

ABNT – ASSOCIAÇÃO BRASILEIRA DE NORMAS TÉCNICAS. NBR-12179: *Tratamento acústico em recintos fechados*. Rio de Janeiro: ABNT, 1992a.

ABNT – ASSOCIAÇÃO BRASILEIRA DE NORMAS TÉCNICAS. NBR-5413: *Norma brasileira para iluminância de interiores*. Rio de Janeiro: ABNT, 1992b.

ABNT – ASSOCIAÇÃO BRASILEIRA DE NORMAS TÉCNICAS. NB-57: *Iluminância de interiores*. Rio de Janeiro: ABNT, 1992c.

ABNT – ASSOCIAÇÃO BRASILEIRA DE NORMAS TÉCNICAS. NBR-14006: *Móveis escolares* – assentos e mesas para instituições educacionais – classes e dimensões. Rio de Janeiro: ABNT, 1997a.

ABNT – ASSOCIAÇÃO BRASILEIRA DE NORMAS TÉCNICAS. NBR-14007: *Móveis escolares* – assentos e mesas para instituições educacionais – requisitos. Rio de Janeiro: ABNT, 1997b.

ABNT – ASSOCIAÇÃO BRASILEIRA DE NORMAS TÉCNICAS. NBR-9050: *Acessibilidade a edificações, mobiliário, espaços e equipamentos urbanos*. Rio de Janeiro: ABNT, 2004. Disponível em: <http://www.mj.gov.br/sedh/ct/corde/dpdh/corde/normas_abnt.asp>. Acesso em: jul. 2005.

ABNT – ASSOCIAÇÃO BRASILEIRA DE NORMAS TÉCNICAS. NBR-15215-3: *Iluminação natural* – parte 3: procedimento de cálculo para a determinação da iluminação natural em ambientes internos. Rio de Janeiro: ABNT, 2005a.

ABNT – ASSOCIAÇÃO BRASILEIRA DE NORMAS TÉCNICAS. NBR-15220-3: *Desempenho Térmico de Edificações* – parte 3: zoneamento bioclimático brasileiro e diretrizes construtivas para habitações unifamiliares de interesse social. Rio de Janeiro: ABNT, 2005b.

ABNT – ASSOCIAÇÃO BRASILEIRA DE NORMAS TÉCNICAS. NBR 12892/1993: *Projeto, fabricação e instalação de elevador unifamiliar.* Rio de Janeiro: ABNT, 2005c, Disponível em: <http://www.mj.gov.br/sedh/ct/corde/dpdh/corde/normas_abnt. asp>. Acesso em: jul. 2005.

ABNT – ASSOCIAÇÃO BRASILEIRA DE NORMAS TÉCNICAS. NBR 13994/2000: *Elevadores de passageiros* – elevadores para transporte de pessoa portadora de deficiência. Rio de Janeiro: ABNT, 2005d. Disponível em: <http://www.mj.gov.br/sedh/ct/corde/dpdh/corde/normas_abnt.asp>. Acesso em: jul. 2005.

ABNT – ASSOCIAÇÃO BRASILEIRA DE NORMAS TÉCNICAS. *Desempenho de edifícios habitacionais até cinco pavimentos.* Rio de Janeiro: ABNT, 2008.

ADC – ADAPTIVE ENVIRONMENT CENTER. *The Americans with Disabilities Act –* checklist for readily achievable barrier removal. Adaptive Environments Center, Inc. Barrier Free Environments, Inc. EUA, 1995. Acesso em janeiro de 2005.

AGA KHAN. Award for Architecture. 2007. Disponível em: <http://www.akdn.org/architecture/awards.asp?tri=2007>. Acesso em: 16/6/2010.

ALEXANDER, C. *The timeless way of building.* New York: Oxford University Press, 1979.

ALEXANDER, C; ISHIKAWA, S; SILVESTEIN, M. *A pattern language*: towns, buildings, constructions. New York: Oxford University Press, 1977.

ALUCCI, M. P. Mais iluminação natural, com menor consumo de energia. *Qualidade na construção*, São Paulo, n. 24, ano III, p. 40-45, 2000.

ALVAREZ, A. C. A. Procedimentos para análise e avaliação da iluminação em ambientes escolares. In: ENCONTRO NACIONAL DE TECNOLOGIA DO AMBIENTE CONSTRUÍDO, 1995, Rio de Janeiro. *Anais...* Rio de Janeiro, p. 587-592, 1995.

AMORIM, A. E. B. *Formas geométricas e qualidade acústica de salas e aula*: estudo de caso em Campinas – SP. 2007. Dissertação (Mestrado) – Faculdade de Engenharia Civil, Universidade Estadual de Campinas, Campinas, 2007.

ANDREWS, M.; DUNCOMBE, W.; YINGER, J. Revisiting economies of size in American education: are we any closer to a consensus? *Economics of Education Review*, [S.I.], v. 21, n. 3, p. 245-262, 2002.

ARAÚJO, A. P. R. O conforto ambiental no planejamento da qualidade dos ambientes escolares: estudo de caso do Colégio Sagrado Coração de Maria. In: ENCONTRO LATINO-AMERICANO DE CONFORTO NO AMBIENTE CONSTRUÍDO, 2., e ENCONTRO NACIONAL DE CONFORTO NO AMBIENTE CONSTRUÍDO, 5., 1999, Fortaleza. *Anais...* Fortaleza, p. 83, resumo, CD-ROM, 1999.

ARIES, P. *Centuries of childhood*: a social history of family life. New York: Vintage, 1962.

ARTIGAS, J. B. V. *Caminhos da arquitetura*: Vilanova Artigas. São Paulo: Cosac Naify, 1999.

ASHA – AMERICAN SPEECH-LANGUAGE-HEARING ASSOCIATION. *Guidelines for addressing acoustics in educational settings.* Rockville: Asha, 2003.

BACHELARD, G. *The Poetics of Space.* Boston: Beacon Press, 1969.

BALACHANDRA, M. *Knowlwdge-based optimum design* – topics in engeneering. C. A. Brebbia e J. J.Connor (Eds.). Soutampton e Boston: Computational Mechanics Publications, 1996. v. 10.

BARDI, L. B. *Arquitetura e natureza ou natureza e arquitetura*. Manuscritos da conferência pronunciada na Casa da França. Salvador, 27 set. 1958.

BARKER, R. G. *Ecological Psychology*: concepts and methods for studying the environment of human behavior. Stanford (California): Stanford University Press, 1968.

BARKER, R.; GUMP, P. V. *Big school, small school, high school size and student, behavior*. Stanford (California): Stanford University Press, 1964.

BARNARD, H. *Practical illustrations of the principles of school architecture*. Hartford: Press of Case, Tiffany and company, 1851.

BARNARD, H. *School architecture* – contributions to the improvement of schools houses in the United States. New York: Charles B. Norton, 1854.

BARROS L. *Projetos padrão, uma avaliação*: o caso de creches em conjuntos habitacionais. 2002. Dissertação (Mestrado) – Faculdade de Engenharia Civil, Universidade Estadual de Campinas, Campinas, 2002.

BARROSO-KRAUSE, C. Ciência e concepção arquitetônica. Reintegrando tecnologia e arquitetura. In: Rio Vicente Del (Org.). *Arquitetura Pesquisa e Projeto*. São Paulo: proEditores, 1998. Parte I, p.37-53.

BASTOS, M. A. J. A escola-parque: ou o sonho de uma educação completa (em edifícios modernos). *Revista AU- Arquitetura e Urbanismo*, São Paulo, n. 178, janeiro de 2009.

BECHTEL, R. B. *Environment and behavior*: an indroduction. Thousand Paks (California): Sage Publications, 1997a.

BECHTEL, R. B. Children's environment. In: *Environment and behavior: an introduction*. Thousand Paks (California): Sage Publications, 1997b.

BENÉVOLO, L. *História da arquitetura moderna*. São Paulo: Perspectiva, 1989.

BENTLER, R. A. List equivalency and test-retest reliability of the speech in noise test. *America Journal Audiology*, v. 9, n. 2, p. 84-100, dez. 2000.

BERNARDI, N. *Avaliação da interferência comportamental do usuário para a melhoria do conforto ambiental em espaços escolares*: estudo de caso em Campinas. 2001. Dissertação (Mestrado em Engenharia Civil) – Universidade Estadual de Campinas, Campinas, 2001.

BERNARDI, N. *A aplicação do conceito do Desenho Universal no ensino de arquitetura*: o uso de mapa tátil como leitura de projeto. 2007. Tese (Doutorado em Engenharia Civil) – Universidade Estadual de Campinas, Campinas, 2007.

BERTOLOTTI, D. *Iluminação natural em projetos de escolas*: uma proposta de metodologia para melhorar a qualidade da iluminação e conservar energia. 2007. Dissertação – (Mestrado), Universidade de São Paulo, São Paulo, 2007.

BIJOU, S. W.; BAER, D. M. *O desenvolvimento da criança*: uma análise comportamental. Trad. Rachel R. São Paulo: Kerbauy, 1980.

BITTENCOURT, L. S.; CRUZ, J. M. Efeito dos protetores solares verticais e horizontais na ventilação natural de salas de aula do segundo grau. In: ENCONTRO

LATINO-AMERICANO DE CONFORTO NO AMBIENTE CONSTRUÍDO, 1., 1995, Gramado. *Anais...* Porto Alegre: ANTAC, 1995, p. 383-388.

BRADLEY, W. S. The envolving role of American schoolhouse. Educational Facility Planner, *CEFPI (The Educational Facility Planners International)*, v. 34, n. 2, mar-abr. 1996.

BRANSFORD J. D.; BROWN A. L.; COCKING, R. R. (Ed.). *How people learn*: brain, mind, experience, and school. Washington D.C.: National Academy Press, 1999.

BRASIL. Lei nº 9.424, de 24 de dezembro de 1996. Diário Oficial [da] República Federativa do Brasil, Poder Executivo, Brasília, DF, 26 dez. 1997.

BREITHECKER, D. *Beware of the sitting trap in learning and schooling.* 2006. Disponível em: <http://www.designshare.com/index.php/articles/sitting-trap/>. Acesso: jun. 2008.

BRITO CRUZ, J. A. de; CARVALHO, L. *São Paulo 450 anos*: a escola e a cidade, Projeto Pedagógico CEDAC. São Paulo: Secretaria Municipal de Educação/BEI, 2004.

BROADBENT, G. *Design in architecture*. London: John Wiley & Sons, 1973.

BRUBAKER, C. W. *Planning and designing schools*. New York: McGraw-Hill, 1998.

BUFFA, E.; PINTO, G. A. *Arquitetura e educação*: organização do espaço e propostas pedagógicas dos grupos escolares paulistas, 1893/1971. São Carlos: EdUFSCAR/INEP, 2002.

CABE – COMMISSION FOR ARCHITECTURE AND THE BUILT ENVIRONMENT. *Being involved in school design.* London, 2004.

CABE – COMMISSION FOR ARCHITECTURE AND THE BUILT ENVIRONMENT. *Picturing school design.* London, 2005.

CABE – COMMISION FOR ARCHITECTURE AND THE BUILT ENVIRONMENT. *Creating Excellent secondary schools*: a guide for clients. London, 2007a.

CABE – COMMISSION FOR ARCHITECTURE AND THE BUILT ENVIRONMENT. *Building schools for the future. A guide for clients.* London, 2007b.

CAMARGO, M. J. de. *Joaquim Guedes.* São Paulo: CosacNaify, 2000.

CAMPELLO, C.; ENGELSBERG, V. Vandalismo em Escolas Públicas. *Anais do ENTAC*, 1993, p. 779-784.

CARVALHO, V. G. de. *Estudo ergonômico do posto de atividade discente em instituição de ensino superior.* 2005. Dissertação (Mestrado) – Faculdade de Engenharia de Produção, Universidade Federal do Rio Grande do Norte, Natal, 2005.

CASTANHEIRA, C. *Arquitetura e educação: proposta para requalificação da escola de aplicação da FEUSP.* 2000. Trabalho Final (Graduação) – Faculdade de Arquitetura e Urbanismo, Universidade de São Paulo, São Paulo, 2000.

CEBRACE – CENTRO BRASILEIRO DE CONSTRUÇÕES E EQUIPAMENTOS ESCOLARES. *Critérios para elaboração, aprovação e avaliação de projetos de construções escolares.* Rio de Janeiro, 1976.

CEBRACE – CENTRO BRASILEIRO DE CONSTRUÇÕES E EQUIPAMENTOS ESCOLARES. *Planejamento da rede escolar*: proposta metodológica – rede escolar urbana, 1º Grau. Rio de Janeiro: MEC/CEBRACE, 1981.

CHAKRABARTY, B. K. Optimal design of multifamily dwelling development systems. *Building and environment*, v. 31, n. 1, p. 67-74, jan. 1996.

CHASE, J. *Blueprint for a Green School*. New York: Scholastic, 1995.

CHERRY, E. *Programming for design*: from theory to pratice. New York: John Wiley & Sons, 1999.

CHING, F. D. K.; WINKEL, S. R. *Building codes illustrated*: a guide to undertanding the International Building Code. Hoboken: John Wiley & Sons, 2003.

CHING, F. D. K.; BINGGELI, C. *Arquitetura de interiors ilustrada*. 2. ed. Porto Alegre: Bookman, 2006.

CHPS – THE COLLABORATIVE FOR HIGH PERFORMANCE SCHOOLS. *Best Pratice Manual*. CD-ROM, 2002.

CHVATAL, K. M. S.; KOWALTOWSKI, D. C. C. K.; LABAKI L. C. A prática do projeto arquitetônico em Campinas (SP) e diretrizes para o projeto de edificações adequadas ao clima. In: NÚCLEO DE PESQUISA EM TECNOLOGIA DA ARQUITETURA E URBANISMO. ARQUITETURA E URBANISMO, TECNOLOGIAS PARA O SÉCULO 21, 1998, São Paulo. *Proceedings...* São Paulo, CD-ROM, 1998.

CHVATAL, K. M. S.; KOWALTOWSKI, D. C. C. K.; LABAKI, L. C.; TOLEDO L. M. A. O projetista de edificação e a preocupação com o conforto térmico e conservação de energia em Campinas (SP). In: ENCONTRO NACIONAL DE CONFORTO NO AMBIENTE CONSTRUÍDO, 4., 1997, Salvador. *Anais...* Faculdade de Arquitetura e Urbanismo da Universidade de São Paulo/Universidade Federal da Bahia/Associação Nacional de Tecnologia do Ambiente Construído: Salvador, 1997, p. 393-396.

CIC – CONSTRUCTION INDUSTRY COUNCIL. *Design Quality Indicator Online*. London: DQI, 2008. Disponível em: < www.dqi.org.uk/DQI/Common/DQIOnline.pdf>, Acesso em: 26 jan. 2009.

CLARK, L. A.; WATSON, D.; MINEKA, S. Temperament, personality, and the mood and anxiety disorders. *Journal of Abnormal Psychology*, p. 103-116, 1994.

CLIMA. Clima do Brasil. Disponível em: <http://www.suapesquisa.com/clima/clima-brasil.gif>. Acesso em: 20 out. 2005.

CONESP – COMPANHIA DE CONSTRUÇÕES ESCOLARES DO ESTADO DE SÃO PAULO. *Ambientes*: especificações da edificação escolar de primeiro grau. São Paulo: CONESP, 1985.

CORDE – Coordenadoria Nacional para Integração de Pessoa Portadora de Deficiência – Lei n. 7553/1989. Disponível em <http://www.mj.gov.br/sedh/dpdh/corde/lei7853.htm>. Acesso em: jan. de 2005.

CORRÊA, M. E. P.; MELLO, M. G. de; NEVES, H. M. V. *Arquitetura escolar paulista*, 1890-1920. São Paulo: FDE, 1991.

CRANDELL, C.; BESS, F. Speech recognition of children in a typical classroom seeting. *American Speech-Language and Hearing Association*, n. 29, p. 87, 1997.

CRANDELL, C. C.; SMALDINO, J. J.; FLEXER, C. A. *Sound field amplification*: applications to speech perception and classroom acoustics. Clifton Park (NY): Thomson Delmar Learning, 2005.

CROSS, N. *Designerly ways of knowing*. London: Springer-Verlag, 2006.

CSDE – CALIFORNIA STATE DEPARTMENT OF EDUCATION. *Profile rating wheel*. An instrument to evaluate school facilities, 1971.

CUNNINGHAM, G. T. *Experiences with energy management and control sistems in the public schools K-12 of Tennessee*. New York: American Society of Mechanical Engineers, p. 1-11 93 - PET – 17, 1993.

DEL RIO, V. *Introdução ao Desenho Urbano, no Processo de Planejamento*. São Paulo: Pini, 1990.

DEWEY, J. *Art as Experience*. New York: Capricorn Books, 1972.

DOGAN, F.; ZIMRING, C. M. Interaction of programming and design: the First Unitarian Congregation of Rochester and Louis I. Kahn. *Journal of Architectural Education*, v. 56, n. 1, p. 47-56, sep. 2002.

DÓREA, C. R. D. Anísio Teixeira e a arquitetura escolar: planejando escolas, construindo sonhos. *Revista da FAEEBA*. Salvador, n. 13, p. 151-160. jan/jun 2000. Disponível: <http://www.prossiga.br/anisioteixiera/fran/artigos/dorea.html>.

DREOSSI, R. C. F.; MOMENSOHN-SANTOS, T. O ruído e sua interferência sobre estudantes em sala de aula: revisão da literatura. *Pró-Fono* – revista de atualização científica. Barueri (SP), v. 17, n. 2, p. 251-258, mai-ago. 2005.

DUDEK, M. *Architecture of schools. The new learning environments*. Great Britain: Architectural Press, 2000.

DUDEK, M. *Schools and kindergartens*: a design manual. Basel (Boston): Birkhäuser, 2007.

DÜLGEROGLU, Y. Design methods theory and its implications for architectural studies. *Design methods*: theories, research, education and practice. Califórnia, v. 33, n. 3, p. 2870-2879, jul-set, 1999.

DURÁN-NARUCKI, V. School building condition, school attendance, and academic achievement in New York City public schools: a mediation model. *Journal of Environmental Psychology*, S.I., v. 28, n. 3, p. 278-286, 2008.

DYCK, J. A. The case for the L-shaped classroom: does the shape of a classroom affect the quality of the learning that goes inside it? *Principle Magazine*, p. 41-45, 1994.

EGAN, M. D. *Concepts in thermal confort*. Englewoods Chiffs: Prectice Hall, 1975.

ENGUITA, M. F. *A face oculta da escola*: educação e trabalho no capitalismo. Trad. Tomaz Tadeu da Silva. Porto Alegre: Artes Médicas, 1989.

EPA – ENVIRONMENTAL PROTECTION AGENCY. Indor environments division, in door air quality – tools for Schools. *IAQ coordinator's guide*, EPA 402-K-95-00, ago. 2000.

EVBUOMWAN, N. F. O.; SIVALOGANATHAN, S.; JEBB, A. A survey of design philosophies, models, methods and systems. Proceedings of the Institution of Mechanical Engineers. *Journal of Engineering Manufacture*, v. 210, n. B4, p. 301-320, 1996.

FABRICIO, M. M.; BAÍA, J. L.; MELHADO, S. B. Estudo da seqüência de etapas do projeto na construção de edifícios. In: ENCONTRO NACIONAL DE ENGENHARIA DE PRODUÇÃO – ENEGEP'98: A engenharia de produção e o futuro do trabalho, 1998, Niterói. *Anais...* Niterói: UFF/ABEPRO, 1998. 1 CD-ROM.

FACCIN R. C. *Melhorias de conforto ao ambiente educacional por meio da avaliação do edifício escolar*: um estudo de caso em duas escolas de primeiro grau em São Carlos (SP). 2001. Dissertação (Mestrado) –Universidade de São Paulo, São Carlos, 2001.

FANGER, P. O. Thermal comfort, analysis and applications in environmental engineering. New York: McGraw-Hill, 1972.

FCAV. REFERENCIAL TÉCNICO DE CERTIFICAÇÃO. *Edifícios do setor de serviços* – Processo AQUA, Escritórios – Edifícios escolares, Versão 0, out. 2007.

FDE – FUNDAÇÃO PARA O DESENVOLVIMENTO DA EDUCAÇÃO. *Catálogos de ambientes*: especificações da edificação escolar de primeiro grau. São Paulo: FDE, 1997.

FDE – FUNDAÇÃO PARA O DESENVOLVIMENTO DA EDUCAÇÃO. *Arquitetura escolar e política educacional*: os programas na atual administração do Estado. São Paulo: FDE, 1998a.

FDE – FUNDAÇÃO PARA O DESENVOLVIMENTO DA EDUCAÇÃO. *Arquitetura escolar paulista*: restauro. São Paulo: FDE, 1998b.

FDE – FUNDAÇÃO PARA O DESENVOLVIMENTO DA EDUCAÇÃO. *Catálogo de mobiliário*: especificações do mobiliário da unidade escolar de primeiro grau. São Paulo: FDE, 1998c.

FDE – FUNDAÇÃO PARA O DESENVOLVIMENTO DA EDUCAÇÃO. *Arquitetura escolar e política educacional* – os programas na atual administração do Estado. São Paulo: FDE, 1998d.

FDE – FUNDAÇÃO PARA O DESENVOLVIMENTO DA EDUCAÇÃO. *Ambientes* – especificação técnica para a elaboração de projetos de unidades escolares. São Paulo: FDE, 2003a.

FDE – FUNDAÇÃO PARA O DESENVOLVIMENTO DA EDUCAÇÃO. *Catálogos técnicos: especificações da edificação escolar*. São Paulo: FDE, maio 2003b, p. 4 1. CD-ROM. Disponível em: < http://www.fde.sp.gov.br>. Acesso em: março 2008.

FERNANDES, P. Integração das diretrizes energéticas no processo de concepção arquitetônica. Rio Vicente Del (Org). *Arquitetura Pesquisa & Projeto*. São Paulo: proEditores, 1998, Parte I, p.25-51.

FERRÃO, M. E.; BELTRÃO, K. I.; FERNANDES, C.; SANTOS, D.; SUÁREZ, M.; ADLER DO COUTO, A. "SAEB – Sistema Nacional de Avaliação da Educação Básica: objetivos, características e contribuições na investigação da escola eficaz. i*Revista Brasileira de Estudos de População*, v. 18, n. 1/2, jan./dez. 2001.

FERREIRA, F.; MELLO, M. G. *Fundação para o desenvolvimento escolar – estruturas préfabricadas*. Arquitetura escolar paulista. São Paulo: FDE, 2006.

FIGUEIREDO, F. G. de. *Processo de projeto integrado para melhoria do desempenho ambiental de edificações*: dois estudos de caso. 2009. Dissertação (Mestrado em Engenharia Civil) – Universidade Estadual de Campinas, Campinas, 2009.

FINITZO-HVEBER, T.; TILLMAN, T. Room acoustics effects on monossyllabic word discrimination ability for normal and hearing-impaired children. *Journal of Speech and Hearing Research*, n. 21, p. 440-458, 1978.

FIXX, J. *Guia completo da corrida*. 4. ed. Rio de Janeiro: Record, 1977.

FORD, A.; HUTTON, P. *A sense of entry*. Austrália: Melina Deliyannis, 2007.

FORD, A. *Designing the sustainable school*. Mulgrave, Vic.: Images Pub., 2007.

FOUCAULT, M. *Vigiar e punir* – nascimento da prisão. Trad. Lígia M. Pondré Vassalo. Petrópolis: Vozes, 1987.

FRAMPTON, K. *História crítica da arquitetura moderna*. 1. ed. São Paulo: Martins Fontes, 1997.

FUNDESCOLA. Ensino fundamental: mobiliário escolar. *Caderno Técnico*, n. 1, Bergmiller, K. H., Ministério da Educação: Brasília, 1999.

GANN, D.; SALTER, A.; WHYTE, J. Design quality indicator as a tool for thinking. *Building Research and Information*, v. 31 n. 5, p. 318-333, set.-out. 2003.

GIFFORD, R. Environmental numbness in the classroom. *The journal of experimental education*. Washington (DC): Heldref, 1976.

GIFFORD, R. *Environmental psychology*: principles and practice. 2. ed. Boston: Allyn and Bacon, 1997.

GIVONI, B. *Man, climate and architecture*. Londres: Elsevier. 1969.

GIVONI, B. Performance comfort, climate analysis and building design guidelines. In: *Energy and buildings*, vol. 18. Lausane: Elsevier Sequoia, 1992.

GRAÇA, V. A. C. da. *Otimização de projetos arquitetônicos considerando parâmetros de conforto ambiental: o caso das escolas da rede estadual de Campinas*. 2002. Dissertação (Mestrado em Engenharia Civil) – Universidade de Campinas, Campinas, 2002a.

GRAÇA, V. A. C. da. *O uso da metodologia de projeto axiomático para projetos arqui-tetônicos*: estudo de caso das Escolas Municipais de Educação Infantil. São Paulo: Escola Politécnica da Universidade de São Paulo, Departamento de Engenharia de Construção Civil, 2002b.

GRAÇA, V. A. C. da. *A integração dos aspectos de conforto ambiental no projeto de escolas*: uso da metodologia axiomática e de exemplos simplificados. 2008. Tese (Doutora-do em Engenharia Civil) – Universidade Estadual de Campinas, Campinas, 2008.

GRAÇA, V. A. C. da; KOWALTOWSKI, D. C. C. K. Aspectos de Conforto Ambiental, Escritórios de Arquitetura e Projetos de Escolas. In: ENCAC-2007, 2007, Ouro Preto. *Anais...* Ouro Preto (MG), 2007. p. 835-844.

GRAÇA, V. A. C. da; KOWALTOWSKI, D. C. C. K.; PETRECHE, J. R. Metodologia de avaliação de conforto ambiental de projetos escolares usando o conceito de otimização multicritério. *Ambiente construído*. Porto Alegre, v. 4, n. 3, p. 19-35, jul.-set. 2004.

GRACA, V. A. C. da; SCARAZZATO, P. S.; KOWALTOWSKI, D. C. C. K. Método Simplificado para a Avaliação de Iluminação Natural em Anteprojetos de Escolas de Ensino Estadual de São Paulo. In: ENCONTRO NACIONAL SOBRE CONFORTO

NO AMBIENTE CONSTRUÍDO, VI. e ENCONTRO LATINO AMERICANO SOBRE CONFORTO NO AMBIENTE CONSTRUÍDO, III., 2001, São Pedro (SP). *Anais...* São Pedro, 2001.

GRAY, J.; ISAACS, N.; KERNOHAN, D.; MCINDOE, G.; BAIRD, G. *Building Evaluation Techniques*. New York: McGraw-Hill Professional Publishing, 1995.

GROSVENOR, I.; LAWN, M.; ROUSMANIERE, K. (eds.) *Silences and Images, The social history of the classroom*. New York: Peter Lang, 1999.

GTZ – DEUTSCHE GESELLSCHAFT FÜR TECHNISCHE ZUSAMMENARBEIT. *ZOPP in Brief, ZOPP Flipcharts*: an introduction to the method. Frankfurt, 1988.

HALL, E. T. *A dimensão oculta*. Trad. Sônia Coutinho. 2. ed. Rio de Janeiro: Francisco Alves, 1977.

HAMATY, G.; LINES, D. C. Planning of schools for the future: a building program is a golden opportunity to restructure schools to better meet the nees of students educational programs. *School Planning & Management*, maio, 1999.

HARMS, T.; CLIFFORD, R. M.; CRYER D. *Early childhood environment rating scale*. New York: Teachers College Press, 1998.

HAWKES, D. *The user's role in environmental control*: some reflections on theory in pratice in naturally ventilated buildings. London: E&FN Spon., 1997.

HERTZBERGER, H. Recent Works. *Archis* (Architecture, Urban Design, and Visual Arts) v. 12, 1986.

HERTZBERGER, H. *Lesson for students in architecture*. Rotterdam (Holland): Uitgeverij 010 Publishers, 1993.

HERSHBERGER, R. *Architectural programming and predesign manager*. Tucson (USA): McGraw-Hill, 1999.

HESCHONG MAHONE GROUP. *Daylighting in Schools*: An investigation into the relationship between daylighting and human performance. Fair Oaks: California Pacific Gas and Electric Company, ago. 1999.

HOLTZ, M. J. Phase 4: construction – commissioning. In: PREISER, W. F. E.; VISCHER, J. C. *Assessing building performance*. Burlington (EUA): Elsevier Butterworth Heinemann, 2005, p. 62-71.

HUMBERT, S.; ABEC, H.; BALI, N.; HORVATH, A. Leadership in Energy and Environmental Design (LEED) – a critical evaluation by LCA and recommendations for improvement. *International Journal of Life Cycle Assessment*, v. 12, p. 46-57, ago. 2007.

IBGE – INSTITUTO BRASILEIRO DE GEOGRAFIA E ESTATÍSTICA. *Censo 2010*. Disponível em: <http://www.sidra.ibge.gov.br/bda/tabela/listabl.asp?z=cd&o=7&i=P&c=2112>. Acesso em: jan. 2006.

IESNA – ILUMINATING ENGINEERING SOCIETY OF NORTH AMERICA. *IES Lighting Handbook, reference and application*. 9. ed. New York: IESNA, 2000.

IIDA, I. *Ergonomia*: projeto e produção. São Paulo: Edgar Blücher, 1990.

INEP/MEC – INSTITUTO NACIONAL DE ESTUDOS E PESQUISAS ANÍSIO TEIXEIRA. *Pesquisa Nacional*: qualidade na educação. Brasília: Inep/MEC, 2006.

ISO-7730. *Moderate Thermal Environments* – Determination of the PMV and PPD indices and specification of the conditions for thermal comfort. Genebra: International Organization for Standardization, 1994.

ISO-9699. *Performance standards in building* – checklist for briefing – contents of brief for building design. Genebra: Internation Organization for Standards, 1994.

JONG, T. M.; VOORDT, T. J. M van der, (eds.). *Ways to study research architectural, urban and technical design*. Delft: Delft University Press, 2002.

JUTLA, R. S. An inquiry into design. *Design methods*: theories, research, education and practice. Califórnia, v. 30, n. 1, p. 2304-2308, 1996.

KANITZ, S. De volta às aulas. *Revista Veja*. São Paulo, p. 21, 16 fev. 2000.

KEMNITZ, H. School construction beyond the norm: Hans Scharoun's girls' grammar school in Luenen. *Paedagogica Historica*, v. 41, n. 4-5, p. 605-625, ago. 2005.

KNATZ, D. C. C. K. *High school building design in relation to new and changing teaching methods and their goals*. 1970. Thesis (Masters in Architecture) – University of California, Berkeley, 1970.

KOSTOF, S. *A history of architecture*: settings and rituals. New York: Oxford University Press, 1995.

KOWALTOWSKI, D. C. C. K. *Humanization in architecture*: analysis of themes through high school building problems. 1980. PhD Thesis – University of California, Berkeley 1980.

KOWALTOWSKI, D. C. C. K. Arquitetura e humanização. *Projeto 126*, São Paulo, p. 129-132, out. 1989.

KOWALTOWSKI, D. C. C. K.; LABAKI, L. C. O projeto arquitetônico e o conforto ambiental: necessidade de uma metodologia. In: ENCONTRO NACIONAL DE TECNOLOGIA NO AMBIENTE CONSTRUÍDO, 1993, São Paulo. *Proceedings...* São Paulo: Escola Politécnica da Universidade de São Paulo/Associação nacional de Tecnologia do Ambiente Construído, 1993, v. 2. p. 785-794.

KOWALTOWSKI, D. C. C. K.; BIANCHI G.; TEIXEIRA DE PAIVA, V. Methods that may stimulate creativity and their use in architectural education. *International Journal of Technology and Design Education*, Springer, vol. 20, no. 4, pp. 453-476, 2010.

KOWALTOWSKI, D. C. C. K.; BORGES FILHO, F.; LABAKI, L.C.; RUSCHEL, R.C.; BERTOLI, S.R.; PINA, S. A. M. G. Melhoria do conforto ambiental em edificações escolares estaduais de Campinas – SP. *Relatório Científico/Fapesp*. Campinas (SP): UNICAMP, 2001.

KOWALTOWSKI, D. C. C. K.; CELANI, M. G. C.; MOREIRA, D. C.; PINA, S. A. M. G. Reflexão sobre metodologias de projeto arquitetônico. *Revista online da ANTAC, Ambiente Construído*. Porto Alegre, v. 6, n. 2, p. 7-19, 2006a.

KOWALTOWSKI, D. C. C. K.; GOMES DA SILVA, V.; PINA, S. A. M. G.; LABAKI, L. C.; RUSCHEL, R. C.; MOREIRA, D. de Carvalho. Quality of life and sustainability issues as seen by the population of low-income housing in the region of Campinas, Brazil. *Habitat International*, v. 30, n. 4, p. 1100-1114, 2006b.

KOWALTOWSKI, D. C. C. K; GRAÇA, V. A. C.; PETRECHE, J. R. D. An evaluation method for school building design at the preliminary phase with optimization of aspects of environmental comfort for the school system of the state of São Paulo in Brazil. In: *Building and environment*. UK: Pergamon Press, v. 42, fev. 2007, p. 984-999.

KOWALTOWSKI, D. C. C. K.; SILVA, V. G. da; GRAÇA, V. C. da; PEREIRA, D. M. S.; FIGUEIREDO, F.G. de. Desafios e realidades: o processo de projeto escolar no Estado de São Paulo", ENCAC-2009, Natal. *Anais...* Natal (RN), 2009. p. 1526-1535.

KRUGER, C.; CROSS, N. Solution driven versus problem driven design: strategies and outcomes. *Design Studies*, v. 27, p. 527-548, 2006.

KUMLIN, R. R. *Architectural programming*: creative techniques for design professionals. New York: McGraw-Hill, 1995.

KUMPULAINEN, K.; WRAY, D. *Classroom interaction and social learning*: from theory to practice. UK: Routledge, 2001.

KUTLUSAN, C. T. Reconciling tradition with contemporary trends in Turkish housing. In: *Traditional environments in a new millennium*, IAPS-CSBE Network, p. 221-228, 2002.

LABAKI, L. C.; BUENO-BARTHOLOMEI, C. L. Avaliação do conforto térmico e luminoso de prédios escolares da rede pública, Campinas – SP. In: ENCAC-2001, 2001, São Pedro (SP). *Anais...* São Pedro (SP), 11-14 nov. 2001. 1 CD-ROM.

LACKNEY, J. A. *Educational facilities: the impact and role of the physical environment of the school on teaching, learning and educational outcomes*. Johnson Controls Monograph Series Report R94-4. School of Architecture and Urban Planning. Milwaukee: Center for Architecture and Urban Planning Research, University of Wisconsin, 1994.

LACKNEY, J.; LONG, C. *Designing healthy schools our children deserve*. School Planning & Management, 2006. Disponível em: <http://www.peterli.com/spm/resources/articles/archive.php?article_id=1238>. Acesso em: 5/6/2009.

LAMPRECHT, B. *Richard Neutra 1892-1970*: Formas criadoras para uma vida melhor. Köln: Taschen, 2004.

LANG, J. T. *Designing for human behavior*: architecture and the behavioral sciences. USA: Dowden, Hutchinson & Ross, 1987.

LANGE, H. Der Schulbau der frühen Neuzeit as Ausdruck von politisch-gesellschaftlicher Verfassung und Schulleben, 1998, Disponível em: <http://www.Bbf.dipf.de/archive/1998/abhand-002/lange.htm>. Acesso em: 5/6/2009.

LAWSON, B. *How designers think*: the design process demystified. Oxford (UK): Architectural Press, 1997.

LEE, T. *Psicologia e meio ambiente*. Trad. Álvaro Cabral. Rio de Janeiro: Zahar, 1977.

LEMOS, C. A. C. *A republica ensina a morar (melhor)*. Estudos Históricos. São Paulo: HUCITEC, 1999.

LIM, J. *On site review report, hand-made school*. Rudrapur: Bangladesh, 3392. BAN 2007, Award Cycle.

LIMA, A. G. G. Two moments of school architecture in Sao Paulo: Ramos de Azevedo and his republican pioneering schools, Helio Duarte and the 'Educational Agreement'. *Paedagogica Historica*, v. 41, n.1-2, p. 215-241, fev. 2005.

Referências bibliográficas

LIMA, E. S. *Indagações sobre currículo*: *currículo e desenvolvimento humano*. Brasília: MEC, p. 17-53, 2008.

LIMA, J. F. *Arquitetos brasileiros*. (org. Giancarlo Latorraca). São Paulo: Instituto Lina Bo e P.M. Bardi, 1999.

LIPPMAN, P. C. Advancing concepts about activity settings within learning environments. *CAE Quarterly Newsletter*. AIA Committee on Architecture for Education, 2003.

LIPPMAN, P. C. The "L" shaped classroom, design share, 2004 Disponível em: <http://www.designshare.com/index.php/articles/the-l-shaped-classroom/1/>. Acesso em: 19/6/2010.

LOUREIRO, C.; AMORIM, L. Por uma arquitetura social: a influência de Richard Neutra. In: *Prédios escolares no Brasil*, 2002. Disponível em: <http://www.vitruvius.com.br/arquitextos/arq020/arq020_03.asp.>. Acesso em: 9/7/2007.

MARQUES, R. M.; BERQUÓ, E.; YUNES, J.; MARCONDES, E. Crescimento de crianças brasileiras: peso e altura segundo idade, sexo e influência de fatores socioeconômicos. *Nestlé*, v. 84, jun. 1974, Suplemento II.

MASLOW, A. H.; MINTZ, N. L. Effects of aesthetic surroundings: initial effects of three aesthetic conditions upon perceiving, "energy", and "well-being" in faces. *Journal of Psychology*, v. 41, p. 247-254, 1956.

MATSUHASHI, K. Application of multi-criteria analysis to urban land-use planning. Áustria, 1997, IIASA Report, Disponível em: <www.iiasa.ac.at.>. Acesso em: 26 abr. 2002.

MCDONALD, J. P. *Redesigning school*: lessons for the 21st century. San Francisco: Jossey-Bass, 1996.

MCDOUGALL, G.; KELLY, J. R.; HINKS, J.; BITITCI, U. S. A review of the leading performance measurement tools for assessing buildings. *Journal of Facilities Management*, 142, v. 1, n. 2, p. 142-153, 2002.

MEC – MINISTÉRIO DA EDUCAÇÃO E CULTURA. Edificações e Equipamentos Escolares – 1. Grau, Portadores de deficiências físicas, Acessibilidade e utilização dos equipamentos escolares. *Cadernos Técnicos*, 1, Brasília, 1997.

MEC – MINISTÉRIO DA EDUCAÇÃO E CULTURA. Espaços educativos – ensino fundamental: subsídios para elaboração de projetos e adequação de edificações escolares. *Cadernos técnicos*, n. 4, v. 2. Brasília: FUNDESCOLA, 2002a.

MEC – MINISTÉRIO DA EDUCAÇÃO E CULTURA. *Sistema Nacional de Avaliação da Educação Básica*. Brasília: MEC, 2002b.

MEC – MINISTÉRIO DA EDUCAÇÃO E CULTURA. Estudos visando ao estabelecimento de normas nacionais para a ampliação do Ensino Fundamental para nove anos de duração. *Parecer*. Brasília, 2004.

MEC – MINISTÉRIO DA EDUCAÇÃO E CULTURA. Lei de diretrizes e Bases, 2005. Disponível em: <HTTP://portal.mec.gov.br/arquivos/pdf/ldb.pdf>. Acesso em: 6/5/2010.

MELENDEZ, A. Escolas-parque são alternativas educacionais e referenciais urbanos. *Projeto Design*, n. 284, p. 62-68, out. 2003.

MIMBACAS, A.; LEITÃO, E.; REIS, A. T. da LUZ; LAY, M. C. D. Avaliação de desempenho térmico, lumínico e acústico - escola padrão de alvenaria (EPA) e projeto nova escola (PNE). In: ENCONTRO NACIONAL DE TECNOLOGIA NO AMBIENTE CONSTRUÍDO, 6., 1998, Florianópolis. *Anais...* Florianópolis: Antac/Universidade Federal de Santa Catarina, 1998, v. 1, p. 339-346.

MONICE S. *Projeto axiomático de arquitetura*: estudo para implantação em sistemas CAD. 2003. Dissertação (Mestrado em Engenharia Civil) – Escola Politécnica da Universidade de São Paulo, Departamento de Engenharia de Construção Civil, São Paulo, 2003.

MONTEIRO, C.; LOUREIRO, C.; ROAZZI, A. A Satisfação como critério de avaliação do ambiente construído: um estudo aplicado ao prédio escolar. In: ENCONTRO NACIONAL DE TECNOLOGIA DO AMBIENTE CONSTRUÍDO (ENTAC), 1993, São Paulo. *Anais...* São Paulo, 1993, p. 873-884.

MOORE, R. C. *Childhood's domain* – play and place in child development. Berkeley (California): MIG Communications, 1990.

MOORE, R. C.; WONG, H. H. *Natural learning*: creating environments for rediscovering nature's way of teaching. Berkeley (California): MIG Communications, 1997.

MOORE, R. C.; GOLTSMAN, S. M.; IACOFANO, D. S. *Play for all guidelines*: planning, design and management of outdoor play settings for all children. Berkeley (California): MIG Communications, 1992.

MOOS, R. H. *Evaluating educational environments*: procedures, measures, findings, and policy implications. San Francisco: Jossey-Bass, 1979.

MOREIRA, D. C.; KOWALTOWSKI, D. C. C. K. A Importância do programa de necessidades no processo de projeto. *Ambiente Construído*, v. 9, n. 2, p. 31-45, jun. 2009.

MORIN, E. *Seven complex lessons in education for the future.* Trad. Poller, N. França: Unesco, 1999.

MORO, A. R. P. Ergonomia da sala de aula: constrangimentos posturais impostos pelo mobiliário escolar. *Revista Digital EF y Deportes*, 2005. Disponível em: <http://www.efdeportes.com/efd85/ergon.htm.>. Acessado em: 15 out. 2006.

MÖSCH, M. E. *O processo projetivo na arquitetura*: o ensino do projeto de escolas. 2009. Tese (Doutorado) –Universidade Estadual de Campinas, Campinas, 2009.

NAIR, P.; FIELDING, R. The language of school design. Design patterns for the 21th century school. In: NACIONAL CLEARINGHOUSE FOR EDUCACIONAL FACILITIES, 2., 2005, Índia. *Proceedings...* Índia, 2005.

NASAR, J. L.; PREISER, W. F. E.; FISHER, T. *Designing for designers*: lessons from schools of architecture. New York: Fairchild Publications, 2007.

NBPM-BHPS. *National best practices manual for building high performance schools.* US Department of Energy, 2002. <http://www.nrel.gov/docs/fy02osti/31545.pdf.pdf>.

NEUFERT, E. *Arte de projetar em arquitetura.* 2. ed. São Paulo: Gustavo Gili do Brasil, 1981.

NEWMAN, O. *Defensible space.* New York: Collier Books, 1972.

NIES, J.; HOUGSTED, S. Z-Shaped classroom supports technology, enhances learning. *School planning and management*, v. 36, n. 10, p. 34-36, oct. 1997.

NJAINE, K.; MINAYO, M. C. S. Violência na escola: identificando pistas para a prevenção. *Interface – comunicação, saúde, educação*, v. 7, n. 13, p. 119-134, ago. 2003.

OLGYAY, V. *Design with climate*: bioclimatic approach to architectural regionalism. Princeton: Princeton University Press, 1973.

OLIVEIRA de SIMÕES, C. M. A.; BÜHRER, D. A rua e a criança: ontem e hoje. In: SEMINÁRIO INTERNACIONAL DE PSICOLOGIA E PROJETO DO AMBIENTE CONSTRUÍDO, 2000, Rio de Janeiro. *Anais...* Rio de Janeiro, 2000. p. 473-481.

OLIVEIRA, M. C. G. *Os fatores determinantes da satisfação pós-ocupacional de usuários de ambientes residenciais*. 1998. Dissertação (Mestrado em Engenharia de Produção) – Programa de Pós-Graduação de Florianópolis, em Engenharia de Produção, Centro Tecnológico da Universidade Federal de Santa Catarina, Florianópolis, 1998.

ORNSTEIN, S. W.; ROMÉRO, M. *Avaliação pós-ocupação do ambiente construído*. São Paulo: Studio Nobel, 1992.

ORNSTEIN, S. W.; BORELLI, J.N. (coord.). *O desempenho dos edifícios da rede estadual de ensino*. O caso da Grande São Paulo. São Paulo: FAU-USP, 1995.

ORNSTEIN, S. W. Post-occupancy evaluation in Brazil. Evaluating quality in educational facilities. OECD/PEB – *Program on Educational Building Department*, 2005.

ORNSTEIN, S. W.; MOREIRA, N. S. Evaluational school facilities in Brazil. OECD/PEB Evaluating Quality. *Educational Facilities*, 2005. Disponível em: <http://www.oecd.org/dataoecd/6/17/40051760.pdf.>. Acesso em: out. 2007.

ORNSTEIN, S. W. Post occupancy evaluation in Brazil. Organization for economic co-operation and development. *OECD/PEB Evaluating Quality in Educational Facilities*, 2005. Disponível em: <http://www.oecd.org/dataoecd/26/49/37905357.pdf>. Acesso em: 10 mar. 2008.

PACOLLA, S. A. de O.; BORMIO, M. F; SILVA, J. C. P da. Metodologias de avaliação ergonômica com aplicação em mobiliário escolar. In: CONGRESSO INTERNACIONAL DE PESQUISA EM DESIGN, 4., 2007, Rio de Janeiro. *Anais...* Rio de Janeiro, 2007.

PAIXÃO, D. X.; SANTOS, J. L. P. A acústica da sala de aula. In: ENCONTRO DA SOCIEDADE BRASILEIRA DE ACÚSTICA – SOBRAC, 16., 1995, São Paulo, SP. *Anais...* São Paulo: Piedade Ltda., p. 61-64, 1995.

PAPALAMBROS, P. Y.; WILDE, D. J. *Principles of optimal design – modeling and computation*. USA: Cambridge University Press, 1991.

PASCHOARELLI, L. C. *O posto de trabalho carteira escolar como objeto de desenvolvimento da educação infantil*: uma contribuição do Design e da Ergonomia. 1997. Dissertação (Mestrado) – Faculdade de Arquitetura, Artes e Comunicação, Universidade Estadual Paulista, Bauru, 1997.

PAULY, E. *The classroom crucible*: what really works, what doesn't, and why. New York: Basic books, 1991.

PEÑA, W. M.; PARSHALL, S. A. *Problem seeking*: an architectural programming primer. 4. ed. New York: John Wiley & Sons, 2001.

PINHO, A. O. *Avaliação de conforto em cadeiras escolares para usuários adultos trabalhadores.* 2004. Dissertação (Mestrado em Engenharia de Produção) – Universidade Federal do Rio Grande do Sul, Porto Alegre, 2004.

PIZARRO, P. R. *Estudo das variáveis do conforto térmico e luminoso em ambientes escolares.* 2005. Dissertação (Mestrado) – Faculdade de Arquitetura, Artes e Comunicação, Universidade Estadual Paulista, Bauru, 2005.

PMI – PROJECT MANAGEMENT INSTITUTE STANDARS COMMITTEE. *A guide to the project management body of knowledge.* Carolina do Norte: PMI, 1996.

PREISER W. F. E.; RABINOWITZ H. Z.; WHITE E. T. *Post-occupancy evaluation.* New York: Van Nostrand Reinhold, 1988.

PREISER, W. F. E.; SCHRAMM, U. A conceptual framework for building performance evaluation. In: PREISER, W. F. E.; VISCHER, J. C. (ed.). *Assessing building performance.* Burlington (EUA): Elsevier ButterworthHeinemann, 2005, p. 15-26.

QUERRIEN, A. *Trabajos Elementares sobre la escuela primaria en Francia.* Madri: Ediciones Lapiqueta, 1979.

RAIMANN, E. G.; RAIMANN, C. Arquitetura e espaço escolar na produção de subjetividades. *Itinerarius Reflectionis,* <www.jatai.ufg.br>. p. 1-14, 2008.

RAMALHO M. L.; WOLFF, S. As escolas públicas na Primeira República. *Projeto,* São Paulo, n. 87, p. 66-67, maio 1986.

RAPOPORT, A. *House form and culture* (Foundations of Cultural Geography Series). Prentice Hall, 1969.

RASMUSSEN, S. E. *Arquitetura vivenciada.* Trad. Álvaro Cabral. 2. ed. São Paulo: Martins Fontes, 1998.

REIS, P. F. *Estudo da interface aluno-mobiliário*: a questão antropométrica e biomecânica da postura sentada. 2003. Dissertação (Mestrado) – Engenharia de Produção, Universidade Federal de Santa Catarina, Florianópolis, 2003.

REIS, P. F.; MORO, A. R. P.; CRUZ, R. M.; SILVA, O. J.; SOUZA, E. R. *Só da média na construção do mobiliário escolar e a ilusão do conforto e saúde.* Programa de pós-graduação em Engenharia de Produção. Universidade Federal de Santa Catarina, 2005. Disponível em: <http://www.boletimef.org/>. Acesso em: jun. 2008.

RIBEIRO, S. L. Espaço escolar: um elemento (in)visível no currículo. *Sitientibus,* Feira de Santana, n. 31, p. 103-118, 2004.

RINGERS, J. Community center schools for today. *CEFPI – The Educational Facility Planners International,* v. 33, n. 3, May-Jun 1995.

ROMÉRO, M. de A.; ORNSTEIN, S. W. *Avaliação pós-ocupação.* Métodos e técnicas aplicados à habitação social. Porto Alegre: Antac, 2003.

ROMERO, M. A. B. *Arquitetura bioclimática do espaço público.* Brasília: UnB, 2001.

ROWE, P. G. *Design thinking.* 4. printing. Cambridge: MIT Press, 1992.

ROWE, P.G. *Modernity and Housing.* Cambridge: MIT Press, 1995.

RUAS, A. C. *Conforto térmico nos ambientes de trabalho.* São Paulo: Fundacentro, 1999.

RUTH, L. C. *Design standards for children's environments*. New York: McGraw-Hill, 2000.

SAEB – SISTEMA NACIONAL DE AVALIAÇÃO DA EDUCAÇÃO BÁSICA. *Relatório Técnico*. Brasília, 2003.

SAMAD, Z. A.; MACMILLAN, S. The valuation of intangibles: explored through primary school design. *Proceedings of special meeting on designing value*: new directions in architectural management. Denmark: Technical University of Denmark, November, 2005.

SAN JUAN, G. A.; ROSENFELD, E. El diseño bioclimático de edificios de uso discontinuo en educación. In: ENCONTRO NACIONAL, 3., e ENCONTRO LATINO-AMERICANO DE CONFORTO NO AMBIENTE CONSTRUÍDO, 1., 1995, Gramado. *Anais...* Gramado (RS), 1995. p. 365-370.

SANOFF, H. *Visual research methods in design*. New York: Van Nostrand Reinhold, 1991.

SANOFF, H. *Integrating programming* – evaluation and participation in design. Brookfield (USA): Avebury, 1992.

SANOFF, H. *School design*. New York: John Wiley & Sons, 1994.

SANOFF, H. *A visioning process for designing responsible schools*. Washington: National Clearinghouse for Educational Facilities, 2001a.

SANOFF, H. *School building assessment methods*. Washington: National Clearinghouse for Educational Facilities, 2001b.

SANTOS, M. J.; SLAMA, J. G. O. O ruído no ambiente escolar: causa e conseqüência. In: ENCONTRO NACIONAL DE CONFORTO NO AMBIENTE COSNTRUÍDO, 2., 1993, Florianópolis. *Anais...* Florianópolis (SC), 1993. p. 301.

SÃO PAULO. Secretaria de Estado dos Negócios da Segurança Pública Polícia Militar do Estado de São Paulo. Corpo de Bombeiros. *Instrução Técnica* n. 11/2004: Saídas de Emergência, 2004.

SASSAKI, R. *Revista do Terceiro Setor*, 4 jun. 2004. Disponível em <http://arruda.rits.org.br>. Acesso em: jan. 2005.

SCHNEIDER, M. Do school facilities affect academic outcomes. *National Clearinghouse for Educational Facilities*, nov. 2002.

SEABORNE M. *English school*: 1370-1870. v. 1: its architecture and organisation. UK: Routledge & Kegan Paul, 1971.

SEGAWA, H. Arquiteturas escolares. *Projeto* n. 87, p. 64-65, maio 1986.

SEHAB – SECRETARIA DA HABITAÇÃO E DESENVOLVIMENTO URBANO. *Comissão de acessibilidade em edificações*. 2. ed. São Paulo: SEHAB, 2002.

SERAPIÃO, F. Estrutura pré-fabricada marca a nova etapa das escolas paulistas. *Projeto design*, n. 296, p. 58-74, out. 2004.

SERRA, M. R.; BIASSONI, E. C. Influencia de los parámetros acústicos de recintos escolares en los procesos de conpresión y memorización. In: ENCONTRO NACIONAL DE TECNOLOGIA DO AMBIENTE CONSTRUÍDO, 8., 1993, Florianópolis. *Anais...* Florianópolis (SC), 1993.

SHENDELL, D. G.; PRILL, R.; FISK, W. J.; APTE, M. G.; BLAKE, D.; FAULKNER, D. *Associations between classroom CO_2 concentrations and student attendance in Washington* *and Idaho*. Lawrence Berkely National Laboratory: Environmental Energy Technologies, Division LBNL-54413, 2004.

SILVA, V. G. Avaliação do desempenho ambiental de edifícios. *Qualidade na construção*. São Paulo, n. 25, ano III, p. 14-22, 2000.

SOARES, M. M. Contribuições da ergonomia do produto ao design e avaliação de mobiliários escolares: carteira universitária, um estudo de caso. In: MORAES, A.; FRISONI, B. C. *Ergodesign*: produtos e processos. Rio de Janeiro: 2AB, 2001.

SOARES, N.; BERTA, R.; MELLO FRANCO, B. Ideb: Cieps estão entre as piores escolas do Rio. *O Globo*, 2008.

SOARES, T. *A escola pública paulista na transição democrática*: 1984 – 86. 1995. Tese (Doutorado) – Instituto de Economia, Universidade Estadual de Campinas, Campinas, 1995.

SOMMER, R. *Personal space*: the behavioral basis of design. Englewood Cliffs: Prentice-Hall, 1969.

SOMMER, R. *Design Awareness*. Califórnia: Reinhart Press, 1972.

SOMMER, R. *Tight Spaces; hard architecture and how to humanize it*. New Jersey: Prentice-Hall Englewood Cliffs, 1974.

SOUSA, de M., Vale colar: Estado lança escolas-modelo com projetos diferenciados. *Construção*, São Paulo n. 2285, p. 12-13, nov. 1991

SOUZA, L.; ALMEIDA, M.; BRAGANÇA, L. *Bê-á-bá da acústica arquitetônica*: ouvindo a arquitetura. São Carlos (SP): EdUFSCar, 2006.

SPATE – Planejamento e administração do uso do tempo e do espaço em edifícios educacionais. *Relatório da Escola de Arquitetura e Urbanismo*. Minas Gerais: UFMG/Arqsol, 2004.

SS – Secretaria de Estado da Saúde [SES-SP]. *Resolução 493*, de 8/9/94, que aprova Norma Técnica que dispõe sobre a Elaboração de Projetos de Edificação de Escolas de 1° e 2° graus, no âmbito do Estado de São Paulo. São Paulo: SES-SP; 1994.

STADLER, W.; DAUER, J. Multicriteria optimization in engineering: a tutorial and survey. In: SEEBASS, R. (ed.) *Structural optimization*: status and promise. v. 150 "Progress on astronautics and aeronautics". Washington: American Institute of Aeronautics and Astronautics, 1992, p. 209-249.

STINE, S. Landscaps for learning: creating outdoor environmental for children and youth. New York: John Wiley and Sons, 1997.

SUH, N. P. *The principle of design*. New York: Oxford University Press, 1990.

SUH, N. P. Axiomatic design theory for systems. *Research in engineering design*, London, v. 10, p.189-209, 1998.

TARALLI, C. H. Espaços de leitura na escola: salas de leitura/bibliotecas escolares. *Boletim salto para o futuro*. Rio de Janeiro: MEC, p. 31-39, out. 2004a.

TARALLI, C. H. Demandas Sociais e escola pública. In: NUTAU – DEMANDAS SOCIAIS, INOVAÇÕES TECNOLÓGICAS E A CIDADE. SEMINÁRIO INTERNACIONAL, 2004, São Paulo. *Anais...* São Paulo: Digitais, 11-15 out. 2004b.

TARRAGÓ, S. (org.). *Antoni Gaudí*. Barcelona: Sebral, 1991.

TILLEY, A. L. R.; DREYFUSS, H. *As medidas do homem e da mulher* – fatores humanos em design. Trad. Salvaterra, A. F. da Silva. Porto Alegre: Bookman, 2005.

TURPIN-BROOKS, S.; VICCARS, G. The development of robust methods of post occupancy evaluation. In: *Facilities* (Emerald Group Publishing Limited), v. 24, n. 5-6, 2006, p. 177-196.

URA, A. M.; BERTOLI, S. A acústica das salas de aula das escolas da rede estadual de Campinas-SP. In: ENCONTRO NACIONAL DE TECNOLOGIA DO AMBIENTE CONSTRUÍDO, 7., 1998, Florianópolis. *Anais...* Florianópolis (SC), p. 333-337, 1998.

VALIANT, B. Turn on the lights. Usign what we know about the brain and learning to design learning environments. *CEFPI* (the Educational Facility Planners International) ago. 1996.

VAN DER VOORDT, T. J. M.; VAN WEGEN, H. B. R. *Architecture in use*: an introduction to the programming design and evaluation of buildings. Oxford: Architectural Press, 2005.

VANISCOTTE, F. Les écoles de l'Europe — systèmes éducatifs et dimension européenne, *Revue française de pédagogie*, v. 121, Issue 121, p. 188-191, 1997.

VIANNA, N. S.; ROMÉRO, M. Procedimentos metodológicos para a avaliação pós-ocupação em conjuntos habitacionais de baixa renda com ênfase no conforto ambiental. *Ambiente Construído*, Porto Alegre, v. 2, n. 3, p. 71-85, jul.-set. 2002.

WEINSTEIN, C. S.; MIGNAMO Jr. A. J. *Elementary school management*: lessons from research and practice. New York: McGrawHill, 1993.

WERTHEIN, J. É preciso mais que um ensino médio. *O Estado de São Paulo*, São Paulo, 20 fev. 2010.

WIJK, M.; DRENTH, J.; van DITMARSCH, M. *Handboek voor Toegankelijkheid*. Doetichem (Netherlands): Elsevier Bedrijfsinformatie, 2000.

WONG, F. W. H.; LAM, P. T. I.; CHAN, E. H. W. Optimising design objectives using the Balanced Scorecard approach. *Design Studies*, n. 30, 2009, p. 369-392.

XAVIER, A.; LEMOS, C.; CORONA, E. *Arquitetura Moderna Paulista*. São Paulo: PINI, 1983.

YANNAS, S. Education Buildings in Europe. In: ENCONTRO NACIONAL, 3., e ENCONTRO LATINO-AMERICANO DE CONFORTO NO AMBIENTE CONSTRUÍDO, 1., 1995, Gramado. *Anais...* Gramado (RS), p. 49-69, 1995.

ZEISEL, V. *Inquiry by design – tools for environment behavior research*. California: Cambridge University Press, 1981.

ZEVI, B. *Towards an organic architecture*. London (UK): Faber & Faber, 1950.

ZIMRING, C. Post-occupancy evaluation: issues and implementation. In: BECHTEL, R. B.; CHURCHMAN, A. (ed.) *Handbook of environmental Psychology*. New York: John Wiley & Sons, 2002, p. 306-319.

Ficha de créditos

Francisco Borges Filho

Fig. 1.2b; Fig. 1.3a,d; Fig. 2.2; Fig. 2.6; Fig. 2.7; Fig. 2.8; Fig. 2.9; Fig. 2.11; Fig. 3.2; Fig. 3.18; Fig. 4.12; Fig. 5.1; Fig. 5.2; Fig. 5.3; Fig. 5.4; Fig. 5.5; Fig. 5.11; Fig. 5.12; Fig. 5.13; Fig. 5.14; Fig. 5.15; Fig. 5.16; Fig. 5.17; Fig. 5.18; Fig. 5.19; Fig. 5.20; Fig. 5.21; Fig. 5.22; Fig. 5.23; Fig. 5.24; Fig. 5.25; Fig. 5.26; Fig. 5.27; Fig. 5.28; Fig. 5.29; Fig. 5.30; Fig. 5.31; Fig. 5.32; Fig. 5.33; Fig. 5.34; Fig. 5.35a; Fig. 5.36; Fig. 5.37; Fig. 5.38; Fig. 5.39; Fig. 5.40; Quadro 6.3.

Céline (Flickr)

Fig. 1.2a. Disponível em: <http://www.flickr.com/photos/41033185@N08/3826532964/>.

Ian Smith (Flickr)

Fig. 1.1b. Disponível em: <http://www.flickr.com/photos/ids/3053271586/sizes/l/in/photostream/>.

J. Aaron Farr (Flickr)

Fig. 1.3c. Disponível em: <http://www.flickr.com/photos/jaaronfarr/2418884858/sizes/l/in/photostream/>.

Jatobb (Wikipedia)

Fig. 3.16: (b) disponível em: <http://pt.wikipedia.org/wiki/Ficheiro:CEUcidade_tiradentes.jpg>; (c) disponível em: <http://pt.wikipedia.org/wiki/Ficheiro:CEUvilarubi.jpg>

Jean Pierre Dalbéra (Flickr)

Fig. 3.6: (a) disponível em: <http://www.flickr.com/photos/dalbera/817350578/sizes/o/in/photostream/>; (b) disponível em: <http://www.flickr.com/photos/dalbera/3816539373/sizes/o/in/photostream/>.

Jennifer Rafieyan (Flickr)

Fig. 1.1b. Disponível em: <http://www.flickr.com/photos/jennifer-juniper/3267121413/sizes/l/in/photostream/>.

Naquib Hossain (Flickr)

Fig. 3.10. Disponível em: <http://www.flickr.com/photos/naq/3110826897/sizes/o/in/photostream/>; <http://www.flickr.com/photos/naq/3110824017/sizes/o/in/photostream/>.

Nicki Dugan (Flickr)

Fig. 1.3b. Disponível em: <http://www.flickr.com/photos/thenickster/3677373890/sizes/o/in/photostream/>.

Wikimapa (Flickr)

Fig. 3.19: (a) disponível em: <http://www.flickr.com/photos/wikimapa/3635935431/>; (b) disponível em: <http://www.flickr.com/photos/wikimapa/4497097249/sizes/l/in/photostream/>.